太虛大師開示語錄 2

世論篇

用九，群龍無首吉，此可見貴乎人人有君德，不貴有一人焉處君位為之首也。有首有從，有所表率而務增進也，有可增進，非德之充也。

太虛大師 著

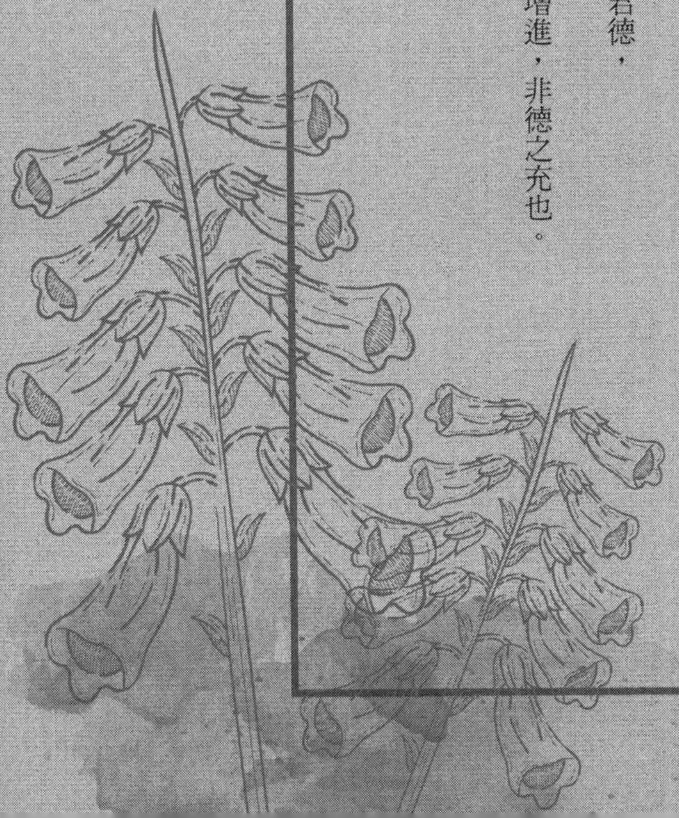

華夏出版公司本著「弘揚傳統文化，好書永世流傳」的理念，因舊版圖書年代久遠，囿於時空因素，在尚未能聯繫到原著作人並取得同意下，重新出版了這本著作，如有侵權，敬請著作權人或其親友和華夏出版公司聯繫，謝謝您。

太虛法師文鈔初集目錄

第二編　世論

太虛法師文鈔初集

弟子　王明福慧力
　　　謝　健慧堅　編校
　　　張善長

第二編　世論

論周易

審名

周官太卜掌三易之法。一曰連山。二曰歸藏。三曰周易。顧寧人曰。連山歸藏非易也。而云三易者。後人因周易之名以名之也。太虛曰。八卦始作於庖犧氏。此古今定論也。然太卜所掌三易。旣皆可卜。則不僅八卦。而亦有重卦占辭者也。重卦不始於文王。此亦顧寧人所言者。繫辭下孔子曰。庖犧氏沒。神農氏作。斲木爲耜。揉木爲耒。耒耨之利。以敎天下。蓋取之益。日中爲市。致天下之民。聚天下之貨。交易而退。各得其所。蓋取之噬嗑。益與噬嗑。皆重卦名。可知神農氏已有重卦矣。然則列而成之爲象。因而重之爲爻。亦始於庖犧氏。故神農氏得取法之也。

杜子春謂連山是伏羲作。歸藏是黃帝作。或謂連山是神農作。以艮爲首。艮者象山。

取連山出雲之義。故曰連山。歸藏是黃帝作。以坤爲首。坤者象地。取萬物歸藏之義。故曰歸藏。周易是文王作。以乾爲首。乾者象天。取天變周普之義。故曰周易。則連山歸藏不名易。於此益信。余謂此說。可通人文進化論。神農業農。故偏取之山田。黃帝垂衣裳而治天下。故偏取之大地。至文王則由著入玄。故遠取乎天道周普之變化。或以禮運孔子曰。我欲觀殷道。得坤乾也。而以歸藏爲殷作。疑非黃帝之書。余謂此不足疑。蓋顓頊氏來。皆承黃帝之舊。文王前未嘗改作。故耳。而世儒大抵以周易之彖辭爻辭。是周文周公所繫。故名周易者爲定說。於是或又有以連山歸藏亦爲古帝王姓氏者。故曰連山歸藏易。此則古史茫昧。莫得稽考矣。雖然。以連山歸藏爲易。自周世已然。則以其書同乎周易。有卦可卜。有辭可占。以易爲占卜書之類名耳。猶古昔楚曰檮杌。魯曰春秋。有時則皆謂之史也。實則但是文王周公所訂定者。得周易名。簡稱之則曰易。連山歸藏不得名易。故孔子曰。易之興也。其於中古乎。又曰。易之興也。其當殷之末世。周之盛德邪。特周易所著乎書契者。實爲八卦重卦彖辭爻辭之都名。推其八卦重卦所始。則本之庖犧氏耳。然周易之異乎連山歸藏者。不僅彖辭爻辭而已。其列卦之位次亦不相同。所謂連山始艮。歸藏始坤。而庖犧氏之以何卦爲始。則更不可知矣。

繫辭上孔聖曰。易行太極。見生兩儀。兩儀生四象。四象生八卦。則是孔子極深研幾於周易而發明之理想。且非文王周公之所及。況神農庖犧乎。猶邵雍於太極之上。更立無極。此雖蛇足。要亦非孔子所嘗言者。故吾人今所研究之周易。則又當視爲文王周公之經。孔子之傳之都名也。尙不得限之以文王周公所繫之辭。況單取八卦重卦之畫象乎。近世日本僧徒。或有謂釋迦本小乘。灰滅之敎。（印度小乘多有其說）得馬鳴無著諸大士恢彍之。乃爲大乘。此雖不韙之言。然既有大乘。則不得仍局釋迦佛於小乘矣。故文王周公之周易。或僅爲卜筮占算之書。重以孔子推明之義。則爲衡觀物象人事等萬變之公例。更不得以卜筮占算局之矣。

省稱曰易。具云周易。周者徧常。易者變化。猶頟拉頡來圖所云常變爲化。亦猶佛說諸有爲法。無常流轉。相續不斷。所謂神無方而易無體者也。

又易易者。（此讀容易之易）乾簡易知也。坤簡易能也。故八卦以乾坤爲根本。又易者交易相待爲變所以著其化也。此猶培因氏駁穆勒氏自在性之萬物相待例。亦近佛法緣起無性之說。萬物由周徧交待而相存相變。無能自遁。故曰周易。得此公例以臨萬化。則物理易知。人事簡能矣。故又偏名曰易。所謂易簡之義配至德也。此吾所以審定乎周易一名者也。

辨經傳

伏羲畫八卦。作重卦。文王定卦次序而作彖辭。周公按爻初後而作象辭。此四者所謂易經也。周初簡畢觕重。分爲兩編。是謂上下二經。

孔子因之作彖傳上下二篇。象傳上下二篇。繫辭傳上下二篇。文言傳說卦傳序卦傳雜卦傳各一篇。名曰十翼。則所謂易傳也。

彖辭僅著其德。故曰彖者材也。象辭僅效其象。故曰爻者效也。彖傳象傳乃順其辭而以推明之者也。此四翼皆次第分釋彖象之辭者。文言則專發揮乾坤二卦之義。以窮其蘊奧者。蓋乾坤二卦。爲諸卦本。坎離等六卦。比蒙等五十六卦。皆從之而衍生。故專發明之也。繫辭上下篇及說卦序卦雜卦三篇。則總論全經。或泛釋諸卦而

以之徵古觀化者也。此周易經傳之大分已

卦爻生起說

當伏羲畫八卦之始。最先成者爲⚊形。此行單一。未有變易。其行中斷是（初置畫禮乃土瓤故也）

次畫⚋形。合前⚊形。⚊形⚋形。相對有別。觀⚊爲一。觀⚋爲二。則得三數。然而各立。未成卦也。⚋與⚊疊則爲⚎形。⚊與⚋亂則爲⚍形。雖相交待。亦未成卦。草昧初民。皆知三數。觀⚋與⚋。亦爲三數。乃於⚊⚋。各畫三事。始成☰形。及與☷形。此乾坤二卦之成也。合上⚎⚍。則得四變。此四變象。皆由累疊而起。取☰與☷。由是而變亂三疊之。則或☳或☶或☱或☴或☲或☵。合上☰☷。則成八卦。三連三斷。更無變象可出。故其卦極於八數也。然其初畫⚊形。無思而成。中斷爲⚋。亦出無思。其畫⚊形⚋形各三。則出無思有思之間。餘則⚎⚍及乎八卦。皆由錯亂重疊。次第倣取其象。乃成三爻之卦。有八。爻有交亂之義。卽倣取其交亂之象而卦。故卦成而後對於成卦之⚋形⚊形。或爲初爻。或爲中爻。或爲後爻。初爻必待中後。中爻必待初後。後爻必待中初。否則畫耳。不得名以爻也。故爻者錯亂交倣之義。八卦皆先由惑亂而變著。

由變著而傚像。由傚象而理定。由理定而事成者也。（理故定於八卦之數、不止於七、不到於九、數極理定、理定相具、制為八卦、乃成用也、）此伏羲畫八卦生起之次第也。舊謂乾一兌二離三震四非是。孔子依周易推明萬化生起之理。周易唯是重卦。重卦依乎單位八卦。由單位八卦而逆推其始於一畫。故曰易行太極。（或曰易有大極、不知孰是、溝益師謂易有太極、易即指心而言、非是、易者變易交易、蓋即萬物緣生無常之理、乃不相應行之無體假也、故曰生生之謂易、仗因而生、託緣而起、諸法公例、不得有局、彼謂苟非指心、何得云有太極、未知易是不相應行之理、今曰易行太極、謂是易理之所止極、故至太極則易不可見、而乾坤之道息矣、一切因果時方生滅名數等理、皆由交待變易而起、易不可見、則因果時方生滅名數等理絕、無時無方、則無始終邊際可得、故太極即無極、太極之體、則本識耳、或曰易有太極、易者即是象爻卦之書、此書所詮之義、有其玄極、是易道之所原始要終者、故曰太極耳、）繼於一畫。中繼為⚋。相待成觀。並現二形。故曰見生兩儀。⚊⚋互疊則為⚎⚍。⚊⚋離觀則成三數。取⚊與⚋。各畫三事。綜成⚎⚍⚌⚏四變。故曰兩儀生四象。明此四象。皆由⚊⚋綜錯重疊生也。由連斷二體。交亂三疊而極於八。故曰四象生八卦。從兩儀來。皆有交待變亂之義。故曰易也。合觀三連三斷。則成六疊。是故伏羲得起重卦。然三疊相變已窮於八。故由八卦因而重之。乃成每卦六爻者六十四。亦所謂窮則變。變則通也。雖至周文王之世。不壞八八卦之柢。故但止六十四卦耳。實則彼時八卦既作。恆民或仍僅知三數。若伏羲當不止知三數矣。然卽八卦三疊重之。可成九爻卦九十六。若取重卦更重疊之。可成十二爻卦四千二百零四。依此交變之例而演繹之。其卦數爻數可無窮也。然終不離八卦四象二儀太極之素。故曰物各一乾坤物各一太極。夫此雖可演幾何級數而遞進。後世既有九單位數。此以三數爲單位者。不復適用矣。況於例無增於事無取。宜文王周公孔子之知止矣。

八卦重卦總義

單言八卦。每卦但有三爻。今周易所載乾坤等八卦。是六十四重卦中之八卦。分單位八卦也。單位八卦僅三爻者。論其事則伏羲時民但知三數。故伏羲自用可有重卦。其教民者始單位八卦耳。其義則仰觀爲天。俯觀爲地。人處其中。依天而觀象化。依地而取物用。人事犓備。書契未作。知相而不知名。意識未通種種。故以三爲成數。此三才之義也。三才皆材。而乾與坤。則爲二性。偏於三才。三才皆有乾性。故☰卦有三畫。三才皆有坤性。故☷卦亦有三畫。非性無以呈材。非材無以見性。材性同現。材性並存。未有無材之性。亦無無性之材。語其相則材性有分。語其體則材性同物。故乾之三畫卽三才。而三畫卽乾坤等三畫。其例同也。故八卦之材不出三才。八卦之性不出乾坤。乾坤者在星氣則爲陰陽。（案天本無物、不過爲日月星辰風電雲露之都名耳、日月星辰皆星、風電雲露皆氣、一消一息之變、則皆曰陰陽耳、繫辭上曰陰陽之義配日月、此蓋偏舉而近正者、故陰陽家亦曰日者星者、有時舉陰陽二字代乾坤、則名同而實異矣、行之健者、於天爲著、故乾象天、受之順者、以地爲著、故坤象地、此但舉乾坤可象之一端名之者、必曰天陽爲乾、地陰爲坤、斯則泥矣、豈可天無坤性、而地無乾性哉、天無坤性、天象應有消無息、地無乾性、地象應無萌唯藏、則萬象無由而著、萬化無由而成矣、明乎天地人爲才、而乾坤爲天地人之二性、斯耑然矣、）在數理則爲奇偶。在勢則爲動靜。在行則爲健順。此大公例隨物隨事可加察者。其動也直。乾之正例也。其靜也翕。坤之正例也。然乾坤二性之所存。非異處而同處者也。乾不離坤。故其靜也專。以專爲靜。乃卽動之靜。所謂天下之動貞夫一者也。猶觀波流相續恆一。則不見其流。有如止水耳。坤不離乾。故其動也闢。以闢爲動。但指靜有所闢者而曰動。而非其所以闢。所以闢者乾也。不觀夫礁石之於止水無所激。唯湍水遇之則浪花噴飛乎。故有乾無坤。雖動而不成異。有坤無乾。雖異而不成變。二性倚伏隱顯而相爲消長。則其變易繁矣。乾靜而專。坤靜而翕。異者可爲一矣。乾動而直。坤動而闢。一者可爲異矣。專之直之。貫其一翼。故大生焉。翕之闢之。熾其一異。故廣生焉。（廣有多義）大生廣生。原始徹終。不離三材二性。交待爲變。則所謂周易也。震巽坎離艮兌。則由三材二性。互錯交媾而成象者也。雷風動乎上。天之屬也。山澤凝於下。地之屬也。故喩之以長中少之三男三女。其變既著。其象既章。猶夫男女既生。則離父母而有自體。雖男女皆由一牝一牡生。各有父性母性。而自體之男性女性。亦有分定。不相混合。亦終不得復與父母合爲一體。故三男三女。則與父母並爲八人。而震巽坎離艮兌亦與乾坤並列爲八。（取象類乎譬喩、故雷風水火男女父母等、皆不得泥執也、）至夫重卦。則猶男女更生男女亦轉爲父母矣。重卦之乾坤。卦子對之則父母。孫對之則祖父祖母。或是臣對之爲帝后。民對之爲君吏。故成二重。否泰二卦。在自則爲夫婦。對於子則爲父母。故亦二重。皆由交待異功殊分。可推知矣。其生生也彌蕃。其存存也彌異。要以三材二性之交變爲共依。猶夫草木依山。山復依地。縱更分離。亦復貫徹。若地氣亦徹草木之支葉花果也。此八卦重卦之例。可以斯賓塞爾之天演例觀之也。其說曰。天演者翕以聚質。闢以散力。其所謂天體。卽太極。德卽兩儀。其所謂演體。卽三材。德卽二性。冒言天演。則周易也。翕以聯質。乾之坤也。闢以散力。坤之乾也。又質者材也。力者性也。萬物負陰而抱陽。卽負質而抱力也。非力無以翕聚闢散。非質無可翕聚闢散。非質無以保神定儀。非力無可保神定儀。翕聚闢散之力。以翕闢散乎質者。無物不然。無時或息者也。特有隱顯消長而已。息則天演之道窮矣。又曰方其用事也。物由純而之雜。由流而之凝。由渾而之畫。則由兩儀而四象。而八卦而六十四卦也。又曰質力雜糅。相劑爲變。則卽所謂交易變易也。故天演者。卽周易之別名耳。夫近世以生物學地質學歷史學之進步。而天演家所取證以成其說者。其繁博奧衍。誠非周孔所及。伏羲神農。更無論矣。至其所著天演公例。則此例在智者觀之。眼前粗象。無不具足。本不待繁徵博引而後喩。蓋夫物化大例。固彌綸遠近。非存乎遠而亡乎近者也。少觀則少得。多觀則多得。其境有廣狹。其理則平均。猶夫捫火知熱。捫一爐之火。與捫萬竈之火。誠較一爐之火爲多。然其所知之熱則同。不得以其僅捫一爐而斥爲妄也。且萬竈之火雖多。以窮火量則不足。一爐之火雖少。以知熱性則有餘。在量則同爲不足。在性則同爲有餘。夫何足矜異。唯其無異。故此例雖伏羲亦知之。且審矣。況周孔乎。故周易之八卦重卦。衡觀萬事萬物之大公例也。不得拘墟於證成此公例之若干變象而自封若應用之以觀方物則可得而隅舉之耳。

周易之應用觀

繫辭上曰。易有聖人之道四焉。以言者尙其辭。以動者尙其變。以制器者尙其象。凡有體相業用、而爲人所造者、皆曰器、以卜筮者尙其占。凡不憑見聞言想、藉物乘數極深研幾、而至誠前知者、皆曰筮、是以君子將有爲也。將有行也。問焉而以言其受命也。如嚮天有遠近幽深。遂知來物非天下之至精。其孰能與於此。此釋以言者尙其辭、參互以變。錯綜其數。通其變遂成天地之文。極其數遂成天下之象。非天下之至變其孰能與於此。此釋以動者尙其變、易无思也無爲也。寂然不動感而遂通天下之故。故者事也、事物卽器、家國圖書、莫非器也、非天下之至神其孰能與於此。此釋以制器者尙其象、夫易聖人所以極深研幾也。唯深也故能通天下之志。唯幾也。故能成天下之務。唯神也。故不疾而速。不行而至。此釋以卜筮者尙其占、子曰。易有聖人之道四焉者。此之謂也。太虛曰。此孔子之觀用於易者也。余故曰周易得孔子發明則不僅卜筮之書矣余今用以概觀世界。略分三觀。(一)天觀。(二)地觀。(三)人觀。

云何天觀。萬法之生滅因緣觀也。此又分二。(一)唯識論者。卽物窮理。卽果推因。以究其生何所原。而滅何所極者。非學理上一根本問題歟。此則唯識論尚矣。而吾得會通以周易之道也。本識本無自性。不守其性。奄然不覺。謂之無始無明住地。則即⚊畫之太極也。不覺而動。謂之業。微動即⚊畫之中斷也。動焉而有能現。謂之見。微見焉而有所現。謂之相。微見微相。微則即⚋畫之兩儀也。見相同時相待而起。雖起而仍無性不覺。故不失⚊。從⚊起⚋。象本識不覺而動之業。微起見相二微也。此三唯是本識自相。深細難知。其變甚微。故在卦猶未著成也。當本識之不覺而動。即爲不生滅生滅和合之阿賴耶識。有阿賴耶即有末那。此二同依。猶如束蘆。末那有覆與癡見愛慢四煩惱相應。常以分定種界執我爲性。本識無性而在末那同彼不覺。迷無爲有。名爲法癡。即是⚋⚊形。迷無爲有。恆審諦思。保無性本。以爲自性。名爲法見。即是⚊⚋形。有癡見故。即據所有所保自貪而他攝。是謂法愛。合癡見愛三疊爲☷。有癡見故。即恃所有所保自傲而他拒。是謂法慢。合癡見慢三疊爲☰。此但法我法法自性。尚無生我生生共性。然以法我生我亦即依之而有癡見愛慢矣。依此無明三微四惑即四煩惱有見有相。故有能所。有貪有傲。則有內外。內能爲意。外所爲境。外境爲緣轉生六相。一曰智相。謂緣境界。生愛非愛。卽是☳卦。震生萬變。爲誠爲妄。爲善爲惡。二曰續相。謂依於智。苦樂覺念。相應不斷。卽是☴卦。風輪盤旋。雖刹那滅。似相連續。三曰著相。謂依苦樂覺念相續。而生執著。卽是☵卦。如水下流。陷入深窪。不能徧達。四曰執名理相。謂依執著分別名等諸安立相。卽是☲卦。猶如畫師。和諸采色。附麗物素。現諸差別。五曰起行業相。謂依執名理等。起於種種諸差別業。卽是☳卦。猶依平地。起諸山林。嵯峩崱屴。六曰業繫苦相。謂依業引受諸苦報佛法人天皆爲苦有。不得自在。卽是☱卦。猶彼陂澤。衆水流歸。更難上湧。此之六相。皆屬意識。意識依阿賴耶。爲種。末那爲根。三和合有。故皆三畫。一切主滅始終不出無明三微四惑六相。故六十四卦。始終皆依八卦。尤以癡見慢☰。癡見愛☷。爲諸善惡差別根本。其癡其見則爲共依。猶彼連斷。相互爲變。而生我之癡見愛慢。必依意識六相共轉。始成乾坤二卦。乃有末那之生我執。變成八卦。乃有意識之俱生我執。卦之性用不卽成於乾坤二卦。八卦變相既定。乃相形爲乾坤二卦。故獨乾坤二卦不成卦用。成卦用而後有生執。一色一聲、一名一念、各有自性、皆曰法我。有人有天、有畜有樹、取其共性、則曰生我。然⚍與⚎。雖未成卦。觀⚊與⚋。亦法我執。生我未有不依法我起者。猶之無論八卦重卦。莫不依連斷二形者。而法我則不必皆爲生我。一連與一斷不相共。一連與一斷兩相共。二連與二斷不相共皆未能成卦也。其重卦則從生趣生生流轉之所孳也。心趣物境向門外轉。雖依賴耶末那而往。迷不復知。隔成六識。故重卦皆有六爻也。六十四卦皆依連斷二形而變。但知自然而然。不覺何故有此連斷二形。則是末那之法我執。其連有三曰乾。其斷有三曰坤。種種變化。不出乾坤。但知自然而然。不覺何故有此三連三斷。則是末那之生我者。（此即末那執阿賴耶爲內自我、曰眞異熟）震等六卦。是意識俱生生我執。六十四卦。無論何卦。不出連斷二形。不出乾等八卦。所謂乾上坤下。乃至坎上離下。有則必有其理固然。故總名之曰俱生我執。卦皆六爻。則人皆六根六識。其境亦六塵也。見不超色。聽不出聲。是故不可增益損減。分別六十四卦。一一皆有自卦必然之理。是意識分別生我執。分別每卦六爻。一一皆有自爻必然之理。是意識分別法我執。依此契其性理分別者則爲誠。不契其性理分別者則爲妄。同一乾坤二卦。相姤宜則爲泰卦而吉。相姤乖宜。則爲否卦而凶。吉者善也。凶者惡也。是以其業或善或惡。其報或苦或樂。諸趣流轉。永無斷絕。二卦合則吉凶象生。二卦離則吉凶相滅。離合互異。則又互變。是謂諸有爲相。無常生滅。其一一卦皆如是。知(二)物理論者。如觀日局爲一宇宙。日局太始。乃爲涅拉斯星氣。儒生以元氣未分爲太極、蓋與此同、依唯識論、則是相微、布濩六合。其本熱至大而平均。此爲太極。而此氣有抵吸二力。卽是兩儀。其初抵力多而吸力少。其象爲⚍。繼由通吸力而能收攝。其象爲⚎。卽質點中通吸力。故翕以聚質。聚質而形漸成。太陽居中。八緯外繞。地球卽是八緯之一、爲一日局。其象爲☳。卽成形中本抵力。故闢以散力。力散而熱漸耗。其形寖遲。其動寖緩。終至熱力平均。而天地毀。其象爲☰。按唯識論其吸卽愛、其抵卽慢、欲了生死、須伏愛見、以內我慢、反極慢根、慢解則生死息、其例亦同、然此乃乾坤之兩極。就其偏勝者言之耳。成時若無抵力。太陽八緯不得距離。毀時若無吸力。地球不得吸合月球。日球不得吸合地球。故此二力。有則俱有。常抵常吸。常吸常抵。至其平均而後乃已。抑此抵吸二力在成毀之兩際。雖有一期偏勝可指。而其中間則消長伸縮遞相變化耳。卽就地球觀之。其初本爲流質。其次乃有流質凝質。其次乃有流質凝質固質。其次乃依凝流固質光熱絪縕。萌芽植物。其次乃由絪縕蒸鬱而有濕生動物。由濕生而卵生。由卵生而胎。生由胎生動物久而進爲原始野人。流質也。固質也。植物也。動物也。人也。以配乾坤。則爲八卦。由有秀出庶物之人。人事萬端。宰制天地。種種營造。時俗互殊。成敗利鈍。其變尤夥。然終不離此一日局而必依止地球諸物。其生其滅。亦終受範抵吸二力。翕聚闢散。則重卦之象已。

云何地觀。唯以現對之天地爲貞信。不原其所起。不究其所終。不定其中心。不極其邊際。以見聞爲依。以考察爲用。以徵驗爲期。以名數爲法。其端甚繁。難一一舉。大略如今世所謂之自然科學耳。

云何人觀。觀人類之倫業者也。其大要在乎人倫各種之歷史。及現世之生活情狀。或生計。或倫理。或政治。或工藝。或學術。或教。若周易孔子所傳者。此觀爲多。依斯賓塞天演界說。則人倫之歷史。亦可依卦爻生起之序演之。而重卦則所謂凝而畫者也。卦卦皆有吉凶。知之順理而行則吉。或吝之則大成者而限於小成。或悔之則宜吉凶者而卒於凶。吉卦皆有六爻者。一器一國一家族一社會。凡所占說各有其始終之序也。占者憑數。說者憑理。存以泛觀人事。蔑不宜耳。

周易之世法出世法分別

或曰。周易者。孔宗之出世法也。然世出世之界。猶難猝定。將以涉俗經國爲世。而離羣索居爲出世。俗儒之恆見耳。楞嚴曰。虛空爲同。世界爲異。彼無同異。眞有爲法。生異滅法曰有爲法。有爲法曰世間。夫離乎同異與無同異者。亦無所厝心於世出世法。斯則眞出世法耳。世者時序。界者方位。此二原。行事物莫遁。交待憑之而存。變易由之而著。則周易之所詮者。固世間法矣。然猶未決。夫世間云者。萬事萬物之都名。物之生皆自然。事之起皆惑亂。其生其起。皆不可知者也。不抉其惑亂之元。將順其自然之節。與之爲進。與之爲退。與之爲循環。與之爲更化。卽惑亂之變而求其條理。卽自然之分而通其度數。條理得。度數明。如是則吉。如彼則凶。雖未嘗不誠。且諦哉。要未能不受範於自然。原型於惑亂。雖得未得。雖明未明。故是世俗諦耳。何則。其生起者已基乎迷罔而不可知故也。故世法者。順自然之化而起。人爲之功者也。不以生化爲美。不以能生能化爲眞。將解其得生之天樞。析其成變之惑元。無生焉。無變焉。是之謂出世。然則周易之爲世間法也明矣。自然之化。有進有退。其新者進而故者退也。順化而愛其生存者故貴其進而偏名之曰進化也。實則進化云者。必依一物類爲標準。觀其昔之所處與今之所詣相似相續眩曰進化．然此爲標準之物類。勢無常存。故當其生長之期未嘗不駸駸日進。第其日進。卽所以日趨乎死限者也。此日進者。剽剟於無常法而不得不進者也。故世之持進化論者。理雖有是。不足固執昧者膠爲必然。繫其情於未來之世。斯則陋矣。而周易亦順化進化之世論耳。用之而爲卜筮亦以前知未來者也。然周易之道貴迎其變而求其理。避其凶而趨其吉耳。固知生乎自然起乎惑亂者。必吉凶善惡複然俱進。未嘗以未來爲純美。斯則雖順化進化。而與執進化爲美者。又霄壤矣。故足爲世間之正法也。或曰易逆數也故知是逆化之出世法。非順化之世法。應之曰不然。易以數往者爲順。知來者爲逆。故易之所謂順者送也。逆者迎也。非以送故化之往而以迎新化之來。故曰逆數。試爲譬之。大化猶長江之流水。江邊舟中之人背東面西。觀其來勢。隨而通之因而治之。爲舟楫以利濟。爲堤岸以防堵。水漲則船高。潮平則岸闊。則周易之道也。其流之來。初非人謀之所致也。若出世之法則不然。將從下流。窮溯厥源。握其源以從我迴轉者也。東西而定向。濟防無所須。用之則隨器大小。滿焉而滿。大浸不多。毛滴不少。不用則泯然無迹。故其極也。非世非出世。而其道有待乎反溯厥源。然後相應。故謂之出世法焉耳。雖然其道兩行。不住涅槃。故於世而有爲乎人。則亦順乎易理行耳。孔子雖觀太極。特欲明易所從來。而知道非能轉其來源。以自在如如也。夫然周易之爲世間法也明矣。

釋乾卦

乾卦爲六十四卦之天樞。其德則元亨利貞也。其體無方。至於坤則事有局矣。貞者事也。故曰坤元亨牝馬之貞。故大人之道。乾而已矣。乾卦於人倫象君德。人必有君德而後立。故君德非局於在位之君者。雖處蓬艾閒者。亦自其君德存焉。持此卦極論人事者。莫備乎仲尼之文言。元者仁也。故曰善之長也。非仁則無自有人倫。故體仁者足以長人。亨者通也。故曰嘉之會也。嘉會云者。所以有別乎紛複淩亂之羣。而各循其條理。則進行恢恢乎有閒而無相閡焉。故足以合禮。禮起於羣。合其體則存乎仁也。利者義之和也。此有異乎墨家義利也之說。義之和卽利。亦異孟軻去利而言義獨與輓近兩利爲利之說。自由以他人爲界之說。最爲密邇。不獨宜羣。不獨宜己。故斯賓塞兩利相權。去己從羣。猶爲未當。唯羣己交利。故足以和義。貞者恆也。不恆其德。雖巫醫難有成。故唯貞固足以幹事。人事之成。如是萬物之所由成者。舉可知矣。其六爻要以初爻之確乎不可拔者爲本。非此則但委運任化。而人功莫之施。故莊子謂全人惡天。在易亦曰先天而天弗違。異乎蟲之但能天也。孔子自述三十而立。立則確乎不可拔矣。得所立矣。則優養滋長之爲急。初九之潛。非以世不知之而潛。宜於潛故潛也。上九之悔。道高則俗離。德貴則業厭也。德貴而全超。故無位。道高而獨喻。故無民。故無民雖賢者亦迴絕而仰望莫及。故孑然無輔。无輔則人倫之業渙。不足以合世俗之禮。故動而有悔。唯韓非傳老亦曰行上禮則衆民貳。此在世間法有固然者。蓋世間法者。有限量之法也。造其極者無不窮。此非誡君人者持盈保泰。正表示高世之至德。決非君位所得限耳。用九羣龍無首吉。此可見貴乎人人有君德。不貴有一人焉處君位爲之首也。有首有從。有所表率而務增進也。有可增進。非德之充也。德之充者。還以人德合乎天德。而都不辨天人。故曰天德不可爲首。

夫易雖世間法。而此定志修業成德之序。學一藝。習一術。莫不皆然。故亦可通於出世法。嘗試論之。君道者。佛乘也。故佛亦曰法王。佛乘者。法界根本之乘也。刹海莊嚴之乘也。兼利自他之乘也。萬行圓絕之乘也。修佛乘者。信成就發心而登初住。捨不定聚入正定聚。故確乎其不可拔。大悲行劣。空慧觀多。故遯世无悶而有類乎潛龍勿用。十住之後入十行位。利人行多。入十回向。二利平等。然猶未入眞如大地。蘊德成身。念菩提而常住世間。觀涅槃而不舍衆生。恆隨有情而爲主導。故曰庸言之信。庸行之謹。善世而不伐。德博而化。易見龍在田。見大人也。十回向滿入加行位。解行發心。所以進德也。知至至之。可與幾也。證成就發心而入極喜地。所以居業也。知終終之。可與存義也。在加行位。極大精進。喻以鑽木取火。勢難暫停。故朝乾夕惕若厲。稍懈卽退。或墮頂位。不復能進。是故有咎。然在修佛乘者。至此決無退墮咎也。居上位而不驕。雖現八相成佛。而不忘上求也。在下位而不憂。雖居者菩薩地。而證性德與佛齊也。九四或躍在淵。進無咎者。七地爲有相之邊際。而有相無相之相違極難一致。故上下無常。由七地入八地。但見一相無相。證極第一義空。苟非佛加。或墮二乘。故進退無恆。雖有相無相。決定不起邊見。故非爲邪也。雖證無相。決得佛加而不墮二乘。故非離羣也。在十地中進德修業。理須如是而後得大自在。故爲欲及時也。由有信成就發心來前功所持。所以雖履此二危地卒無咎也。八地從第一義空起卽得三大自在。所謂得色自在。得心自在。作諸佛事。非七地前菩薩能知少分。故曰飛龍在天。利見大人。從不動地至法雲地三位合之。卽是妙覺。亦稱等覺。此五位雖分而不分。故在世卽君是天。在出世卽菩薩而是佛。八地之後皆是無功用道。故喻之以同聲相應。同氣相求等也。至乎佛地則爲亢龍。何以爲亢龍也。種習俱盡。異熟全空。佛自性身。自受用身。一一功德眞實無邊。故无位也。九界衆生皆所不知。故無民也。地上大士。等覺大士亦不能知。故无輔也。然且動而無悔。他受用身常應十地。隨變化身常應世間。果後之普賢大人行。利樂有情未來際。佛乘出世之極。融世出世間而無間。故有異乎世間法也。然出世間之二乘道則住涅槃而有悔矣。用九羣龍無首。全法世界爲一佛身土。更無佛外之衆生。亦一切衆生成佛義也。洞山五位。亦有此意。合九二九三爲第二一位。故但五位。餘者程序皆同。而兼中到一位其象全黑即亢龍也。亦用九羣龍無首也。事理全鎖。是非不立。唯如來法性身自受用身。所謂但有如如智及如如存耳。如如者一異胥無所住。無住故無悔。一生多生長刧短刧。亦非所論也。乃達磨向上一宗。所異乎敎家者。臨濟曰誰知正法眼藏向這瞎驢邊滅卻。永覺賢以重離六爻。偏正回互而成五位。謂是天造地設隨順世俗之談。則殆丹霞淳所謂曲爲今時隨人施設者歟。

論荀子

(一)懸論

晚周諸書經秦火復出。至漢武專崇儒流。寖不兼行。魏晉時道家轉盛。故道家言降至唐代。流風彌暢。然間於米賊之神話老莊之旨蓋微矣。而荀孟同隸儒家。宋而前無軒輊。韓愈亦但曰大醇小疵而已。迨宋有程朱輩所謂理學者出。始尊孟而黜荀。理學之徒。且排擯荀說。儕於管韓。致荀子之精義。反隱沒。理氣之窾言中。宋人之尊孟。假其拒楊墨之辭闢釋者也。而黜荀則以性惡篇暨非十二子篇語多指斥孟軻孔伋也。夫荀義縱未完密。視孟軻孔伋之書。亦足相勝。以宋人言望之。則豈僅熖火龍蠋之較哉。況解蔽正名二篇。持論精審。求之管老孔墨莊韓所不得者乎。在彼自狹。誠無足責。然障蔽先賢之學。俾後生不蒙其福澤。宋儒之罪深矣。今世之士。固鮮有暖暖姝姝於程朱陸王之說者。然或汙漫於董仲舒輩之緯術。或踽踽於惠戴錢段之經。訓或封守於韓歐汪姚之文辭。其不然者。則驚眩馳騖乎海西名數質力政教軍法之學。而能子立放觀。綜貫古今中外之說。而條理節文之者。鮮矣。余禪悅多暇。間瀏覽世俗之論。所窺雖少。頗得行無留滯。習聞賢豪長者談話。亦多啟發。蓋闢而不散。雜翕而不泯棼。差自誠矣。乃裁取荀子正名性惡解蔽三篇而論次之。荀子都三十二篇。獨取之三篇者。（一）以之三篇義最審密。（二）以餘二十九篇。皆由之演繹而出。了此三篇。卽可覩荀子全書也。先正名者。以萬理皆楷定於名。得起言語。名之爲用。印持一切。籠罩最富。抑亦立說之要塗。治學之公器也。次性惡者。所爲修身正心。立說治學。以聖法經國化民之原因也。次解蔽者。由簡惡擇善。積修累行。至乎豁然貫通之地。優入聖域。而爲天下之成人也此其要略。已而吾說往往掣擕歐學。佛藏者。則依義不依語。固吾師釋迦之大訓。義既相通。固不得强爲畛域。蓋荀子之在儒。殆猶唯識之在佛。借彼明此。反之卽藉此行彼。古大師大慧始日皆嘗作四書解。余亦竊附乎此云爾。

（一）正名篇論

名相分別。三事必和合而起。今以言說方便。於此三事。各區爲二。云何區名爲二。（一）曰相名。凡諸對象。形表分齊。爲有情類想。所取者。如人飲水。冷暖立決。如鏡映物。影色同現。而未曾起計度分別。不待表以音韻曲詘。卽此是名。亦卽是文。故曰文者物象之本。而諸服仗有儀。進止合度者。亦曰文章。法家孟德斯鳩。亦謂自然物象。皆有侖脊。法自彌綸。不待施設。禽獸草木。莫不皆然。而成唯識論稱之顯鏡名言。是此篇所云緣天官而有同異者也。相名不獨局於人類。諸同貌同情者。類與不類。自爲同類。互通情意。故蟲蟻等。各得成事。（二）曰名言。依據相名。起爲言說。表以形聲曲屈。持以計度分別。習俗而然。州國互殊。積名爲句。積句爲辯。衆名句辯。成爲言論。名言雖與相名適符。必有增益。故曰增語。計度增語。或復全越相名之界。故有亂名。成唯識論稱之表義名言。是此篇所云約定俗成者也。名言則唯人類有之。一切字語。皆所楷定一切學說無不依止。云何區相爲二。(一)曰相體。此之相體。唯覺感得。平等周徧不可界量。若取分齊。卽屬相名矣。成唯識論稱之性境。近世名家謂之物德。若青黃赤白等是也。(二)曰名相。依二分別相名名言所取之相。皆曰名相。雖計空無。亦是名相。名相之兼屬相名者。成唯識論稱之質境。近世名家或謂之物。若人蟲禽獸金木水火等是。或謂物德。若物之青黃赤白同異一多方圓廣狹生死榮枯等是。或謂物質。若炭養等是。名相之單屬名言者。成唯識論稱之影境。世人或以謂物。若「造物主」「昊天上帝」等是。或謂物質。若「以太」等是。名言所詮。必以兼屬相名者爲貞信。云何區分別爲二。(一)曰任運分別。相體相名。皆是任運分別所取。名相一分屬相名者。亦是任運分別所取。取相體者。是成唯識論作意觸受取相名者。是成唯識論作意觸受想念。近世名家謂之元知。(二)曰計度分別。是計名言推度而起。雖復考察自然界物。已非相體。而屬相言所持名相。況又唯依名言計度。是取增語。推增語耳。計度分別。是成唯識論想思欲勝解念定慧尋伺。想思尋伺必有。欲勝解念定慧或有或無。尋伺唯由意識而起。故計度分別。餘識所無。近世名家。謂之推知。而此三事。以增語及計度分別。故多殽亂。計度慣熟。亦若任運。是故任運。亦兼想念。此皆名相。無關相體。相體但爲屬於相名之名相依止耳。名家所依。則在相名。名家之用。則在名言。所謂名言務稱相名。不稱則妄。是謂求誠。名言計度但及名相。不證相體。是故名家不重元知。唯貴推知。然又須先了相名者。一分元知。爲之依隱。不爾推知亦不得起。是故比量必依現量。全違現量。比量不成。然而推知計增語。故往往可以全違元知。又以計度增語慣熟。日用由之不復覺知。唯依習俗所是爲是。此俗之所以多亂名而須釐正之也。然名言本是習俗所成。同貌相親。同情相通。輾轉告教。寖漸認識。所認識者。初唯名言及屬於名言之名相耳。用認識之名言。詮相名而爲義。名之與義。故難剴切。憑名言求相名之誠。果誠與否。還依所同然者。而得斷定不依習俗之所同然。雖自謂誠。亦自誠耳。著之名言。以今非古。以此非彼。孰爲證明。故比量須不違世間。雖曰同貌同情者。其天官之意物也同。得緣天官之當簿者而同其同異。顧衆人之天官所當簿者。亦隨處而封局。天官所緣。不得全同。則難全恃。故求所得誠。蓋亦幾希。況人各有心。計度萬殊。依曾計度。更起計度。使其計度。不本天官。但逐增語。則去誠彌遠。趣妄彌甚。而爲異亦彌滋。夫然。何如取世俗計度慣熟之名言。隨順而節文條理之爲得哉。故曰名無固宜。約定速成謂之宜也。按荀卿是儒家者流。儒家祖述堯舜。憲章文武。蓋依先王先聖之言教禮制爲法者。故知成速之當循。而尤必衡以先王之成名也。而荀卿生於戰國之季。姬周之運已終。國求自王。學多異師。兼容並聽。捨局就通。又知習俗之變居無恒。故曰後王必作於新名。而注重乎天官之當簿也。此則非孔丘孟軻之所知也。然儒流所習本在術羣經國之道。故曰道也者。治之經理也。其次則爲文史。而文史亦以載道耳。故荀卿雖拘古王。而曰制名必由王者也。緣天官則一依自得爲當循成俗則悉任所習爲異。斯則道家之所由高不得責之儒家。今世言論尙自由。其制名之權。殆操乎學者耳。顧今世學者所持名學。雖天官而重徵驗。而往往堅執增語。責成俗之必同。則是仍名家之舊者。蓋名家出於禮官。拘守最嚴。而惠施公孫龍輩善爲異同堅白之辯。則亦本之格物。以語術羣經國。固所短拙。尙不逮荀卿。況道家乎。故斯賓薩亦謂名家數家心理簡單。未足進言羣學。然其卽物窮理。察果籀因。參互綜錯而觀於義。

由之轉物成器。利用厚生。則非荀卿所能。而是墨翟所長。至軌範思慧。楷定名理。使成俗不得凌越。則亦荀卿正名之意。而規律嚴整。雖未及印度之因明。視孟軻之說固亦過之。此其足多者也。

(三)性惡篇論

性蓋不僅善惡問題也。尙有有無眞幻染淨智愚問題也。嫥嫥為辨於善惡問者陋矣。而古今論之者非一家。皆不明其故。欲强內於一義。由是相伐。章太炎君作辨性上下。庶幾解其紛矣。然吾意猶有未嗛。將欲明性之有無眞幻染淨善惡智愚。不可不先知性為何義。吾於性字而會其義。又於荀子之界說性字者而通其指矣。性字從心從生。荀子之界說性字曰。生之所以然者謂之性。蓋如是心生。卽有如是法生。(法者一切諸有都名)如是法生。卽有如是生之所以然者。軌範任持。謂之法性。生之所以然者何則心生也。法性者何。法法皆有自相自體自種自用自緣自習也。(莊子曰。形體保神。各有儀則。之謂性。)法法皆有自相自體自種。故法法比較有眞幻染淨之不同。法法皆有自用自緣自習。故法法比較有善惡智愚之不同。此所以有性也。如是心不生。則如是法不生。不生則無生。無生則無生之所以然。無生之所以然。則無法性。故無自相自體自種自用自緣自習可得。故無眞幻染淨善惡智愚可界。此所以無性也。心無表示。生猶無生。如心不生。法亦無生。故無性其眞有性其幻。心無自用。不了無性。自守其眞。故心無性。心無性故。法性幻現。了心無性。法亦無性。卽此了義。强名曰性。是故謂之曰無性性。此無性性。非幻非妄。於一切法。常如其性。是故謂之曰眞如性。此眞如性。無變無居無動無作無增無減。是故謂之曰無漏性。此無漏性。徧滿融徹。霛明微妙。常寂恒在。是故謂之圓成實性。圓成實性。非迷所了。須以定慧方便顯之。是故謂之覺性佛性。此則無性之眞性也。染淨善惡及於智愚論之有性之幻性耳。有漏有覆而兼三性。曰染。無漏無覆而唯善性。曰淨。染性淨性。命之體相因種者也。所施爲權藉積集者。能令短時長時。一生衆生順益利樂。曰善。所施爲權藉積集者。能令短時長時。一生衆生違損害苦。曰惡。能以暫時少生之違損害苦。得久時多生（生指人物）之順益利樂。故善能以暫時少生之順益利樂。致久時多生之違損害苦。故惡。善性惡性。命之業用緣習者也。能了眞性無性。曰智。不了眞性無性。曰愚。

此愚賢宗謂之迷理無明。能隨順幻有法性。簡擇決定其染淨善惡者曰智。不能隨順幻有法性簡擇決定其染淨善惡者曰愚。此愚賢宗謂之迷事無明。能捨染取淨捨惡取善者故智。不能捨染取淨捨惡取善者故愚。能轉染成淨轉惡成善者故智。不能轉染成淨轉惡成善者故愚。愚者不能。故有迷無悟。有染無淨。忽善忽惡。智性愚性。命之意識功能者也。此則唯有情類有之。不與無情類共者也。夫染淨善惡。既幻有而轉變無恒。未嘗有實性矣。而愚者則並幻有者亦不能隨順而簡擇決定之。不唯背眞。且亦悖幻。故膠擾流遁而入於妄也。雖然。智愚最無性矣。非若染淨善惡猶有一期定分之性。得眞智淨智者。永不更轉爲愚。則卽覺性無漏性。攝其未得眞智淨智者。而智愚固彈指可變。故不得有愚性智性名之。智性愚性。順此方孔丘故言耳。愚若定愚。莫轉爲智。設教度人。則爲無益。故智性愚性。當刊落不談矣。荀況雖未明無性。淨性。而此方言性諸家。莫之尚矣。蓋能明乎人性染矣。（人性。卽百法明門論異生性。）生之所以然者謂之性。生不所以然者何指。蓋有生之類。有意根號曰末那。譯曰染意。此但意根。而非意識。稱染意者。常與我癡我見我愛我慢四煩惱俱。為四煩惱之所染汙。障蔽眞性。不明無性。故是有覆。不明無性法性幻現。執有自體。故有法我執有自相故有生我不明眞性無性。故曰我癡。執有自體自相。故曰我見。執自體相。自貪自著。故曰我愛。執自體相自高自勝。故曰我慢。執自體相乃有生死流轉起滅。故是有漏。但執自我。不及非我。恒審思量一類相續。不發業用造善造惡。故是無記。苟非意根執自體相。則無物我而無生死。故生之所以然者意根也。無生滅則無物無人。無人則無人之種類。荀卿知以人生之所以然者為人性。此其所由高矣。顧未悟意根無記。謂之性惡。則不然也。善惡但命之業用緣習者也。所以增益生死流轉之苦樂者耳。非生之所以然者也。然業用緣習惡乎起哉。則是意識依止意根轉趨外境。刻畫計度。引使前五根識之所造也。意根但執一類相續之內自我體。意識則轉執身體而計質計神計性計因。種種分別矣。更以我有我體。緣前念而比度知一一非我者皆有自體。亦取之而種種分別矣。意根但執一類相續之內自我相。意識則轉執我身而計官計肢計臟計腑。種種分別矣。更以我有我身。緣天官而對觀知一一非我者。皆有自身。亦種種分別矣。意根但執一類相續內自體相。

以自貪著。意識則轉之計質神。計因果。計名理。計宇宙。而自取所計者深貪著矣。意根但執一類相續內自體相以自高勝。意識則轉之計身根。計衣食。計種姓。計倫類。而自取所計者爲高勝矣。隨其分別所計度者或誠或妄。（符順法性曰誠　悖亂法性曰妄）役禁導錮前五根識。隨所緣藉。隨所積習。發爲言行。乃有善惡。苟非意識轉計外境。無彼無此。則無交待緣藉和合。無感無應。業用不發。苟非業用別別相續。無言無行積習不成。然而業習還復存於意根所執內自體相。一經現行。內自體相卽復多此一種功能。若過熟境。意識偕同前五根識。必重現行。故善則愈善。惡則愈惡。誠則愈誠。妄則愈妄。智者愈智。愚者益愚。其智之極。反轉意根。不執內我。而我淨。意則生死息矣。其未能者。意識必與意根同染。故推勘外境。癡見並行。癡有所迷爲愚。見有所察爲智。愚固有染有漏。智亦有染有漏。故交接外緣。愛慢俱發。泛愛利物爲善。自慢凌人爲惡。惡固有染有漏。善亦有染有漏。有漏故生死流轉無止期矣。吾人暫爾爲人。其生死流轉者久矣。意識偕同前五根識所造業習積存於意根所執內我體相富矣。故諸家所論性善性惡。皆指斥業習耳。其善惡。命業用緣習。是善惡之正義。而善惡有泛義。以眞淨爲善無性淨性。亦得謂善。以幻染爲惡有性染性。亦得謂惡。然佛法既但以善惡名業。而此方諸家所據以證明性善性惡者。亦皆在業用緣習。有若孟子以乍見孺子將入井。無不匍匐往救。用證人皆有怵惕惻隱之心。故謂性善。孺子卽緣赴救是用。乃意識推意根之我愛而泛愛孺子。故率同前五根識而往救也。抑此非僅意識俱生之德。蓋孺子無知可憫。無力能主。而長者應須長匡扶乎孺子。當其爲孺子時。已身受之習聞之矣。身受習聞乎少成。故無待告教。發之任運。實亦由積習所起也。此不獨人爲然。禽獸亦與能之。蓋族類所由蕃生而自營私欲所孳亂者也。故對孺子雖然。對成人則計較利害親疏尊卑賢愚矣。荀子以人生而好利。故爭奪而辭讓亡。生而疾惡。故殘賊生而忠信亡。用證人皆有自營殘物之情。故謂性惡。此亦據業用緣習而論者。乃意識順意根之四煩惱。率同前五根識而轉趨外境者也。由我癡故有我見。由我見故意識轉執我身。而以之有意識俱生之我愛我慢。我愛故有私欲自營。我慢故致凌人殘物。復以人性皆迷。倫俗不善之習。由來者漸。當人之爲童子時。已溺陷於不善之習。故偏險悖亂亦少成若性也。設有人而育於純善之倫俗。相愛相助。唯悅唯樂。烏有所謂爭奪殘賊淫亂者哉。蓋爭奪殘賊等業習。雖順意根而其發現。固必交待外緣乃起。然而人生之所以然者。已執我而愛慢。衆人皆然。不然無以有生。故純善之倫俗。從未曾有。而爭奪殘賊之俗。習彌綸世界。夙習既熟。外緣亦充。況又順乎人生之所以然者。則值緣卽發。憤驕莫係。苟非師法禮儀將烏乎化之爲善哉。故論性善性惡。但應格以善惡正義。不應攙以善惡泛義。荀子以生之所以然者之性爲惡。非也。若楊子所謂善惡混。漆雕開輩謂善惡以人異。則計業習夙種及計少成之業習耳。其但及乎業用緣習也明甚。而韓愈本漆雕開輩之說。以三品論人性善惡。殆指善智者定善智。愚惡者定愚惡。唯中品者爲可善可惡。則斷不可取也。蓋晚周論性善性惡諸家。特指業習之發於無記。由於夙種受於少成者耳。若可能性則無不認爲可善可惡者。故無不欲人人祛惡擇善爲善去惡也。又韓愈謂所以爲性者五。曰仁曰義曰禮曰智曰信。蓋略本孟軻乃倫業之師法禮儀所持論者耳。執爲人性。實不可通。卽此五者並列。亦復不然。仁爲倫業之體由乎意識轉意根我愛以泛愛非我而起。智爲倫業之用。由於意識轉意根我見以徧計外境而起。義以界仁。禮以持義。生於分別之見。現爲差等之行。信則禮義之一節耳。故聖人言仁智而已。君子法聖人。則言禮義而已。得仁智者可以無差別。可以有差別。無差別者。證於心德者也。有差別者。見於言行者也。言行則皆範於禮義者也。故有仁智。則自有禮義。無待言禮義也。君子未證心德。法聖人之言行。以求仁智。故當隆禮義也。隆禮義而身體力行。則自符於聖人差別之仁智。寖焉而可證心德之全。契聖道之純矣。此五者特有高下深淺廣狹之殊。一貫而非異物。豈可分布橫列之耶。故唐宋明儒之言性。皆攘取前人之言。而未嘗自明其故者也。茲無取也。除以人倫業用緣習論性善性惡者外。而晚周獨有告子以生爲性。謂性無善無惡。章太炎君謂其指阿黎耶識而言者是矣。然猶有辨。阿黎耶識無性無生。依密嚴經即如來藏其所以有生者。則由意根執爲內自體相。以其持種名執藏識。以其受報名眞異熟。此眞異熟。但自內我。與身根意熟生有別。異熟生之本質。雖亦卽是阿黎耶識見所了相。亦由阿黎耶識之所任持。而身根積聚相則非阿黎耶識所了。是前五識及意識所變起似帶質境耳。詳告子之所計。蓋是指異熟生之身根積聚相者。異熟生亦唯無記性。前五根識善惡。由皆意識而發。故告子謂之無善無惡。最無妄矣。目明耳聰。與生俱生。韓愈以與生俱生者爲性。宜同告子之計。乃不知其無善無惡謂善惡以人三品異。何其自觝牾歟。告子雖以無善無惡爲人生性。而其謂人之可能性固曰可善可惡。故同於湍水決東則東決西則西之喩。唯人之可能性可善可惡。故謹於惡而勤於善。斯所以足多矣。而孟子與之辨。則昧於告子之所指者也。雖然儒家言人性者。唯荀子最爲隨順法性矣。蓋人性者。人類生定之分。若言善惡以人異善惡混無善無惡。則人類於善惡無生定之分。雖論人性。猶之未嘗論人性耳。若夫泛愛之善。既屬意識逆轉意根我愛而推廣。起必有待乎外緣習種。亦非人類生定之分。人類之生由於染意。染意必與四煩惱俱。意識必依意根而發。意根染。故意識亦染。順之而偕前五根識交待外緣起爲行業。必有營私淩人之惡。則人類生定之分也。近世天演學者。謂人皆有貪生營私之欲。義亦符契。故荀子性惡。於義爲誠。孟子性善。特舉人類可能性之一端。當之耳。是濟世之說。非窮理之談也。佛法謂一切衆生皆具佛性。蓋指衆生無生之本心耳。心本無性無生。衆生心亦無性無生。智愚之性。

彈指可轉。苟悟無性。卽契眞性。故謂一切衆生。皆具佛性也。謂一切衆生。皆具佛性可。謂禽性卽人性。人性卽佛性。不可。佛性亦是佛之定分。既經眞智淨智覺悟。決不更執自體自相。有此定分。故曰佛性。而無性之心。則不局生局佛。唯其不局。故生佛通。通者是心。而非是性。性者定分。有局無通。後代沙門隨逐儒言。卽據一切衆生皆具佛性。以謂人性是善。此既亂於善惡正義。亦未能辨乎心性也。夫人性既惡矣。故荀子尊重師法禮儀。而吾佛人天乘。亦但告之曰。皈佛皈法皈僧。誡之曰。勿殺勿盜勿淫。勿妄。勿倒。勿謗。勿貪。勿瞋。勿癡。進之曰。捨著。曰守戒。曰忍辱。曰專勤。曰靜慮。曰正思而已。皆以人生性惡。故唯用反克之功。以去意識順乎意根所發之惡業。惡業去則善業始能全粹。蓋遮惡卽以成善也。唯人天乘但教以去惡取善。未嘗教以斷有漏之染。證無漏之淨。故未能窮極意根。而不執自體自相。超出生死家也。荀卿之論。殆人天乘之正宗哉。余故稱而與之。而此篇所言。往往錯盭而不合者。則以上未能辨於染淨眞幻有無。下又不明孟子告子所取命爲性者。與己異指。故致放紛焉爾。

(四)解蔽篇論

解蔽者何。解人心之蔽也。蔽之者何。如是心生。卽有如是法生。萬法皆心之蔽也。解之者何。道也。案佛法有六波羅、以解六蔽、布施以解貪著、持戒以戒淫湎、忍辱以戒暴害、精進以解懈怠、禪定以解散亂、般若以解愚痴、卽此六度、曰菩薩道、道者何。人心以一行萬以類行雜之通塗也。而能解之者。還在人心。非證乎心無見乎性。非見眞性無性。則不能以一行萬。非見幻性有性。則不能以類行雜。故曰道者治之經理。心者道之工宰也。唯管子亦曰治也者心也。安也者心也。心安是國安也。心治是國治也。今荀子解蔽一篇。可謂舉之無上。接之無下。保傅人天而度越人天矣。嘗試論之。能表示而無表示者謂之心。所表示而有表示者謂之法。有表示故有對待。卽所觀。能所有可對。故有能。卽心觀法。心無可表。故無法。無法故無所無能。有能故有心有法。有心有法故有差別。有差別故有分類。了取差別之分齊者曰想。詮顯差別之分齊者曰名。(名卽兼相)憶習想名者曰念。計量想名者曰數。推行想名念數者曰思。集起想名念數者曰緣。簡擇想名念數思緣之同異者曰慧。楷定想名念數思緣之同異者曰理。審決簡擇之慧者曰勝解。究竟楷定之理者曰了義。

無能無所故無差別。無差別故無可分類。無想。無名。無念。無數。無思。無緣。無慧。無理。無勝解。無了義。强以無差別者謂之心。心亦隨法性而有差別。强以有差別者謂之法。法亦依眞心而無差別。功極而應眞謂之聖。見性而趨道謂之賢。契聖而賢。積賢而聖。作之則將須道者之虛。虛則入。將事道者之壹。壹則盡。將思道者之靜。靜則察。入而盡。盡而察。則功極而應眞矣。知虛知壹知靜曰見眞性。無性。知藏知異知勤曰見幻性。有性。在乎聖眞者想念思慧勝解皆曰智。名數緣理了義皆曰德。合智德而符心眞以一如者曰仁。總智德而隨法性以萬殊者曰人。人卽兼指一切衆生不昧無差別心而徧觀有差別法。是謂以一行萬。隨順差別之理而曲成差別之事。是謂以類行雜。上皆是吾自定義界、閱者不可據成名駁、差別而無差別。故天下無二道。聖人無兩心。無差別而差別。故體常而盡變。不昧無差別心而徧觀有差別法。故兼陳萬物而中懸衡焉。隨順差別之理而曲成差別之事。故衆異不相得蔽以亂其倫也。是謂大清明。於是乎心術之患。祛蔽塞之禍解矣。不能了無差別之一。不能盡有差別之類。由是而役其心焉。乃偏舉一隅以概全。各封一界以相伐。心不使焉。則又白黑在前而目不見。雷鼓在側而耳不聞。此衆人之所由蔽也。其爲蔽雖萬殊哉。其所由蔽者。具於斯矣。故君子貴明乎道而誠乎心焉。

墨子平議

哀華人之盲趨冥行及悲歐蠻之大相斫乙卯夏季乃作此論

吾讀墨子書卒業。意識爲之懵然。可不可駮集。駢擠若含韮蒜也。已而徐析之。曰墨子之言。可者十三四。可不可玄紐者半。而不可者亦居五之一二。夫儒墨相非尚矣。儒之誹乎墨者。孟子所詆少中肯。荀子譏墨子知利而不知文。可謂得要領矣。夫儒墨稱舉仁義同。然名同實異者。墨家尚質。質者民生正利而行之事。故以上天好生之德爲仁義。曰、仁愛也。義利也。仁義盡乎愛利。政刑乃遺禮樂。儒家尚文。文、禮樂也。故仁義卽在禮樂之中。此儒墨之辜較也。獨莊子臨觀儒墨之上。持論最高。曰、墨子之意則是。而爲之太過。故懼其相進而亂。又曰。墨子眞天下之好也。而悲其所行刻苦。無以自寧。放輓近餘杭章氏評次者。亦大同莊子。然斯皆概括之談。今分別論焉。

墨子爲吾意所絕對不然者凡四篇。法儀、三辯、天志、明鬼是也。法天儀鬼。是墨子之根本義。猶道家之法自然。儒家之稱天理也。墨子之根本義在天鬼同乎神敎。無可徵實。是以窮理之談。不逮儒道二家耳。案墨子所取以成立天志之理由者凡三。（一）曰人之於天。不能逃避。故當祇敬誠畏。恭順將事。無敢違越。莊周記子來氏語曰。『父母於子。東西南北。唯命是從。陰陽於人。不翅於父母。彼近吾死而吾不聽。我則悍矣。』郭象解之曰。『自古或有能違父母之命者。未有能違陰陽之變而距晝夜之節者。』今天志篇謂君父可逃。猶相儆戒。天不可避。乃玩忽之。何天下之士知小而不知大。與莊郭之說正同。然而莊周之意。特如近人所云自然規則。乃勢所不能違。非義所不可踰也。豈謂實有天父天母。執持而施行其規則於昭昭冥冥中哉。而墨子之意。則類基督天方之教。蓋謂實有天神上帝。為人物之大君大父。順之則賞。逆之則罰。故必惕惕然畏之也。儒家亦有畏天之說。故曰上帝臨汝。無二爾心。然孔子稱君子有三畏。其畏天命與畏大人畏聖人之言等。而墨子則不許聖人與天鬼等。故巫馬子謂墨子曰。鬼神孰與聖人明智。子墨子曰。鬼神之明智於聖人。猶聰耳明目之與聾瞽也。今基督教見中國廟祀歷史上之聖傑。則非笑之。意亦猶此。且畏天亦非儒家了義之說。若取為方便。則雖無神之佛教。亦優容之。而荀子則幷此方便。亦往往糞除焉。故荀子同爲儒家。與仲尼子夏子思子輿輩有微異焉。(一一)曰有義則生而富且治。無義則亂而貧且死。故知天之所欲在義。人既畏天。則當行天之所欲而不違。此論蓋以天意好生好富好治成立。天志欲義而惡不義者。然此說之不能成立。不待智者而後知也。何則。若承前說天既不可違越逃避。則天志果在乎生與富治者。亦應不可違越逃避而有死與貧亂。然今之人多有死與貧亂者。則不可違越逃避之天志。非在乎生與富治明矣。然則天之所欲者。固在義乎。抑在不義乎。特未可知。行不義又安知非天所欲。行義又安知非天所不欲。徵實言之。何者爲天。且茫乎不可知。更烏知天之意嚮所在哉。夫好生與富治而惡死與貧亂。人情也。非天志也。若以生與富治爲義。而以死與貧亂爲不義。則欲義而惡不義者。非天志。而是人情耳。其在眞畏天者。唯聽之而死生治亂。不得計以人情之孰義不義。故其說適以自破也。(一二)曰古之天子以至庶人。莫不潔祀帝神而求福天鬼。故知刑政之法。由天而出。賞罰之柄。唯神是操。政順天意。則爲聖王。是謂義政。義政不攻。邀天之賞。政反天意。則爲暴王。是謂力政。力政相刼。罹天之罰。太虛曰。義政不攻。力政相刼。故君子貴義不貴力。洵仁人之言哉。而曰刑政出乎天。賞罰操乎神。又何其謬誖歟。雖然稱天而治古有其說。仲尼作春秋亦稱天而褒貶君王。但儒家稱天。類夫近人所云公理。徵乎人而不徵乎鬼。故曰天視民視。天聽民聽。然則儒家稱天帝者。監暴王而紿烝庶之權說耳。非若墨子之拘泥乎天帝鬼神也。洵如墨子之說則所謂天帝鬼神者。必實有其人格。方能有欲惡之意志而得施禍福之賞罰。然而天鬼果有與否。孰指斥而孰證明之哉。無可指斥。無可證明。則橫計非有爲有耳。意猶不足。更計其有欲惡之意志而能禍福之賞罰。則猶計兔有角。更以所計兔角與牛角較大小也。其重紕貤繆。寧有紀極。然墨子特未嘗如基督天方二致構畫天國之威嚴與天帝之體能也。其成立天之威權者。乃據人事之祭享祈求耳。故其說較耶回二致。稍爲圓活。夫愛人利人。則本乎人情之推同耳。人情皆求福而辟禍。人與人相愛利則成福。人與人相憎賊則成禍。是故貴仁義而賤不仁義耳。無關天鬼。何係天志。且所謂天意之賞罰。徵之人事。猶較暴王昏亂。嘗有犧牛獨犬潔粢盛醴以敬祀者。或降之殃。貧賤夭折。嘗有詬天鬼而恣殺人者。或降之祥。富貴壽考。天意之賞罰不可恃如此。人情將何適何從乎。夫天志之說旣倒妄乎情理。又悖謬乎人事。斯所以一無可取也。而明鬼一篇則從天志篇衍出者。天當儆畏。故鬼神亦當儆畏。天好義而惡不義。故鬼神亦興利而除害。天有賞罰之權。故鬼神亦司禍福之柄。案墨子之意。蓋以天帝擬人君。鬼神擬將吏者。此與一神教者稍殊。一神教則主張唯一天帝。而并構成天帝之體用居處者也。墨子則許有多數鬼神。輔佐上帝而統治下界。意謂上帝但居上界。不與下界交接。唯鬼神與下界交接。乃作明鬼以證明鬼神實有人格。且常遊處人間。能實施禍福於人類。其結論則在乎鬼神常監臨人之左右上下。使人畏怖而不敢爲不善。故曰嘗若鬼神之能賞賢而罰暴也。施之國家。施之萬民。實所以治國家利萬民之道也。然尊天事鬼。各國之政。各家之說。無間古今。蓋多有之。儒家尤倚重焉。有以基督教之天父及進化論師所云自然規則而捆爲一名曰上帝者。則於明儒黃宗羲之破邪論見之矣。其上帝篇曰。『邪說亂眞。未有不以漸而至者。夫莫尊於天。故有天下者得而祭之。諸侯而下皆不敢也。詩曰。畏天之威。於時保之。又曰。上帝臨汝。無二爾心。其凜凜於天如此。天一而已。四時之寒暑溫涼。總一氣之升降爲之，其主宰是氣者，卽昊天上帝也。（中略）今夫儒者之言天。以爲理而已矣。易言天生人物。詩言天降喪亂。蓋冥冥之中。實有以主之者。不然。四時將顚倒。錯亂。人民禽獸草木。亦渾淆而不可分擘矣。古者設爲郊祀之禮。豈眞徒爲故事而來格來享。聽其不可知乎。是必有眞實不虛者存乎其間。惡得以理之一字虛言之也。佛氏之言。則以天實有神。是囿於形氣之物。而我以眞空駕其上。則不得不爲我之役使矣。故其敬畏之心蕩然。儒者亦無說以正之。皆所謂獲罪於天者也』黃氏之說如此。亦但能持之有故。未能言之成理。斯賓塞爾赫胥黎輩之言天神。亦大致同斯耳。然各家之說。各國之政。不過藉天鬼爲維世輔政之術。或以古有其說理在難徵。亦姑存之耳。非若耶教回教及墨子等。專取之爲根本教義者也。而法儀一篇。則既明乎天鬼之意志威權矣。乃率人心而訢合之天鬼者也。天帝最上。莫逭莫避。有理有權。鬼神次之。可顯可冥。能禍能福。人又次之。僅能聽從天鬼之意而行。邀其恩賞。否則無所逃乎罪戾。故人必法天而儀鬼。此三篇蓋墨子之第一義諦也。問曰。何以知墨子根本義胥在此三篇耶。答曰。請徵其說。天志中曰。「是故子墨子之有天志。譬輪人之有規。匠人之有矩也。今夫輪人操其規。將以量度天下之圜與不圜也。曰中吾規者謂之圜。不中吾規者謂之不圜。是以圜與不圜皆可得而知也。此其故何。則圜法明也。匠人亦操其矩。將以量度天下之方與不方也。曰中吾矩者謂之方。不中吾矩者謂之不方。是以方與不方皆可得而知之。此其故何。則方法明也。故子墨子之有天志意也。上將以度天下之王公大人爲刑政也。下將以量天下之萬民爲文學出言談也。觀其行。順天之意謂之善意行。反天之意謂之不善意行。觀其言談。順天之意謂之善言談。反天之意謂之不善言談。觀其刑政。順天之意謂之善刑政。反天之意謂之不善刑政。故置此以爲法。立此以爲儀。將以量度天下之王公大人卿大夫之仁與不仁。譬之猶分黑白也。是故子墨子曰。今天下之王公大夫士君子。中實將欲遵道利民。本仁察義。天之意不可不順也。順天之意者。義之法也。」太虛曰。觀此可見墨子以儀法天意神權爲根本道矣。夫墨子但以法天儀鬼爲大本達道。而所謂天鬼者。又不必窮究其本柢。但以人之死生禍福及沿習之祭祀祈求等事。即可武斷之曰。有帝有志有神有權。其爲說無待乎玄湛之思。其立行不出乎愛利之朴。故文章禮樂等增上倫業。在彼視之。爲有害而無益也。吾今試略論天鬼之義焉。言天言鬼者。佛法獨異。曰、天之與鬼。亦七趣之一塗。庶物之一類耳。升於人者而有天。降於人者而有鬼。其升其降。悉本乎善惡之業。則揆夫因果之律。在理無違。觀夫進退之化。在事有徵。然天雖升乎人。而非能必爲人禍福。亦猶鬼雖降乎人。而未嘗定受人賞罰。人與禽獸。是異類而共界居者。故禍福猶有時相及。人與天鬼。則是異類而又別界居者。故苦樂利害。渺不相干也。按之生死流轉之說。人固有死而爲鬼者。然而人死不必爲鬼。或天或人或畜或鬼。無不可受其形焉。鬼固有由人轉生者。然而鬼生不必由人。或天或人或畜或鬼。無不可成其化焉。故徵之佛說。則天鬼雖可有形體。而天鬼於人生之罪福刑賞。則無繫容。或有之。亦如人與人畜與畜。人與禽獸。禽獸與人。或愛或憎。或利或賊。相爲禍福而已。與其儀法異類殊居而不可聞見之天神鬼魅。曷若儀法同貌同情之聖人賢人哉。雖然。古今方國之異政異學。其論說鬼神。殆莫不與佛之說異。大都言天神。則與萬有之元理夙命苦樂壽夭相關。言鬼神。則與人之善惡安危利害禍福相關。欲解斯惑。不可不更分析論之。然吾殊不敢與世人高談勝義。今亦姑就恒情一論耳。（初）就萬物論之。曷謂天。生化萬物之親因衆緣是也。親因者何。萬物之自類種性也。衆緣者何。一物之生。由萬物交相助長。比若一動物。身由一切原行物生機物情識物。密移潛化。遞轉組成。一物不具。則生者無由得生。故齊物論曰。天地與我並生。萬物與我爲一。而所謂自類種性。則雖原行之物。一聲一色。亦有自種。故齊物論曰。使其自己也。咸其自取。此親因。者物本之而生者也。此衆緣者。生藉之而形者也。由勝義說俗世所云原行無機亦皆有生其化微。衍其變。繁賾非上智者不能察。故冒而稱之曰天也。曷謂天帝。亦曰天則天性天命天理天秩天法萬物形體保神各有儀則。以軌持自類之常德。雖力用交徹而分限畢足。故秩然皆有以自成自立。不相淩亂也。曷謂天神。卽萬物由力用交徹而彀充而引伸而蕃息而滋碩者也。曷謂天鬼。卽萬物由分限畢足而拒斥而排泄而累消而寖滅者也。萬物皆剽刼於無常之法。莫得逭避。知其然而不知生所以然。故亦說爲自然生化。是曰元理夙命。而一功榮悴修短苦樂安危。雖有分定。而亦有不必分定者。分定者一類之常德。不必分定者一物之節遇也。（次）就個人論之。父母精子血胞業識愛情。

乃至內而胎藏。外而宇宙。凡所以長養色身集起心意者。皆人之生因生緣也。所謂天也。人有俱生意我。是謂天帝。由俱生意我而用其愛見。足以蕃生益智。是謂天神。由俱生意我而用其癡慢。足以殘物害身。是謂天鬼。若夫不由俱生起而由推計起者。人也。非天也。意志爲帝。知識爲神。感情爲鬼。義亦可通。然天人之際混矣。(三)就人倫事業論之。或國或家或社會或世界 日火空氣地水動植乃至一方國沿習之成俗。一時代遭値之運會。皆緣力也。而人類則因種也。合因與緣。概名曰天。相養相教相誠愛相輔助則人倫安榮。相殺相刼相淫亂相欺詐則人倫危敗。此本乎人情徹乎倫業之根本倫理。所謂天帝是也。天帝常一。而天神天鬼非一。萬物與個人既然矣。而人倫事業尤甚。隨古今方國之沿習遭際種種不同。或神之而盛進。或鬼之而衰退。蓋神者引出。鬼者歸藏。此二行無一物一事而不並馳者。特爲用每有偏勝。故結果多有隱顯耳。然異中又有其同也。陳陳而蛻者皆鬼也。新新而化者皆神也。日用由之而不知覺。故皆天也。此則又是有爲法之無常律。莫可逭避者也。持此三義。臨觀異政異學之天鬼說。無遁情矣。然此所謂天帝神鬼無實體。實體則人與物而已。故雖是人生禍福天壽榮辱治亂之關係。特因果之理耳。理依事用而著。事有勢力之限。故順之則義。違之則不義也。非有實在人格。或冥冥。或昭昭。憑好惡之意志。行賞罰之威權者。而神教與墨子之言天鬼。既不同乎佛說為七趣之一途。庶物之一類。與人類無所干涉。而又執為實有人格。能憑好惡之意志。施行賞罰之威權。加禍福貧富生死治亂乎人物焉。斯所以為巨謬大悖。而不容據理徵詰也。夫然。可知墨子之根本義。全無可取矣。故墨家哲理。視儒道為不逮。至三辯篇則非樂之衍說耳。以其困墮程繁之難。不唯無充分理由之答辭。顧曰今聖有樂而少。此亦無也。則并不能強辯以自持矣。故較非樂諸篇。尤為拙劣。

吾於墨子所謂可不可玄紐者。即莊子所云不侈於後世。不靡於萬物。不暉於度數。以繩墨自矯而備世之急。其意則是。而為之泰過。己之泰順。其行則非也。七患辭過二篇。其墨子論乎人倫事業者之總綱。乎在彼戰國奔命之世。誠有不得不然者。然非通常之治道也。執之一往。乃成偏至。竊觀墨子所重乎倫業者。太上資生。故曰食不可不務也。地不可不立也。其次財用。故曰畜其菽帛。以待水旱凶歉。積其財力。而治城洫甲兵。衣食宮室。則以圉飢寒辟風濕別男女和肌膚而止。此節用篇所由作也。夫以資生之必需而財用之當節。故患夫民力盡於無用之功。眩文采而飾觀聽。習奢侈而陷凍餒。長姦婾而深刑罰。苛取歛而召危亂。於是乎乃作節葬非樂非儒三篇耳。有益乎資生財用之事者。則墨子所謂義利也。又其次則在尊智能之士。尚賢篇曰。「國有賢良之士衆。則國家之治厚。賢良之士寡。則國家之治薄。故大人之務。將在於衆賢而已。曰、然則衆賢之術。將奈何哉。子墨子曰。譬若欲衆其國之善射御之士者。必將貴之富之敬之譽之。然後國之善射御之士可得而衆也。況又有賢良之士厚乎德行。辯乎言說。博乎道術者乎。此固國家之珍而社稷之佐也。亦必且富之貴之敬之譽之。然後國之良士亦將可得而衆也。」又曰「故古者聖王之爲政。列德而尚賢。雖在農與工肆之人。有能則舉之。高予之爵。重予之祿。任之以事。斷之以令。曰爵位不高則民弗敬。蓄祿不厚則民不信。政令不斷則民不畏。舉三者授之賢者。非爲賢賜也。欲其事之成也。故當是時。以德就列。以官服事。以勞殿賞。量功而分祿。故官無常貴。民無常賤。有能則舉之。無能則下之。舉公義。辟私怨。此尚賢之謂也。」然墨子所謂公義。卽是可益國家萬民之資生財用者也。所謂賢士。卽是能益國家萬民之資生財用者也。其尙賢者。非在資生財用之外。別有鵠的。以謂資生足則安。財用充則治耳。故其舉賢良也。亦直以高權厚利誘之而已。又其次則在一刑賞之政。前者在分任股肱。而此則專責元首者也。故尙同篇始從里長而卒歸之天子。曰、「國君發政於國之百姓。言曰聞善而不善。必以告天子。天子之所是皆是之。天子之所非皆非之。去若不善言。學天子之善言。去若不善行。學天子之善行。則天下何說以亂哉。察天下之所治者何也。唯天子能一同天下之義。是以天下治也。」又曰、「古者諸侯國君之聞見善與不善也。皆馳驅以告天子。是以賞當賢。罰當暴。不殺無辜。不失有罪。則此尙同之功也」孟子謂天下定於一。惟不嗜殺人者能一之。頗與此說相似。然墨子尙同之鵠的。亦在衆其人民。富其國家耳。衆其人民者蕃生也。富其國家者。足財也。力使民生蕃。國財足者。是謂義利。志欲民生蕃。國財足者。是謂仁愛。故墨家之仁義。不離資養之事。本此仁義而施刑政。則墨家所許爲能一天下之聖王也。夫尙賢尙同。固人倫安榮之所須。而無可非難者。雖然、所貴乎賢士者。各治其學而爲鉅子。各精其藝而成大匠。各修其行以立功德。各致其心以効微妙。而共進天下於治化耳。所貴乎大同者。行旅無阻而舟車徧達。居處無禁而風習互融。文語交喩而情意能通。工作相助而資財可共。於是乎各得生活安寧之福。優游美暢之樂耳。豈唯君長之所尙者而能衆賢。帝王之所是者而可一同哉。然墨子亦知天下之聖王常少而暴王常多。君所尙者不必賢。帝所是者未可同。故欲設天鬼以統之。而曰天下之百姓。皆上同於天一。而不上同於天。災猶未去。然則又由人事之實譚。而流遁於鬼神之虛說矣。故所尙之事則是。而所以尙之之術則非也。節用節葬。可訾者最少矣。則以無論人君庶民。凡濫用侈費者。必將挹損掠奪乎人。不然者。亦必含垢忍汚窮勞極苦而後得償其欲。雖得償而貪冒之情。曾無止足。種種追求。還以自迫。亦終必損奪乎他人。然則詐取強劫。皆能釀人倫之危亂。且不知止足者。則常憂苦而無快樂。知止而節用。節用則常足。常足斯安樂。故節用者。非以自苦而自樂也。而墨子則反是。日夜不休。以自苦爲極。其用雖節。其勞不輟。夫迫於奢欲而勤奮者。由勤奮而得償奢欲。其苦行已難與樂受相消。而墨子則知止而節用矣。猶不自樂而奮勞苦。特安將富藏資財耳。此其所行。非爲子孫之牛馬。則爲世界之傭奴。二者必居其一。所謂以此自行固不愛己者也。由之而率天下人共行焉。則是率天下人皆爲子孫之牛馬。世界之傭奴耳。所謂以此敎人。恐不愛人者也。且人人省費而節用。耐勞而自苦。蓄積資財。將何所用。豈欲令太空大地受之耶。我知彼意固將以窮勞極苦之所成者。奉獻天鬼而求生天焉耳。貴義篇曰。「故人謂子墨子。今天下莫爲義。子獨自苦而爲義。子不若已。子墨子曰。今有人於此。有子十人。一人耕而九人處。則耕者不可以不益急矣。何則、食者衆而耕者寡也。今天下莫爲義。則子宜勸我。何故止我」太虛曰、夫衆皆惰而益自勤。雖枯槁不舍。其事洵難能可貴哉。然不知任衆而徒自疲苦。一手一足。雖勤竭若衆手衆足之易爲而多功哉。故以之自處。則其愚不可及。由之偕天下而相進。則爲亂之上治之下也。瑜伽論六十卷。說苦行外道有五非狂如狂所作。第二曰『慳貪者慳貪所蔽。慳貪因緣所獲財物。不用不食而於命終歘然虛棄』第三曰『樂生天者妄執投火溺水窮毒極苦。自殘生命。爲生天因』此二者墨翟禽滑釐輩當之矣。或曰沙門之行。亦甘淡泊而棄華飾。大乘之士且捨生命而捄有情。墨子之道。其可非也。答曰異。是夫沙門者。以寂滅爲樂。營生爲苦者也。其棄華飾而甘淡泊。正以自樂。而非以爲苦也。至夫大乘之士。智證唯識。觀成性空。見生命之如幻。了有情之同體。如幻故物我無間。同體故法身平等。法身平等。是故無此彼之相對。無前後之相待。物我無間。是故因自利而利他。即益人而益己。性空。故寂靜如太虛。不見有生命可捨。究竟如實際。不見有有情可捄。唯識。故識性眞如。雖熾然現生死。而未嘗捨身命。識相變易。雖未嘗有人我而熾然救有情。故其奮大勇猛。發大精進。乃至捨國城妻子。棄頭目腦髓。汲汲捄衆生者。其行則充生乎不能自已。無假勉强。其事則捨無常色。獲得常色。捨穢脆身。獲堅淨身。猶夫樵者擔薪歸家。路遇金寶。棄薪擔金。以自益而非自損也。以自樂而非自苦也。今墨子之疲己而爲物役。其第一義則奉志承則乎天鬼。窮勞極苦。不敢自休。乃苦行外道第三之非狂如狂。所作耳。其第二義則忍苦節欲而蓄積貲財。慳貪保守而無所施用。乃苦行外道第二之非狂如狂所作耳。所奉事者。唯是天鬼。非能悟唯識而證性空。所勤勞者。唯是貲財。非能成四智而獲三身也。此寧可與大乘並論之哉。故節用之意則是。而自苦之行則非也。墨家節葬。儒家非之。莊子亦非之。然而有不可非者。其論久喪厚喪殉葬之弊。所謂平民死者竭家室。諸侯死者虛府庫。天子殺殉者數百。諸侯將軍大夫殺殉者數十。又謂其處喪相率強不食而爲飢。強薄衣而爲寒。致面目陷𩞄。顏色黧黑。耳目不聰明。手足不勁強。必扶而能起杖而能步者三年。使王公行此。則不能臨朝聽政。使官府行此。則不能治事課民。使農夫行此。則不能耕稼樹藝。使百工行此。則不能造作器皿。使婦女行此。則不能紡績織紝。故身體病廢而財用虛乏。身病則敗男女之交。而人民之生養者寡矣。財乏則來盜賊之刼。而國家危亂者多矣。故厚葬久喪殉葬者。徒苦生人。無益死屍。節之短之。理甚當也。瑜伽論述苦行外道第五種非狂如狂所作曰『依傷悼死亡者因緣種種哀泣。勞攫其身。坐灰拔髮。斷食自毀』與墨子所譏者正同。故拘泥喪禮之陋儒。實有可笑者耳。然重喪而過者。其可痞猶在乎錮情滅性。苦生人而敗人事。又無益乎死屍耳。墨子僅以不能富財利蕃生養非之。則偏至之論耳。而節之之道。必使從乎桐棺三寸。衣衾三領。葬不及泉。喪不久哭之制。亦不能通行也。何則若就恆俗論之。則死者在世時之德業財譽名位有差降。而生者對於死者之哀戚有等殺。財位既隆。則葬以厚槨高丘亦何害。哀戚既極則反以放聲號哭而爲樂。其思慕之者。亦隨其情之輕重。或終身或彈指。蔑不可也。節之之道。但不拘牽而事矯飾。錮性滅情傷財敗事。虛府庫。毀家室。殘生人。殉死屍而已。其隨人隨力而行者。則千萬異不爲多也。夫沙門之敎最淡泊矣。而釋迦之化也。金棺而寶槨焉。栴檀爲積而珠玉爲炊焉。分其堅剛肉骨而營飾者。直乎雲漢之窣堵坡盈萬剎焉。豈得以桐棺三寸蓬顆一坯限之者。若就達人觀之。則如『莊子將死。弟子欲厚葬之。莊子曰。吾以天地爲棺槨。以日月爲連璧。星辰爲珠璣。萬物爲齎送。吾葬具豈不備邪。何以加此。弟子曰。吾恐烏鳶之食夫子也。莊子曰。在上爲烏鳶食。在下爲螻蟻食。奪彼與此。何其偏也。』則并桐棺三寸蓬顆一坯亦不須矣。故知莊子非譏墨子之不當節葬。特閔其生之勤也。既如彼。則死之薄也不當如此。抑以其自爲薄葬之法式。欲率天下而共行之。以不平平。其平也不平。故曰反天下之心。爲天下所不堪耳。墨子非樂。則最爲天下所大不韙者也。雖然。亦有所是。其本意則仍在厚資生積財用耳。故其非之者。不僅音樂。車服儀仗臺榭遊觀文繡彫鏤膏粱粉黛。一切繁節縟儀。蓋等取而非之矣。夫淫湎忘身。奢侈侵衆。理有必然者也。痛斥之以爲恆歌酣舞而荒政賊民之君吏戒。深論之以爲豪賽冶遊而蕩產傾生之子弟。禁夫奚不可。且鄭衞之淫聲怪迂之古樂。鄒魯間搢紳先生亦多非之矣。雖然。其泰甚者有可去。而人之情好不能絕也。其蕪鄙者雖當刪。而物之芳韻不能棄也。況夫音以宣情作氣。舞以盪神滌形。在羣衆則以致民俗之安和而不渙。在個人則用保生機之涵暢而不頹。蓋人類之所以樂其生者。非若下生之物。但以飽煖爲滿足也。必將有增上之美觀。以永其性情而紓其才智。助其悲欣而寫其哀敬也。故生之所需者。雖在衣食車舍。而樂之所充者。則在禮樂文理。且非禮樂文理。則其羣渙散。而衣食車舍亦無由成。寧得以鐘鼓琴瑟竽笙干戚之器。飢不可食。寒不可衣。休不可居。乃欲一切禁絕之哉。且人情之不可無所施寫。非獨征夫學士然也。雖畎畝丘里之子。亦有其擊壤送杵折楊皇華之聲。以相歌答歡笑。墨子欲取文采音樂而剿絕之。其失人情者甚矣。墨子與耶教爲同類。彼能風行歐土千載不斬。而此則不百年而其傳絕。彼未嘗非樂。而此獨非樂也。故莊子譏之曰。其道大觳。使人憂。使人悲。其行難爲也。歌而非歌。哭而非哭。樂而非樂。雖未敗墨子道。恐其不類衆人之情。其去王也遠矣。太虛曰。墨子立天鬼以督人。桁楊桎梏之已深矣。又益之以非樂。自弊弊人。彌復熸酷。其道之不行者宜矣。至夫儒墨之相詆毀。固大多失情者。然余觀墨子之非儒篇。所述儒者繁飾虛僞之狀。亦誠有可非者。其論强半由節葬非樂來。其詆之有至辯利者。如曰『儒者曰君子必服古言。然後仁。應之曰。所謂古之者。皆嘗新矣。而古人服之。則君子。曰、然則必法非君子之服言。非君子之言。而後仁乎』又曰、『君子循而不作。應之曰。古者羿作弓。伃作甲。奚仲作車。巧倕作舟。然則今之鮑函車匠。皆君子也。而羿伃奚仲巧倕皆小人耶。且其所循人必或作之。則其所循皆小人道也』散陋之儒。大都言服古而不作。遇此二難。其箝口結舌也必矣。

墨子爲吾所忍可者。略分四類。(一)政治類。親士非攻二篇、是也。夫人之處世。必親近善友而後能脩德進業。士爲人之有術智道藝者。卽善友也。然則親士不獨人君。特君人者彌重乎親士耳。老子明南面之術曰。三十輻以爲車。當其無。有車之用。上句喩異材精能之士。分職專業而共舉國政也。下句喩君人無爲而成國治也。然君人無爲而能成用者。則以能親士而任能也。能親士則端默而治。不能親士則勞瘁而不治。然親士尤在乎知士。不知士者則不知所當親。所親不當危莫甚焉。故曰『善爲君者勞於論人。而佚於治官。不善爲君者傷形費神愁心勞意。國愈危身愈辱。』太虛曰。工乎此者。可使南面矣。攻者相刼奪殺害也。其事則凶器危道。其業則殺盜淫妄。乃人倫必須去除之禍本。故攻戰事絕對當非。但墨子所非之之說。實未能斟酌飽滿也。其以攻戰爲不可者。以喪徒衆耗財物也。然則能掠資乎敵而擄人爲奴者。爲可攻戰矣。其以攻戰爲不必者。以地有餘民不足也。然則恐人滿之患而徙地爲急者。爲當攻戰矣。此其立論之未完密者也。至以禨祥符瑞之說。爲禹湯武三王辯護。爲彼是受天鬼所命。乃誅有罪而非攻戰。則不惟不足以信人。且益教人以攻戰矣。吾見今世之宣戰者。罔不以上帝誓師徒。故雖蹀血踐屍。猶曰秉之天討。章太炎君嘗譏耶墨假兵爲造兵之本者。以此。然儀法天鬼。是墨子之根本義。故偏入各篇耳。若去其根本義。但取非攻。固無不可。且假兵爲造兵本者。以其仍未能寢攻息爭耳。其自方非攻之命者可譏。而所非乎攻戰者。固無可瑕疵也。夫戰攻一日未絕於大地。則人倫之安樂。日暮難保。然其說非茲篇能詳。當專著論之耳。(二)道德類。修身兼愛二篇是也。儒家修身以禮義而外飾。而墨子則曰『喪雖有禮而哀爲本。士雖有學而行爲本。』又曰『譖慝之言。無入以耳。批扞之聲。無出於口。殺傷之荄。無存於心。』又曰『貧則見廉。富則見義。生則見愛。死則見哀。四行者不可虛假。反之身者也。藏於心者無以竭愛。動於身者無以竭恭。出於口者無以竭馴。暢之四支。接之肌膚。華髮隳顛而猶弗舍者。其唯聖人乎。』不事虛儀而務實行。不用權術而務仁愛。此墨家德行之高潔乎儒道者也。若夫兼愛則倫業之本而衆善之原也。愛非善也。亦非惡也。然偏愛則衆惡生焉。而兼愛則衆善出焉。故不善於愛而善於兼愛者也。異哉孟軻。乃以兼愛罪墨子爲無父。然則孟軻之所謂有父者。豈必須憎惡天下人而後爲有父耶。世之陋儒。皆於是而肆其狂詆。眞桀犬之吠耳。況墨子之所謂兼愛者。固明明曰君惠臣忠。父慈子孝。此與君君臣臣父父子子何異哉。又曰子之孝其父者。尤願天下人之皆愛其父。欲天下人之皆愛其父。必將兼愛天下人之父。而後天下人乃皆愛其父。故兼愛者所以成其大孝者也。以無父非孝罪墨子。非瞽目盲心者。必不出此。故墨家之短於儒者。在禮樂文理耳。其根本之劣點。則在宰制人道於天鬼耳。然禮者忠信之薄。文者事行之華。故儒者往往流於虛矯而鮮端慤朴誠。然則仁義道德之行。正墨之所長而儒之所短。孟軻之徒。闢然以所短非所長。何其亡耻之甚。以老之自然。莊之齊物。荀之解蔽。而代墨子天鬼之說。加以孔子之文史禮樂。而持載經理乎墨子之仁愛義利。調劑此五者爲一丸。庶幾人道之正乘耳。(三)哲理類。所染非命二篇是也。染於善則善。染於惡則惡。卽告子所云生之爲性。無善無不善。決東則東。決西則西者也。至夫水之就下。激之則可上流。則荀子所謂性惡而可化於僞善者也。故墨子實於人性爲無善無不善。而善出於天志。不善出於逆天志者也。書稱告子出於儒墨之間。則告子人性無善無不善。蓋是學於墨子者也。仁內義外。則是告子自立之義。故爲墨孟之所交誹。非命之說。則爲墨家。獨。長。儒家多言守命。以子夏子思爲最甚。孔聖孟賢次之。荀卿則類老莊。老莊因任自然。夙命亦是自然之節。但老莊之自然。與近人所云自然規律異趣。規律則屬應當遵守自然但是都不計較。都不計較。故泛任也。泛任故無礙無礙故自由。自由故獨往。然荀卿不計乎命。而守乎聖王之法。故又與老莊分殊也。然當世人囂競貪酷之際。道家亦有以安命寧之者。蓋冥趨盲動。彌以滋患。則不若喻之以守命猶可息妄而近眞。若列子力命篇是也。佛家調和力命之間者。明永覺禪師曰『世上有一種議論。謂一飲一啄。莫非前定。全不由人力趨避者。若然則爲善者分當爲善爲惡者分當爲惡。聖賢無教化之功。下民無取舍之道。由是小人安於放縱。君子怠於進修。其遺害可勝道哉。夫世間禍福。莫大於生死。亦有命不當死而死者。佛謂之橫死。凡有九種。故梵網戒中有冒難遊行戒。恐其冒難而橫死也。孟軻亦曰知命君子。不立於巖墻之下。又曰桎梏死者。非正命也。即此推之。可盡委於命哉。大抵天命人力。功實相參。故君子必修身以俟之。』此其所非乎命者。與墨子略等。而復調停於儒家知命之說。然猶未決。獨楊仁山居士論列子力命篇曰。『北宮子以世俗之見。與西門子較量窮達。宜乎爲西門子所訕笑也。幸東郭先生以天命曉之。西門子既服。北宮子亦釋然心安。何其感化之速也。雖然。之三子者。皆未聞道也。夫聞道者不爲命之所囿而能造乎命者也。且能斷己之命根以出沒於命所不及之處。人天三界隨意寄托十方國土。應願往生。博施濟衆而不受福德。永刼修行而不辭勞瘁。菩薩有十力。佛有十力。皆以力勝。謂之力波羅密。何命之足云。若規規然以聽天任命爲宗。亦終於隨業流轉而已』可謂圓音勝義。度越一切者矣。故墨子非命之說。獨應道理。然其所根據以非命之理。由未能圓滿。又膠於天帝鬼神之根本謬義。欲以人性無善不善而歸善於天志。人生無命無分而歸權於鬼神。則轉增執著耳。然非非命之咎。而是信鬼之咎也。猶有墨家與陰陽家異者。墨家不信命而畏鬼。故謹於善惡而凜乎賞罰。陰陽家則察數而不安命。故怵於福禍而務爲趨避。陰陽家最無足取。墨子不信命而致謹乎義不義之行。則吾之所可也。(四)科學類卽經上下經說上下及小取大取六篇。則諸子中墨子獨操之論理學也。莊子所謂以堅白異同之辯。觭偶之仵之辭相應者也。荀卿正名篇詳制名之術而不著辯律。墨翟則審乎辯律而略制名之術。雖然。衡之亞里士多得之名學。則墨子爲善矣。余嘗欲分爲十章而釋其經說上下。云何十章。(一)名辯之緣起。知親說聞及論知等(二)名辯之成用。名實合爲等（三）略正成名。知恕仁義等（四）略列可名之物。鑑影梯衡等（五）論名。名達類私等（六）論詞。謂移加擧等（七）詞蘊。久彌異時也守彌異所也等（八）分類。同異大小等（九）辯式。故所以然等（十）駁正詭辯。仁內義外等惜其簡畢脫落。語多訛亂。而前後又無次第。且雖能釋明之。亦唯借印度之因明泰西之邏輯爲條貫耳。未有特殊優勝之處。故置不復論。而小取大取二篇文句暢順。蓋最取其全書大義。依辯式而論定之者。然亦兼論分類之法若重同、具同、連同、同類之同、同名之同、同邱、同鮒、同是之同等、及持辯之道。若夫辯者、將以明是非之分、審治亂之紀、明同異之處、察名實之理、辯取其總義。故曰大取辯取其散義。故曰小取耳。經說下曰。白馬多白。視馬不多視。白與視也。按魯問篇曰。譬猶小視白則謂之白。大視白則謂之黑。觀此可知白馬多白。謂所見白色之馬非一。故傳於馬之白色。亦離形異處而非一。然人之視馬。視多馬與視一馬等一馬一視。一欄馬亦祇須一視。故曰視馬不多視。此蓋爲別於視與所視者。視、視也。、白所視也。一人視多白馬所視者多。而視者不隨之而多。反之則多人視一白馬所視者一而視者亦不隨之而一。此內外能所之可析者也。愛利內也。所愛所利外也。其析之猶是也。穆勒區別思與所思。義亦同此。正名雜義注云。視馬。謂馬之善視者。

非是。又經說上曰故小故有之不必然無之必不然。體也若有端。大故有之必無然
若見之成見也。體若二之一尺之端也。吾意小故卽因明之因如曰聲是所作。然聲
不必定出所作。故曰有之不必然。聲雖不必定出所作。聲固多有出於所作者。不可
謂聲無所作性。然且無因則不能成宗。故曰無之必不然。體者合聲之有法與所作
之因而論一意者也。按墨經又曰體分於兼也。兼者因明所謂俱品分者。因明所謂
同品異品。端無序而最前者也。猶今人所云極端也。一體有兼與分。體若舉名曰尺。
兼若全尺。分若一尺而有兩端。尺體雖一。尺端則二。今以所作成聲無常。則所作者
必是無常。曰同品定有性。而常住者必非所作。曰異品徧無性。猶一尺而有兩端也。
故端者以正負二性盡有無同異之邊際者也。然因之對於宗法但取其能成立而
不必能盡宗法上有無同異之邊際。故所作性雖定無常。而無常者不限所作。常住
者雖徧無所作。而無所作非必常住。在聲亦然。聲雖定是無常不必定是所作。因中
有同品定有異品徧無之兩端。而其兩端又不必能盡宗法邊際。故曰體也若有端。
若者未盡之辭。言雖有端而不盡邊際也。大故卽因明之喻體。如曰凡所作者皆無

常。無常性較所作性寬。故曰大。故以極成能別之宗體而極成所別之宗依。宗依卽聲足以盡聲邊際無有一聲而非無常。故曰有之必然。用章氏國故論衡說唯其必然。故立宗以爭之。設因以成之也。以聲之所作性。成立聲之無常性。則是以聲之部分觀。成立聲之大公例者。亦是以散殊之思察而得決定之明見者。故況以見之成見也。合能成之見與所成之見。方是今之喻體。此體卽爲最大公例。窮盡邊際。若尺兩端。尺體定在端中。端外卽是無尺。故曰體若一尺之二端也。二端者。是非同異也。是聲必同無常。異無常必非聲。此因明同喻異喻之儲能。乎若以此爲墨子之辯律。則較印度因明量七支少四支。較泰西論理法三段少一段。列式如下。

因明量

(宗)聲有法亦曰宗依是無常宗體

(因)所作性故

(喻)凡所作性必是無常同喻體如車舍同喻依若是常者必非所作異喻體如虛空異喻依

邏輯外籀法

（例）凡所作性物必無常

（案）聲是所作性物

（斷）故聲無常

墨辯律

（案 小故）聲 宗依 是所作性 因

（例 大故）凡所作性定皆無常 同喻體

墨子之律。雖但有案例而無斷。然彼先案後例。則案之斷於例者。固可不言而喻矣。三式所用三名物同。而論理法三名物皆兩見。因明則宗依但一見。墨子則唯中介之因兩見。餘皆一見。故此三種辯式。墨子最為簡捷。然檢以異喻。使所成公例。亦有界而不混。則因明量最謹嚴矣。又墨子及因明比量。皆可通用乎內籀術。而論理法則唯外籀。以先例而後案故也。此可以參互觀之者。至若飲冰室叢書之墨子微。其主觀上之理想。如是吾不得非之。其專屬於客觀學者。試舉其所著墨子之論理學略辨之。梁氏於墨子經說上下。似茫然不解。僅摭其小取一篇中數名詞。而以泰西論理學緣附之。務欲牽合而塡砌焉。故或自欺其所知也。其釋名章釋辨、名、辭三字。尚應道理。以前提釋說字。既錯誤矣。何則。在析別獨稱則曰命題。在聯合推論則曰前提。或曰結論。因所居之章位異而異稱。其質則同爲兩名所成之一辭耳。若以說爲前提。奚別於辭。故墨子之所謂「辯」。猶云「論理學」也。墨子之所謂「說」猶論理學中所云「推論」（亦曰連珠。亦曰內外籀術）也。推論但爲論理學之一節。故「說」與「辯」其分絕異。昧乎此。恐以「說」爲推論。將無以處乎辯。乃以「說」爲前提。又不窺經說上「故」有「小故」「大故」。乃以說但屬小前提。夫以說爲前提已誤。況以說爲小前提乎。至以名所舉實。辭所抒意。說所出故。皆謂之斷案。謬之甚矣。夫斷案者。卽推論上之結論耳。此但說所出故。何關名所舉實。辭所抒意乎。名學等書。其初必先論名。其次論詞。其次乃論內外籀術。奈何將論名論詞者全忘卻乎。故名所舉實。卽竹名所舉之竹。木名所舉之木。槪言之則有名可舉之事物族類皆是也。辭所抒意。合二名物而論一意。或同或異。或是或非者也。同是者曰正意。異非者曰負意。不居乎正。則處於負。故雖兩端而是一意。假爲辭曰人皆有死。則所抒者唯是正意。轉其辭曰不死非人。則所抒者唯負意矣。說所出故。卽以二詞或三詞而推論其原因與結果也。若以說隨辭。推出辭意之故。則墨子之推論式。亦可與因明量先立宗體者同。試隨前辭人皆有死。立以爲宗。人卽宗依。有死卽宗體。從而以說出其故曰由衆緣和合而生活故。小故 若由衆緣和合而生活者。定皆有死。大故 依人皆有死一辭。意推出由衆緣和合而生活之原因。此原因當否暫不論 依此原因而求得定皆有死之結果。此原因與結果。若對於人皆有死一辭。意則同爲能成立之因也。故故者。實兼大前提與小前提而得其因果關係者也。小前提卽案、大前提卽例、以斷案皆用故字。乃以故爲斷案。陋已。以類取以類予。則與因明因中之同品異品喻中之同喻異喻之界說等耳。亦與雅里氏外籀術第六律令所謂例案兩辭之中有一負者。則判詞必負。若例案兩無負詞。則判詞必無負。名學淺說載此 者。略同。梁氏以爲媒詞非是。或也者不盡也。頗似約結離接論所用者。卽梁氏所用以釋援字者也。假者今不然也。可如梁氏之說。效卽合式之辯論法。從小取篇夫辯者起至假者今不然也止。皆是合式之辨論法。故以中效不中效要束之。此下則爲或簡省或複雜之便宜談辯。不必求合乎論式者。故譬侔援推四種辯。蓋詭辯之不守論式。而以利其言談者也。故墨子明明結示曰。是故辟侔援推之辭。行而異。轉而危。遠而失。流而離本。不可不審也。不可常用也。梁以辟爲立證。侔爲比較。援爲積疊。推爲推論。義皆非是。此之四字。墨子自有界說。明白顯暢。何須更解。然此四種例外之辯。墨子蓋常用之。今試引以爲證。公孟子謂子墨子曰。「子以三年之喪爲非。子之三月之喪亦非也」。子墨子曰。「子以三年之喪非三月之喪。是猶裸者謂撅者不恭也」。此之謂譬。佛經十二部中有譬喻部。與此同類。（譬喻種類不一。此僅譬喻一式。）公孟篇公孟子謂子墨子曰。「君子恭己以待。問焉則言。不問焉則止。譬若鐘然。扣則鳴。不扣則不鳴」。子墨子曰。「今未有扣子而子鳴。是子所謂不扣而鳴邪。是子所謂非君子邪」。此之謂侔。順彼之辭而還以破彼也。大毗婆論謂之違宗破同彼破勝彼破也。然侔之用。不獨破人。亦可引人說而自立。魯問篇魯陽文君曰。「魯四境之內。皆寡人之臣也。今大都攻其小都。大家伐其小家。取其牛馬。奪其貨財。則寡人必將厚罰之」。子墨子曰。「夫天之兼有天下也。亦猶君之有四境之內也。今舉兵將以攻鄭。天誅可不至乎。」則以佯辭立自說矣。耕柱子曰。「驥足以責」子墨子曰。「我亦以子爲足以責」此之謂援。公輸篇子墨子見公輸盤。曰北方有侮臣。願藉子殺之。公輸盤不悅。子墨子曰請獻十金。公輸子盤曰。吾義固不殺人。子墨子起再拜曰。請說之。吾從北方聞子爲梯將以攻宋。宋何罪之有。子義不殺少而殺衆。不可謂知類。此之謂推。此之四種。或有雖合論理而詞說增略有殊者。或屬弔詭之辯。全悖論理而爲名學所厲禁者。茲姑請止。不復詳陳。

從親士至小取共得二十四題。墨子全書之義類皆備矣。從耕柱至公輸五篇。要皆與其門人問答及與儒家辯難且遊說於王公者也。其義理不外天志兼愛節用非命等所持者。其辯式不外經說上下大取小取所陳者。然有一二節可辯者。義、利也。利、所得而喜也。害、所得而惡也。此著於經上而亦散見全書者也。貴義篇曰。萬事莫貴於義。今謂人曰。予子冠履而斷子之手足。子爲之乎。必不爲。何故。則冠履不若手足之貴也。又曰。予子天下而殺子之身。子爲之乎。必不爲。何故。則天下不若身之貴也。太虛曰此固兩害相權而取其輕。兩利相權而取其重。斷然在墨子所謂義利之內者。獨至曰爭一言以相殺。是貴義於其身也。故曰萬事莫貴於義也。則於自所立義利也之界說。剛其反矣。身者義利之主也。義與不義。以利與害決之者。利與害以人身所受用而喜與惡決之者。然則無身則無受用。無受用則無利。無利尚何有義。爭一言而殺身。不義莫甚矣。以不義爲義而以此不義之義爲貴於身。何其僨歟。果爾。則殺人不唯非不義。且足以成人己之義。何則。爭一言與爭一地同。爭一地與爭一錢同。我人也。彼人也。我以爭而殺身可以爲義。彼以爭而殺身亦可爲義。我與彼爭而我爲彼所殺。我固成義。彼與我爭而彼爲我所殺。亦成彼義。義既天下之所最貴。則人固應唯義是務。彼不能爭。我迫彼爭。我不能爭。彼引我爭。是務義也。彼不自殺我。我殺彼身。我不自殺。彼殺我身。亦務義也。然則義雖可貴。奈違重生愛人之自宗乎。奈世間將無噍類乎。墨子之道不怒。今以爭一言而相殺爲義。乃其矛盾自陷之甚者也。吾意必人人重身愛人。而以身爲義利權衡。損身曰害。益身曰利。則顛倒之情。庶可漸轉耳。魯問篇曰。「凡入國必擇務而從事焉。國家昏亂。則語之尚賢尚同。

國家貧乏。則語之節用節葬。國家嬉音湛湎。則語之非樂非命。國家淫僻無禮。則語之尊天事鬼。國家務奪侵凌。則語之兼愛非攻。」太虛曰。信斯說。子墨子何其善用方便權巧耶。夫善識藥病。用以對治病惡。則雖天志明鬼。吾亦許之。何則。砒礵巴豆。善用之亦能愈病。故然墨子以法天儀鬼爲根本義。自膠膠人。自熸熸人。又極偏重節用聚財。而以非樂自苦苦人。曾無解脫之談。寧有融圓之用哉。從備城門至雜守十一篇。皆禽子問。子墨子答者。其事悉從非攻演繹而出。蓋墨子所非攻之術。著於備城門篇。城池修一也。守器備二也。堆粟足三也。上下相親四也。四鄰諸侯相救五也。前四爲內政。後一爲外交。略與今之謀國者同。彼時爲戰國世。今亦爲戰國世。所以同也。未能曉人不攻之道。在乎蕩除盜府。（政府即大盜府）泯平國界。是故不得不謀守戶之術。但善自守而不攻人。使彼攻者無可刼掠。則久之必厭倦。其攻亦是息攻之良法。而此之十一篇。則皆論修城池備器械。而自守者也。專造守城之器。而禦戰攻。故與戰士有異。雖然。此實不足息攻。而反以滋攻耳。守者亦爲私利而守。攻者亦爲私利而攻。守者能盡巧以爲守。攻者亦能極智以爲攻。然則城守之器益備。梯攻之器亦以彌精。兩器相消。曾何足恃。兩術相長。適以濟惡。其未可者一也。雖有出衆工巧。使攻者必敗而無勝。不敢侵攻。則製器與用器者。亦在乎人耳。蚩尤造五兵戰黃帝。反爲黃帝取之而殺其身。故器之可以拒人者。亦卽可以攻人。而能造守器者。其法亦卽可造攻具。墨子雖能守禦弗攻。安保傳其術者。不改用而爲攻。幷變其法制以造攻具乎。彼大盜者。聖智之法。且能盜之。況區區守禦之具乎。其未可者二也。要之非尊生重身。尙同。兼愛。破家亡國。天下太平。攻戰超死之風。未能息也。雖然。當戰國奔命世。亦不可無墨子其人。抱甕傾甃。焦頭爛額。力捄生民焚膚之急。今之世則一放大之戰爭場也。眞有墨子其人。固將有香花頂禮之者。故莊子曰。墨子眞天下之好也。特其行可偶而不可常。其道偏枯而不充容耳。且無以寧解其根本惑。則以火救火。勢將益烈。吾聞墨子之傳在中國。斬於西漢時。而耶穌於其時與猶太。安知非墨道不行於中國。轉輾流入猶太邪。彼教徒之志行。何其與墨翟近似耶。然教義少有參差者。則猶太新教。固以猶太舊教爲質素。而更傳於墨義及婆羅門教義者也。姑置其教義而言。彼教所行國之民俗。重財愛國一也。爭義輕生二也。

爭强果敢三也。巧於工作器物而致資命攻守之用四也。能持堅白異同之辯。方平圜直之數。而察類辯物探質研力五也。能執觭偶不仵之辭。功利競進之說。而尙刻博異。鴟張狠奔六也。彼海西諸族殆皆墨翟之苗裔歟。夫癡見共流。愛慢同穴。無所簡擇。而務馳騁。亦苦樂善惡。雜然相進而已矣。亂之上也。治之下也。此風今且靡靡天下。一墨則不足以救。衆墨則適足相撓鬬。呲墨之道。一往而無所回顧。則今之世其去吾人所愛之和平。益以遠矣。悲夫。

論神教 原名破神執論

余昔者作無神論。率爾操觚。供某某兩報之需。義未甄擇也。頃聞有神教徒取以駁之者。不知其說如何。然余前論雖膚泛。要亦略有詮次。非僅知恃天寵愛者能了解耳。今從友人佩剛岩父請。取其義更審決之。題曰破神執論。論凡四分。欲令神教徒解文務求易焉。

（一）立界分

今論決遮破之神執。要和合三事成一者方是。三事奚指。（一）擬人實。人名之所謂曰人實，此與民法上所云人格者有異、與名學上人之界說略同、其所擬議者見下出計分、（二）具天德。謂具自然性德即唯一實在常住普徧也（三）有神能。能父萬有能主萬有換言之。則茲所謂神。乃有形體。有情意。是一。是實。是常。是徧。而能造作宰制萬有之一大人或大物。或大神也。不屬此三事及不合此三事爲一者。非今所破神執。何者。今論決遮爲無之神。唯破愚人妄計之不平等因故。

獨計人實而不具天德不有神能者。則雖說別有爲吾人所不能交接而言動似人之類。或似人而又勝過乎吾人之類。然既非一實常徧而一切物皆爲所生起所統治。則彼或此世界萬物中別有之一類。或異世界之高等人類耳。揆之萬物進化之理。世界無量生物無量。固容有似吾人而勝過者。遞變爲種相待成化。雖皈禮恭敬而無異禮敬哲人君子。故此非不平等因也。是以俗所敬事祖先鬼神及佛教所謂天宮龍仙淨土聖賢等。非今論所遮之神也。

擬人實又計具天德而不有神能者。則不能作萬物及管萬物。雖具一實常徧性德。而非萬物之父之主。何爲妄施皈禮恭敬。且吾人與諸生物。亦可自然具眞常性德。然人等生物各各非能作萬物及管萬物者。而具性德者既即人等生物。故此非不平等因也。是以俗言之靈魂。數論之神我。特嘉爾之意我。吠檀陀之泛神。及佛法補特伽羅眞異熟識等。非今論所遮之神也。

獨計天德而不擬人實不有神能者。乃無異由吾人言思所立一種之理想之概念而已。則離人等生物。尙無神體情意自身。況能造作宰理萬有。故此非不平等因也。是以學者所立元理本性天道精神種種假說。及佛法眞如法性等。非今論所遮之神也。

具天德又計有神能而不擬人實者。則雖恒一圓實而生變執持平人等萬物。然離人等身心。別無神之身體情意。故不得云別有一是父是主之大人或大物或大神。必應皈禮恭敬。蓋是吾人與諸生物或自有、或共有、或性具、或緣成、之全體大用耳。故此非不平等因也。是以佛法如來藏藏識等。非今論所遮之神也。

獨計神能而不擬人實不具天德者。則雖生化攝持。蓋是人等萬物自然鈎鎖循環動盪變易及輾轉順違拒受之調和結果而已。非別有一自在常存天父眞宰之大神物。獨臨人等萬物之上。能造之制之者。故此非不平等因也。是以學者以統一切精神生活全力或萬物或人羣交互關攝之綜合生活力。假名之曰神。及佛法十二有支緣生義等。非今論所遮之神也。

有神功又計擬人實而不具天德者。則雖是能造作能制治之一大人物。既非唯一實在常恒普徧。則其能力必有限量。亦將如陶工能製器。牧豎能驅羊。對於陶器牧羊號之爲能作能制之巨靈而已。非眞能父一切物主一切物者。故此不成立不平等因也。是以人之父母師尹官宰臣工。及佛典所謂風神空神山神海神林神地神等。亦非今論之所遮也。

故今論所決定遮破之神。卽諸一神敎所妄計唯一實在常恆普徧能父萬有能主萬有之大神物。非餘所謂神也。上列今論所不遮之種種。非必理皆誠諦。尤不得以今論不遮而卽執爲余之所認。蓋以今論專破不平等因妄執。而餘種種雖虛實邪正精粗偏圓猶有辨較之。一神敎徒所執則爲近理。皆非不平等因。故不遮耳。

由是今論所決遮爲無之神之分限。可得略示之矣。

（全分）（耶教回教等）（舊教等新教等）

今論所決遮破之神

多分	婆羅門教等 斯多噶等 墨子等
少分	儒教 道教 柏拉圖等
全無	佛教 其餘哲學教宗

右表粗具其概。不能詳也。耶回二教根本義全唯尊奉一神帝。正屬今論所遮不平等因可知。婆羅門教流派最雜。有多神者。若奉事各種禽獸水火鬼神等徒衆。有泛神者。若新起之吠檀陀派謂萬物皆神等。有無神者。若數論派。勝論派。順世派。（此若今之質力學者、）瑜伽派。（此專習世間九次第禪者、若釋迦從阿邏仙人學定等、當亦畧近修神仙者、）然婆羅門教最普通之根本教典。卽四吠陀論有論稱是梵天所造。而執有一大自在天。或有一大梵天。或有二大梵天。（此雖二神、實與一神大同、希臘古教二神、當亦如此、）眞實恒徧能父一切物主一切物者。此卽今之所遮。故居多分。斯多噶學派實緣起耶教。然斯多噶不全以奉一天神爲根本義。故但多分。墨子之根本義實唯天志明鬼。然其不以神權皆歸唯一天帝。而許衆多鬼神皆有威權。故但多分。若九流中儒家本唯文史政治教育藝術倫理心性等學。其上帝臨汝毋貳爾心等。亦錄先王成言而已。非以爲根本教義也。然向來與陰陽家混若

明儒黃宗羲謂有獨一昊天上帝生宰萬物。見梨洲遺著破邪論。則亦不平等因之一神也。故有少分。道家流宗主老莊等法自然爲根本義。人與天地同法自然。本絕對黜去天神者。然後世亦混陰陽家。而天師道士之流。則且執自然亦是一具人體而父兩儀宰萬有之大神。故有少分。梭氏柏氏亞氏等則大略似老莊孔孟也。佛法俗諦說緣生義。雖萬類相懸。高至摩醯首羅天王。下至一蟻子。同爲緣會虛幻而生。自作自受。唯心唯識。絕對不容作萬物者主萬物。故全分無。其餘教派學派於今所遮之神。或有全分。或有多分。或有少分。應知各別屬之耶教等類。其餘全分無者不遑細別。總名之其餘教派學派。若僅論世間資生事業之學說。非探萬有生化根源執爲究竟之眞理者。應知絕非今論之所關涉。而全分無今論所遮之神等學派教派。亦非卽許合正道理。但無今論所遮之神而已。

(二)出計分

彼一神教徒對取所奉事者。計擬人實如何。彼徒無楷定之說。攷覈其計。必當略具六事。

一、擬人之官肢形骸。彼必不許所事之神但虛空。故但虛則應都無功能作用。故不得依之起執著故。故必計有形魄。而厥形魄。又必不計但似薪火。但似汙流。但似木石。但似蛇蟲。但似魚鱉。但似鳥獸。故必擬似人之官肢形骸。又必不許殘耳缺鼻。無手多足。不分牝牡之性。不正首尻之位。用頭頂步。用脚趾食。用腰脅鳴。用膝髁視。故必擬似完具端好人之官肢形骸。較吾人特高大壯姣而已。

二、擬人之居處餐服。不然。應無所謂天國樂園。應不摘食樹果。應是裸形丐徒。故必計較吾人之居處餐服爲優美芳甘豐華莊嚴富麗而已。

三、擬人之言動工作。若所謂摶土爲人等。此則直擬同揑泥孩等玩具之技工而已。且不擬此。則不得有告誡使命等事。

四、擬人之知覺思想。不然。應同用土木金石範鑄所成。而能自動能發聲之機器人。

五、擬人之情感意志。不然。應不得起是非好惡之念。褒貶賞罰之事。

六、擬人之政教刑賞。不然。應無帝之與魔對敵。應無所謂貶墜下界之事。應無所謂人類始祖罪貽子孫萬代之事。應無所謂末日審判之事。

雖然。諸一神教亦高下殊數也。其高者若婆羅門教之所擬議。則謂彼所事神有二種身。一者本身。執為不可思議。不可名狀。二者化身。乃有擬似勝過人類諸事。彼教擬議其神勝似人間諸事。雖悠謬可嗤。而亦較圓滿。惟最下劣若耶教者。始僅齊吾今所云耳。

彼一神教師徒。對取所奉事者。計具天德如何。攷覈其計。必有四義。凡此四德。彼計唯彼所奉之一天神所有。不許餘共。

一者。計神我（我者總舉彼天神有之自身者而言）唯一而無比無對。此其所以堅執唯自教所奉之一神為萬有之主。因痛排多神。深嫉餘教。（若耶回同奉一神而二互仇殺）反斥生身之父母為非眞父母。歷史上實有功德。貽澤人羣之勝哲賢士。皆誣為彼神之使徒。一切無眞可歸依眞可尊敬之恩德。

二者。計神體眞實而自有自在。此其所以堅執自教所奉之神。自有固有。永有實有。謂非一切人等說有說無可得搖動。而萬有皆原彼神而有而存。故除彼神、都無自在實有之體。唯彼一神無待乎萬有而自在實有。

三者。計體性堅常而無始無終。此卽執彼神。本來是一不生不滅。不變不易。不少不老。不消。不長不斷。不續不增不減之物也。否則縱較人類長壽。或如龜蛇金石。或如妖精仙靈。極如佛法所謂非想非非想處天人長生八萬大刼。此假說之大刼、若用人間歲數較之、從京垓至正載、亦不能計算一大刼、一大刼且如此、況八萬大刼乎、此可見耶教等謂吾人所處之員輿、僅得有萬餘年、其思想之褊狹短拙、直同幼稚園中童話而已、亦必有其起始終訖。然則彼神且有起始終訖。無能自保。縱使餘時有彼代立之神。還應始終起訖。則此天主神父聖帝眞宰已非永生。奉事者雖登天國而爲其臣僕婢妾子民。何從祈乎永生哉。故彼敎徒所執之神。必不容或缺此一天德也。

四者。計體用普偏而充空充有。不然。應不得起直接偏一切之全知全能。且若不充盈乎無邊空界。則應餘處有多並尊之神。不成一神而成多神。故彼敎徒所執之神。必不容或缺此一天德也。

彼一神教師徒對取所奉事者。計有神能如何。攷覈其計。亦應必有四事。凡此四能。彼計唯彼所奉之一天神所有。不許餘共。

一者。偏生一切。物而爲一切物天父。故彼敎徒計之爲造物者。偏造一切物則不獨物心形器是彼所造。物心體質亦彼所造。除彼所造更無心物器質。否則凡百技工。各造所能造物亦應是彼所奉造物者矣。

二者。全握一切物而爲一切物神（神取中心勢力及主權、所有權之義）。主故彼教徒計之爲主權者。身心祖宗親友禽獸金木水土及一切羣幼總業等皆是上帝所有。一切應取奉事上帝。凡有所得皆是上帝所賜。常應感謝。猶臧獲事虐主。如臣妾侍暴君。恭順將事。無敢或違。何者。生命無自有權。而又勢不容改託第二主權者。且實無第二主權者。可得依賴之奴婢應然也。設彼神非全握有一切物。彼教徒卽奉之爲主權者。則蜈蚣有百足。亦應是彼所奉主權者矣。

三者統治一切物而爲一切物眞宰。故彼教徒計所奉神隨意能直接禍福賞罰一切人。然應不假往來升降。往來升降則此作彼息。故亦應不假臣工役使。若仗臣工役使非直接。故非直接能懲勸處治。則臣使得偸矯其命。彼教徒祗奉間接之神而不敬直接之使。求福賞或者應翻得禍罰。而彼神亦非唯一眞實可依賴及必歸服者矣。故彼必應計一一物是神直接能統治者。方足令人無所逃遁於其偉掌之中。

畏懼祗奉。莫敢稍逆其志。以顯眞宰非人羣僞假工宰之比。四者。盡知一切物。而爲一切物聖帝。聖有通達之義、帝有審諦之義、故彼敎徒計所奉神。隨念能直接監察照臨一切人。然應不假俯仰向背。俯仰向背。則顧此失彼。故亦應不假胥吏偵探。若用胥吏偵探。非直接故。非直接能視聽詗刺。則必爲物欺蒙。且因人成事。不是顯大丈夫能。則上帝僅如水母依蝦而見耳。故彼必應計一一處是神直接能盡知者。方足令人無所隱匿於其巨靈之中。畏懼祗奉。莫敢稍逆其志。以顯聖帝非人羣凡俗皇帝之比。

右所出彼一神敎徒所妄計之義。彼等敎典上所述者。或未能搆畫施設如是之完備。然在彼一神敎。必應具爾所根本義。方能略有眉目。可供駁斥。思想最鄙劣之耶穌敎義。近代由哲學科學家推演彼敎諸說、已離彼敎本旨而非本敎義矣、若所謂因人類始祖亞當有罪於上帝。其罪貽留子孫。致今人亦尙受帝罰。則雖坐九族之秦法。亦無其虐。又若所謂積數萬年陳死人鬼魂於塚墓中。至世界末日方爲審判。則雖極昏惰之官吏。亦無其滯。又若所謂摶土爲人。呵氣爲魂。實兒戲耳。此皆牧豎嬰婢所聚談謔笑者。稍具知識人。

必不能給令信從。今論所不違置辯也。

（三）破執分

今且開為十義。摧破彼一神教所執。

先應問彼。汝所執之神父天帝。亦是物耶。為非物耶。非物則無自有體相作用。但是對物說為非物。非是別有一個非物。譬如於無物處說之為空。非是別有一個空物。又如對有說無。但是無諸所有。非是別有一個無物。則汝天帝神父。唯是自心之一計度。唯是相傳之一言說。同乎龜毛兎角。都無實義。不應執著能主萬物。能父萬物。若是能主能父。必是自有體相作用。則汝天帝神父亦萬物中之一物耳。獨此一物能主能父萬物。都無道理。

此中有二比量（一）汝所執神父天帝（此宗依也、亦曰有法）定無自體相作用。（此宗體也合宗依宗體則總名曰宗。）許非無所攝故。（因也）凡非是物所攝者定無自體相作用。故汝所執天帝神父亦定無自體相作用。（此喻體也。）喻如龜毛兎角。但有言說。都無實義。（此喻依也）（二）汝所執天神定是萬物中之一物。許有自體相作用故。喻如人禽木石。亦可用亞里士大德之論理法。但無喩依而已。其式如下。凡有自體相作用者必是一個物。（例也）汝許天神有自體相作用。（案也）故汝天神亦必是一個物。（斷也）應知今論破之執。節節皆用若干比量。此出其例。下不一一。閱者可自勘耳。

更應問彼。汝執唯汝天神能造作能生化一切事物。爲唯一天神絕無餘物相待耶。抑有待乎餘物乃能生能作耶。唯一天神絕無餘物相待。則汝天神卽應無自無他。無內無外。無彼無此。無能無所。而與一切事物無有二相。忽然而有汝曹。忽然而有汝曹執此一神能作能生。執彼萬物是此一神所生所作。都無道理。若亦有待乎餘物乃能生能作。則如爐冶之能鎔卄待乎炭銅。亦如工匠之能作器待乎斤石炭銅。斤石固與爐冶工匠並存。非必爐冶工匠之所生起。汝執一切事物唯由汝一天神所生所作。都無道理。且爐冶工匠。亦是汝所奉之天神。

汝今設曰。汝神未作未生一切事物之前。唯一天神絕無餘物相待。其作其生一切事物。唯神自作自生。亦非有待餘物乃能生作。今應問彼。汝之天神亦有未生前耶。爲無未生前耶。汝神若是固有常存而無未生前者。一切事物既唯由汝天神而生而作。略不待餘而有。則是時有汝之天神。卽是時有一切事物。一切事物亦不應有未生未作之前。汝執一切事物有未生未作前都無道理。若汝天神亦有未生前。則汝天神既生有所始。亦必滅有所終。而汝天神亦是起滅不自在之一物。無能自主。況能主餘一切。汝執汝神實有全能都無道理。設汝轉計汝神雖屬固有常存造化一切雖不待餘。然待神心之樂欲者。則汝神既固有常存。汝神心之樂欲亦應固有常存。自然而然不由待起。一切所造化者。仍應與神同爲固有常存。若汝神之樂欲亦由待起。如人之待金錢而愛。待愛金錢而盜竊者。則仍有待餘物。且汝神之造化一切須待愛欲。汝神愛樂須待餘物。或愛樂忽然而有無。不能自主。則汝神都無自由力。汝執汝神爲自在自由而全能都無道理。

今更問汝曹。隨汝曹意答。汝執汝神造一切物。彼所造人爲了了自知而能隨自心所欲者以造作耶。爲盲冥無知而忽然造作耶。若了知而隨心所欲以造作者。罪惡殘廢愚邪及不敬信彼神之人。既非彼神所欲。則非彼神所造。世間現多罪惡殘廢愚邪及不敬信彼神之人。汝執一切皆神所造都無道理。若罪惡愚邪不敬信彼神之人。亦神所欲所造。神復貶之苦之罰之。不令常常同住樂園。都無道理。若不敬信彼神之人。亦神所欲造。故亦得同歸樂園。汝曹勸人必敬信神。乃可生天。都無道理。若汝神由盲冥無知而忽然造一切物。非能隨心所欲而造。若父母生子女。雖欲生好子女。然所生子女或不肖。故神所造人亦善惡。敬不敬參雜者。則神亦應不能偏了知一切人善惡。縱知善惡。亦應不能隨心所欲以賞罰苦樂一切人。汝曹謂信神必蒙神眷得永生而居樂園者。都無道理。且汝神既盲冥無知。則汝執汝神十方三世而偏知。都無道理。

更應問汝。汝執一切世間物必由汝神所生造所宰治者。爲一切物必別有造者治者而得存立耶。爲不必別有造者治者亦得存立耶。若一切物存立必別有造者治者。則彼天神亦應別有造者治者。造治彼天神者復應別有造者治者。展轉上推。夐無窮極。汝執唯汝一神爲造物治物者。都無道理。若汝天神非別有造者治者而自然得存立者。則一切物亦應能自然生化調和而存立。汝必執由汝神所生造所宰治。都無道理。且現見諸世間人物自立自治。互生互化。人牛種稻粱。稻粱亦還資人牛。父師傳子弟子弟亦還爲父師。初無待乎別有一造作宰治者。故汝所執造萬物者。作萬物者。都無用處。又如汝曹所執之神。既全德全能而無不圓備造作宰治一切事物。在彼亦必都無用處。

又汝執彼天神爲萬物父。爲實是父耶。爲假號之曰父耶。若實是父。父子必應同類。神爲人父。故神是人。神爲畜父。神應是畜。神爲蟲父。神應是蟲。神爲土父。神應是土。若但父人不父餘物。則不得是一切物父。且人不獨父子相對亦必父母相合而後能生子女。因生子女。乃有父名。非母則父固不能獨生子。而不得有父名。汝執唯一天父。不待天母而能父人。豈有此理。若引夜光滴血等最劣動物。唯一物能生子而爲父者。然則夜光滴血等最劣動物。必是汝所奉天父。且對之稱呼父者。必是彼直接所生之子女。若輾轉間接而生者。則亦曰祖而不曰父。汝曹執彼一神爲父。則應別無生身父母。否則汝親生父應卽是神。我親生父亦卽是神。一切人親生父皆卽是神。汝執唯親生汝者爲神父。要一切人皆棄其自親生父而奉汝之父爲父。豈有此理。若但假號之曰父者。則如戲剪白茅假號曰劍。不得卽有斷切之用。汝執汝天父實能生化一切物。率人皈命恭敬禮拜祈禱。都無實義。又汝執彼天神爲萬物主。爲實是主耶。爲假號之曰主耶。若實是主。同國權之主耶。同物權之主耶。同主賓之主耶。同主奴之主耶。所謂主者不外乎此。然皆交互更待變易無常者也。對賤爲主。對貴卽可爲奴。對此爲主。對彼卽可爲賓。現爲此物之主。轉瞬或非是主。今爲此國之主。疇昔或非是主。此如國權、或爲君主、或爲民主、卽君統之相傳、現在之爲主者、其先必是臣子、若離物等對待則必不得有所謂主。汝執汝別有一天神常爲萬物主者。偏世間皆無理可求。若謂此非世間可談之理。汝曹應不在世間說。但應歸汝天國樂園中說。假號曰主。則同假號曰父。禮拜祈禱都無實義。

又問汝所執之神。旣擬人事言動作爲。起居飮食。則宛然是一高等動物而已。然則必有形表。必有壽限。有形表則必非唯一普徧。有壽限則必非實有常住。有形表則必有外延之量。必不得全知全能乎。一切有壽限則必有壽命盡期。必不得永久爲父爲主乎。一切又旣唯一普徧實在常住。應更無餘。應更無生。應更無依。應更無爲。空間時間。彌滿充塞。直是唯此天神而已。如何現前分明有汝有我。有人有物有諸事業。有諸變化。卽諸事物。應無分別。如何復執別有一神高處天上。如何復執別有一神能父能主。一切物皆爲彼所生所化所宰治。復次、汝執汝神獨父獨主。全知全能。如何未生造前已有自身依正。且既唯一普徧實在常住。父何所父。主何所主。能何所能。知何所知。亦復何獨。亦復何全。故彼所執事義。自相矛盾牴牾。無一可以成立。

今更問彼。汝今執言有個天神。唯一實在常住普徧。獨父獨主全知全能一切事物。汝爲斯言。何所依據而云然耶。若據現證。汝現是人。我亦是人。五官是同。覺亦是同。吾人眼耳鼻舌身根所現覺者。不外色聲香味觸塵集合所成萬物質象。內心自證知者。不外自心情想思念。自心則唯自證。既不得舉示人。卽亦不得說是天神。且人皆有自證知之自心。如何說是唯一天神別居天上。若在所感覺物象中。是青是黃。是長是短。是香是臭。是冷是熱。汝今應可指出與衆共覺。然衆現感覺者。唯是色等諸物。縱到汝之天國。所感覺者。亦必唯是色等諸物。此等諸物。固無一可當汝唯一實在常住普徧獨父獨主全知全能一切事物之天神也。則汝言於現證畧無依據明矣。若據比推。如人身曾觸火覺熱。故今見火。雖未觸覺。亦卽比知推念是熱。雖十方萬世之火。亦卽得比知推念是熱。復如證知我有自心主見。故亦比知人人皆有自心主見。復如曾知往日皆有明日。故亦比知今日必有明日。復如曾見多人死亡。故亦比知我及現生諸人。亦必有死。要必有一分之現證。方可比推。且比推所知者。不外以通量之事理。推斷局量事理。汝所執神。既亦現證都無依據。且冒一切物而一實徧常。其量最通。則汝言不得依據乎比推而立。明矣。若據傳聞。汝雖有汝傳布經書。汝執有神。我破汝執。汝之經書非我所信。猶之我今所說非汝所信。汝信我說我信汝書。則無諍矣。故汝既與我諍。不得仍用汝之經書爲據。若據世間共傳文言同汝說有個天神一實徧常獨父獨主全知全能一切物事者。殆萬分無一分。汝不得據此最少分言以爲實。餘並爲虛。故汝言不能依據乎傳聞而立。凡立言建義之依據。不出此現證比推傳聞之三種。今汝言於此三種。皆都無依據。故汝言必都無實義。若曰汝言無須依據。而自誠實。故我及世間人皆當信從者。則我今亦不用依據。建立我身是天神。是眞宰。一實徧常獨父獨主全知全能一切事物。汝今亦應信從。歸命恭敬而禮拜祈禱乎我身。設汝以我此言爲荒誕無據而不信。人之不信汝言亦然。汝曹誣世惑民而嘵嘵者可以休矣。

且如汝敎所執天神。十方萬世。彌滿充塞。既唯汝之天神體相作用智能。則應不容一切事物。卽諸事物亦應唯是汝之天神體相作用知能。都無辨別。然則應無我之與汝。應無人之與物。牛肉鳥糞。與汝同神。唯神食神食卽不食汝如何食牛肉不食鳥糞。猪羊父母。與汝同神。唯神殺神殺卽不殺。汝如何殺猪羊不殺父母。既有全知全能上帝直接而賞罰宰制一切物。人間之倫理羣功政敎學術等應皆可無。且不應有善惡是非。既有全知全能上帝直接而造作生成一切物。人間之父母夫婦農事工技等應皆可無。且不應有苦樂罪福。故依汝敎則世間一切之事業概當廢絕。

且如汝敎所執天神。十方三世。彌滿充塞。既唯汝之天神體相作用知能。則應無往不在。則應無所不是。敬卽不敬。信卽不信。神卽不神。人卽不人。汝奚從以必敬汝神勸人。天卽不天。地卽不地。生卽不生。死卽不死。汝奚從以永生天國誘人。人亦卽神。獸亦卽神。木亦卽神。土亦卽神。汝何偏執別有一神。古亦卽神。今亦卽神。東亦卽神。

西亦即神。汝何不執無非一神。且汝天神。直接自能治理教化賞罰問答。來往上下攻守拆攝汝曹。奚用堅結教團建立經儀。向人傳播。向人勸導。向人諍鬬。向人攻殺。故依汝言。則汝教一切事業。先當廢絕。

由上種種詰責。以彼所執天神亦是物。故亦有待。故非全能。故非徧知。故所執造治之功。神物兩無用。故父主之稱名義略無實。故諸事義自不相容。故諸語據了不可得。故如所執。則人間事業皆當廢。故彼教事業先應絕。故夫然彼一神教師徒所執之神。都無道理可得存立。可容證明。可取研究。可生信仰。決矣。若彼徒曰此是全知上帝所能解說。非彼能解說者。則汝曹以不知爲知。妄以自信信人。可知唯是迷信。唯是誣世惑民。世非易誣。民非易惑。雖我愚昧。亦不受欺。況諸聰慧者乎。亦可以關爾之蠢口。結爾之笨舌矣。嗟夫。違理妄求。勞目睛而現翳華。積迷成信。執翳華而希翳果。世紛紛而言破迷信。顧滔滔而皆投迷網。從迷入迷。展益深迷。倒非爲是。淆僞爲誠。有幾人能灼然見迷信之所在而摧陷之廓清之哉。然大黃巴豆之劑。余蓋不獲已一用。非好爲鬬諍。堅固辯論耳。

(四)結益分

問曰。破彼一神教徒神執。有何利益。答曰。有二利益。(一)者。拔除不平等根。俾人道增進現世之安樂。云何現世。過去已無。未來未有。未來實現。即成現世。以實現事決唯現世。故云現世。非必局定一日一歲一稘爲現世也。又現世者。居人類現行相續世間而不求超越之謂。增進人間世之幸福安寧利樂。不外相教相養。互愛互助之道。而擾亂破壞之使不成增進者。厥有二端。則壓制與戰鬭是也。壓制以各擾其內分。或一家之內、或一鄉、或一黨、或一族、極至於一國之內、或屬國之外、戰鬭以互擾其外分。或一家之外、乃至或屬國之外、人道泯棼。乃無甯日。然壓制戰鬭。皆依因文野、尊卑、貴賤、勝劣、强弱、親疏、利害、諸不平等量起。而一神教則不平等之總根也。問曰。一神教何以爲不平等根。答曰。一、徵事實。往者專國之君。君權即是神權。固人人知之矣。雖今世猶莫不以神聖不可侵犯說明國君之尊嚴。此所以得成其壓制魔力者也。代天誅討。亦古昔爭國掠民者一普通詞。墨子非攻篇下、辯禹湯武三王是誅而非攻者、皆藉天神爲詞、夫令民各知義、民行其義、以驅暴君、暴君自不能容、豈須妄竄餘說、若假借天神爲辯護、彼暴君亦何嘗不可藉詞、蓋天神固但一空名而毫釐無禁止人不假借之實事故、雖今世諸國宣戰者。亦皆以上帝愛汝等。將令汝等爲國戰死而永生天。愚其軍民。案此蓋近殺生祭神、能殺者、所殺者、及致祭者、皆得生天之殺爲正法論、此所以得成其戰鬪魔力者也。不然。槍礮雖利。造之用之者仍藉乎人民。民人不服。彼國君非有特別之神力。能控之股下而驅之死地者也。此猶其間接者。更言直接。耶教據其勢力壓制異教徒而燒殺者。蓋不知凡幾。而婆羅門教亦以人爲一神所生。故妄稱口生腹生膝生足生。而分人爲四等。貴賤懸絕。雖居一地而互不相交通。其戰鬪者若耶回教相戰亘數十年。殺人盈數千萬。墨教大昌之時。路毀儒者車服。至令儒者不敢行旅。試問除此數個一神教外。徧繙古今東西歷史。尚有此種搗壞人道事乎。章太炎君謂耶墨等博愛擴互仇之量。非攻爲造兵之本。其言諒已。二徵理由。夫人道之羣功倫業。本由一切人積習所集起。雖或間生一二賢豪。獨擅其名。彼一二賢豪無不合羣衆以成事者。而一神教謂唯由彼一神之所造作宰治。豪者託之自擬以逞其虐。人間憑政權而生之一切擾亂破壞可恐怖事乃起。夫人道之教化文明。本由人心好眞好善之性德而闡發。其道理可誠信。其行誼可敬仰。推四海皆準。歷萬世彌光。於是緣成爲宗師。好眞故其道理必容人研詰究論而自服。好善故其行誼必容人宜時合俗而自勤。而一神教之根本義。都無理據。其制事亦强執堅窒。道理不容徵詰。行誼不容隨宜。則彼用以服人而勸人者。舍壓制鬭戰尚有何術哉。人間憑宗教而生之一切擾亂破壞可恐怖事乃起。不甯惟是。託上神以爲禰順帝則以游心。而彼神者。唯是巫師所作空名。執此空名而爲之工宰者。唯是巫覡情智既闇。封畛實深。循其繩墨。愛且暨兼兵亦苟偃拂其條教。踐屍蹀血猶曰天寵。而彼空名者固無從責之令任咎也。嗟夫。得吾說而誦之。庶幾人人心各自主智無礙也乎。彼一神之根本義既盡摧破。則天不明而鬼不神。不平等之根拔。彼依附不平等根之枝葉而起之擾亂破壞人道安樂等魔事。亦無所假託而自枯落矣。於是人道之安、甯福樂乃漸成增進。循至實現禮運所謂大同之世。大學之明德親民至善義、物格身修天下平義、及無政府主義社會主義等皆是、而眞共和義亦附焉、然共和政制有二別、其主國權論者、所謂國權自體、亦仍用彼一神之說明而說明者也、全人世界而爲一家。唯相教相養。互愛互助。以謀人道之安樂。(一)者開示正因緣路。俾人道解脫出苦之障礙。此所謂苦。其量周徧一切生類。要有二種。一繫迫苦。細別爲八、所謂生苦、老苦、病苦、死苦、愛別離苦、怨憎會苦、求不得苦、捨不得苦是也、出離此苦則得自由自在。二疑畏苦。出離此苦則成圓覺圓德。

諸修道者。皆願出離此之二苦。然不獲出離者。蓋有二種障礙。一、煩惱障。爲諸業習之所擾濁。牽引流轉。莫從寂靜。二、迷茫障。爲諸境界之所惑亂。計度取著。莫由明悟。二苦二障。卽緣起彼一神教之因也。（世間教學大抵因此、但有求出離者、有不求出離者而已、）彼見世人在初本志爲善。後時或反違心爲惡。在初本求得樂。後時或反違情得苦。（此繫迫苦。）乃疑諸世間物。必應別有作者、生者、化者、主者。爲物公父及物眞宰。以憑臨制治乎天上諸世間物。盡爲彼所繫牽迫擾。莫可改越。莫得遁避。畏之懼之。乃恭敬服從祈禱彼。以冀彼之憐救。許爲依恃而免拘罰。（此疑畏苦、不得解脫繫迫苦者、由煩惱障、不得脫疑畏苦者、由迷茫障、總之則皆起於迷茫也、）其志亦在乎求出離繫迫之苦。惜其二障深厚。不知出苦正因緣路。如蠶作繭。自投魔罥。不然若耶墨等諸哲。誠愛勤勇。堅苦卓絕。傳彼教之徒。亦不乏瑰操琦行。何至捄世反成擾世。福人反成禍人也哉。此眞大士之所深悲者也。今既知彼所疑計者。全由迷惑而起。則可得而示出苦之正因緣矣。障既解脫。苦自出離。故惟當伏滅彼二障。一、須得眞現量智而悟眞性體。此義如何。卽證萬法唯心是也。諸世間物。不出吾人五根識所得五塵相當現量觸受感覺時。意未施設名相計度。但有如是色聲香味觸等境象現起吾根識中而已。尙無內外。況計心外。故境象唯心也。離心識必無由證明物境存在與否。離物境非不能心自證知有心。以物無自證而心有自證。故物無體而唯心爲之體。識離施設名相所取物象。則離想念而頓現證卽心自性一切物心眞如性體。一相無相。一性無性。平等平等。言思莫及。了然現觀萬法畢竟唯心所現。離心畢竟無有少法可得。則不向境追求本源。而自不計天上神爲唯一主質矣。

二、須得正比量智而識正因果。此義如何。卽達萬物緣生是也。卽佛法十二有支轉生還滅義、亦卽如來藏生滅因緣義、及法界無盡緣起義、易之生生不息義、莊之物化義、萬物以不同形相禪義、額之常變生化義、蓋皆近是、而達爾文物種由來天演進化義、亦近之、然進化論說化爲進、必局定一物或若干物之時處、以昔如彼而今如此、故有進退可云、云進云退、皆據一偏、非萬物生化通量也、且彼以競爭爲進化之因、未悟進化或由競爭、而進化不皆由競爭、競爭亦或成退化、而不必皆成進化、用偏概全、用不定例必定、其不合論理法、近世學者、蓋能言之矣、知各各之情世間。此情世間、卽人生觀、由無始相續自業。無始相續他業。互愛互憎互拒互攝互纏互縛互牽互引。如是生活故不自由自在。知茫茫之器世間。此器世間、卽世界觀、由無量衆生共業無量諸生別業。相劑相調相糅相雜相違相順相減相增。如是成住故不自由自在。如是情器兩種世間生滅因果深遠微奧。非能臆斷。但知果相變現必因業習。業習集起必因心識。將形順性。則無鼠憂之纍。耽色嗜醇。則有疾疢之災。依現事之固然。推公推之必至。以愼造乎善惡之業。能令物我來今得利益安寧福樂者爲善業。反是爲惡但謹業因而無着乎果報。所謂有義不義。無祥不祥。則不逐物轉移。志行而自不計有天上神爲唯一父性矣。由是眞現量智爲正因。因正比量智爲正緣。因隨順之而對治二障。一者。確立正信以伏滅迷茫障。正信略爲三義。一義信眞實理。此卽眞現量智證得、必須自覺自悟自信、了然無疑、躊躇滿志、一任天華亂墜、不可撼動、方是、毫釐有差、天地懸隔、絕無餘人可能代致、此非神敎俗學能有者也、二義信眞德處。父母爲恩德處、師友爲道德處、理敎爲智德處、聖賢爲圓德處、孝順敬事、歸命服膺、三義倍眞能事。心性眞能具足功德、師友眞能助成道業、聖人眞能常樂清淨、大士眞能慈悲救護、二者。勤修正行以伏滅煩惱障。正行亦爲三義。一義正潔仁勇公直和忍息惡勤善而以修己利人。二義空寂平等澹定明靜澄妄融眞而以體道備德。三義學問思辨諦觀審察。知權存誠而以稱理宜事。此第二第三義亦多分、是神敎俗學所不能有者也、由是二障解脫。二苦出離。正因所果。卽是圓覺圓德。謂之大悲般若。正緣所顯。卽是自由自在。謂之常樂涅槃。常樂、故充法界而圓究竟。大悲、故度有情而盡未來。蓋利益莫妙乎此矣。故勸諸聽慧者。應於今論而善觀察。吾非於一神敎師有所深惡也。亦敬其苦心而冀其共遊良道焉。爾見者聞者。讚者謗者。毋蔑人意毋輕己靈。研之究之思之擇之未能信之且置疑之。大疑大悟深疑深悟。瞻彼先德。不乏前型。孰不好眞孰不好善彼眞丈夫我何不然。降志天鬼。毋乃可恥。勝物非勝。勝我爲勝。我心魔神。當求降伏。我心劫賊。當求尅滅。我不勝我。勝不我勝。我勝無勝。勝我無我。無我眞我。無勝眞勝。能自舉者眞大勇士。能自勝者眞大丈夫。大丈夫性。最極勇猛。非男非女。非老非少非黑非白非壯非怯非文非野非道非俗。蓋人人皆具足者也。大道恢恢。大德巍巍。大丈夫兮休徘徊。盍無待而興乎來。

論哲學 原名哲學正觀

『哲學』之名。制於輓近。或曰當名「愛智」。亦近於中華之所云「道」。要以說明宇宙現象之實體。亦曰實在、或曰本體、建立自他生化之常性。謂之曰哲學耳。前句成物相論。即宇宙論後句神我論。即靈魂論、與數論所云神我亦稍異、亦可由前句解決世界問題而成世界觀。由後句解決人生問題而成人生觀。然立說者種種不同。或取前句而棄後句。或取後句而棄前句。或前句後句並存而無別高下。或冒假名而綜計前句後句。或主前句而以後句爲從。或主後句而以前句爲從。依佛典言之。則前句爲意識妄想分別之達磨我見。後句爲意識妄想分別之補特伽羅我見。從達磨我見而計之。則乾坤亦曰質力不滅而實在有物。從補特伽羅我見而計之。則品類流行而常持有神。皆屬乎徧計所執自性者也。今試就學者於哲學之普通分類法而如次述之。

- 哲學
  - 自然論
  - 因成論
    - 二元論
    - 一元論
      - 唯物論
      - 唯神論
        - 公神論
        - 我神論

自然論因成論二名。乃吾依其意義以立之者。別究現象生化之元者。謂之因成論。直從生化現象而言者。謂之自然論。然爲學者本欲究明自然現象之因。故今先從因成論所開出之二元論起說。

二元論之立說　以無論在何時何處。當有不可見聞嗅觸。必可見聞嗅觸。二種特殊現象。前者曰精神現象。後者曰物質現象。現象既然。實體亦必如是。精神唯得變發精神現象。終不能變發物質現象。物質唯得變發物質現象。終不能變發精神現象。遂計二者體性絕異。各別獨自常存實在。故說明萬有全由此二種各獨之存在者變成。而自然論駁之曰。既云二者各獨存在。復何緣得變成二者相和合之萬有。徵之吾人。固無時無處不有身心互應之情事。奈何於此乃無所說明乎。一元論者亦駁之曰。必有統一之解說。爲究竟方名哲學。並立二異體性各獨存在。未足爲哲學之究竟論也。於是一元論起。

案二元論亦有二別。其計實在常存之「神」有「人格」者。則若基督敎是。蓋基督敎亦二元論。彼本計「神」外尚有物質之存在。特此大地羣生。則由彼「神」取質及自精神以造成者耳。不計人格者。則如上所明。爲一類哲學者之說。

次述一元論所開出之唯物論。

唯物論之立說　則以觀析推究之極。唯有物質及物質之運動。遂計物質之本體曰原子。萬有乃原子和集構成之各各機械。生活靈化。基於物質組合作用。雖人之意識精神等。亦祇是物質纖微之活動功能。物質組成之機體破壞時。所謂意識精神。卽歸消滅。無別存在。故眞正常存實在者。決唯物質原子。此大抵爲科學者所主張。其餘哲學者駁之曰。科學中不變之大律。或曰公例法則原則定理、言其形雖如何變化。其量雖永久不可增減。今謂精神由原子和合所變成。則此精神亦應有定量而不得增減。顧物體之破壞。又祇許物質之原子存在。不許有精神之原子存在。不已自違其法則乎。又本言物質者指其爲見聞嗅嘗觸所可得也。本言精神者。言其體雖有而無可見聞嗅嘗觸也。此義若壞。則物質與精神無可區別。何所依據而立唯物論乎。此義若在。今言精神爲物質所變化。物質既變化爲精神。則於物質不得不有所減。而又違定量不可增減之例矣。且科學全建築於因果律。舍因果律。則科學不能成立。然因果律實唯意識中之觀念。故科學者謬託唯物。其唯物論初未成立也。自然論者亦駁之曰。彼以原子爲究極之實體。則各原子皆宜獨自存在動作。然事實中初不能有所有必互相關係調和者。唯物論者任用如何方法。終不能徵驗各原子獨自存在動作。則所計原子且未得成立。況計爲實常體性乎。唯神論亦駁之曰。彼謂有物質而後有精神。未知有精神始得認識物質存在耳。於是唯神論起。

次述唯神論。他書曰唯心論　所開出之公神論。

案公神論一名。亦吾依義而立。諸書或曰絕對唯心論。或曰宇宙唯心論。觀下論文。其義自見。

公神論之立說　以精神不能自物質說明。謂物質之存在與否。必由精神之所認識。命人曰有機物。亦必以有感覺。始得認識。其感覺爲機。然感覺乃無形之精神而非形質也。故認識之種種物體事相。無論其爲世宙。抑爲界宇。莫非精神所認識之種種精神感覺而已。是以凡存在者唯有精神。精神外且不能有物認識。矧認識其爲存在否乎。故精神絕對而無外者也。然精神究何所存在。有存於人。有存於動物。有存乎不屬動物之物。究極乎常存實在之精神。則明通公溥而無別者也。然其餘學者駁之曰。若所認識爲精神之感覺。復何因而起感覺乎。若起感覺不待乎因。復何故不恆起渾同成錯亂之感覺。乃認識之有間斷與差等及條理乎。自然論者亦駁之曰。既唯有公溥之精神。則宇宙萬有之物質現象。果遵何道得由無形生出有形而存在乎。若由無形精神中突然而忽有形物。抑何無理之甚。我神論者亦駁之曰。若吾人於自他內外一切不分。此所謂常存實在之宇宙精神。果誰爲認識之者。無認識者。則亦一不得認識之物耳。於是我神論起。

案公神論亦有二別。如竺乾古吠檀陀教所云大梵天神。（或云大淨婆羅門）含有無別無外一大人格之意。亦屬絕對之神論也。今所述公神論則與新吠檀陀教之汎神義。及歐洲之汎神派哲學。大致相同。

我神論（他書曰、人格唯心論、亦可曰主觀論、意我論、意志論、）之立說　依前公神論而斥除其不可認識之絕對精神。唯以吾人自我之意識。爲出發一切現象之常存實在根本。謂吾眞知者唯自我精神所得之直覺及所成之主觀。凡客觀之現象。唯由主觀認識而得存在。都無獨立存在實體。所謂自然界之經驗。亦觀念與感覺而已。終不出自我精神外。無論出自我精神外。不得認識一物之存在也。且吾人決無能出自我精神以外之理者。故橫宇亘宙實在常存者。惟自我之精神而已。自然論者又駁之曰。若依此論應唯許我一人存在。自我以外之人格。亦一切否定。則人倫人情人群等。概是幻影。道德政治宗教學術。都無意義。持此論者。亦自知過偏激也。乃謂他人格之存在。可由自我類推而許其存在。然則亦可由之類推及一切動物。以至植物無生機物。無不知其精神而許其存在。本祇認自我之存在。卒乃不得不認他人格及萬有之存在。

論據已先自摧動矣。抑又何故對相別之人格。於客觀界竟有同一人類之現象入觀念中乎。人類各人格各自觀其自造之天地形物。復何故互相齊等乎。此雖有由社會習慣等說。終未能充足解決諸疑難。於是反轉歸入自然論為完極。

云何反轉歸入自然論（此自然論、他書或曰一元二相論、或曰並行一元論、今高等之哲學、皆依此基礎、茲述之亦有微異耳、）為完極。從我神論依次回視自然論諸駁已知之矣。茲再略說明之。其不許常存實在唯自我精神。將我外一切為夢幻。而用其類推法認他人以及萬有各各自我精神之存在。（案此即汎神論）則成我神之公神論。就其會歸處言之。且同公神論矣。然無形之精神。如何得發生有形之物質。在公神論猶難解決。乃還用駁唯物論時所云存在者唯相互關係調和之事實。及駁二元論時所云吾人無時無處不身心相應之事實。即取此事實唯一常存實在。而以精神物質為此亦常實所現之二相。亦以精神物質玄紐之體性。為此一常實。借莊生之言以明之。前者曰無謂之而然。後者曰道行之而成。蓋在事實。精神之與物質各自為因各自生果。又必相伴而起相待而成相合而化。相聯而存。故精神物質為二相。而事實為一實。其立生化之常性說有人問曰如何精神與物質各自爲因果。而又有相關聯合之事實乎。答曰。卽陽光等及穀種等生化禾稻可見發生之因實由穀種。轉化之緣唯待光等。謂唯物者。熟禾稻應不待光等。或光等皆穀種獨自所生。謂唯神者。茁禾稻應不由穀種。或穀種亦光等各別能生。然此皆無事實。故事實必各因生果。衆緣成化。如是由禾稻之生化。轉推陽光等穀種等乃至存在者。其生化靡不然。亦諸存在者。靡不本由精神與物質並生相化而成。故還並現二相。有聯合關係也。其立現象之實體說。有人問曰。宇宙之所存在。設非精神。必是物質。今曰精神與物質爲一實體並現之二相。所謂究何指耶。答曰。凡存在者信乎非精神卽物質。然頗曾見亦精神亦物質現成之實體存在乎。若欲徵之。則人也。動物也以生物也至諸星雲光熱等也。具體之存在者莫非是也。且從未見有能證明絕無物質之純精神存在。而唯物論者以經驗自詡。亦未聞能徵所謂純物質之原子各獨存在也。故眞正實在常存者。非精神。非物質。而爲亦精神亦物質具足之體性也。凡是觀之人生而然。觀之世界亦然。故爲生化之唯一常姓。亦唯現象之唯一實體。分別其平行之二相言之。則曰物質曰精神耳。

案此論之立說。直從現事以明。卽徵現事爲實。吾故名之曰自然論。乃依自然之事以成理論。非建理論以解釋自然之事者。是以推至終極。還如其初。蓋二元論未立之前。此自然理顯露久矣。蜂聚蟻游。人情物變。孰非其天倪哉。自然論儻亦返本回原之道歟。

又案覈實言之。至自然論始眞成立唯物論耳。蓋所謂物者。卽人生也。世界也。唯物論者所云原子等。則一無徵驗之空言耳。故高等進化論及所謂實體世界觀者。亦皆建築於吾今所謂之自然論也。過此以往。乃有眞唯心論。

又案吾今所述。本譯著中恆見之義。以譯文顯有簡淨可觀者。乃取銓敍如右。轉衡中華之學。不窮究因成。故其宗唯順自然。在人則人盡人之性。卽是盡物之性。反諸身而起義。故其說不分裂科條。挈厥宏綱。乃有禮論道經。又胎其魄兆乎易。仰觀之天。俯察之地。近取之身。遠取諸物。夫身物則「自然之實」（猶云衆生）也。天者無形精神。地者有形物質。自然之實者人。徵人卽已徵一切自然之實。人而天地乎。太極之一陰一陽也。天地而人乎。一陰一陽之大道也。其理蓋同夫一元而二相。平行而一元。禮論曰。天命之謂性。率性之謂道。修道之謂教。夫性情者何。人也。亦自然之道也。自謂其體性。然、謂其業情。業情者交待而發。不見夫火乎。厥體自熱。其業則遇物而爇。火之自然。然人之自然亦然。「群實」（猶云萬有）之自然靡不然。故曰自然之道。今獨標天命之性。蓋以立修教之所宗極。故不取乎物交物之業情。猶夫高等進化論建築於自然論上。其趨向之鵠。乃密邇乎我神之公神。公神者天。我神者命。在人則爲「人性」（亦得通言人格）調和萬有之化而通之。則爲自然之道。雖所歸在彼。而所依還在此。此者性情也。自然之道也。故曰喜怒哀樂之未發謂之中。發而皆中節謂之和。中也者。天下之大本也。和也者。天下之達道也。致中和。天地位焉。萬物（猶云萬有）育焉。而修之始乎慎獨。慎獨者致中也。致中者自證乎天命之性也。故自然論必成立乎我神論之後。由我神論而自然論。則所謂致中和而位天地育萬有者也。中者、萬有各極其性體而獨超對象。和者、萬有交興乎情業而互應成化。中實和常。同時一處。天地依之而位。故一元而二相。萬物亦未始不由天地而育。故並行而一元。道經曰。人法地。地法天。天法道。道法自然。夫道可道。非常道。名可名。非常名。今可道之名之曰人者。依乎人之物質之身而認識物質之身者。由乎精神。而精神又與物質並現乎唯一實常體性。而唯一實常體性則本來自然而然者也。而人亦自然而然者也。故道之卽以道其不可道。名之卽以名其不可名。人也。道也。自然也。一也。地與天則分別之二相也。而極乎玄之又玄。衆妙之門。谷神不死。綿綿若存。亦猶建築自然論上之實體世界觀。以盲冥意志爲究竟依歸耳。此二皆自然論最高者。中華之哲學。臻極乎是。固海西所傳哲學莫能駕其上也。

今更準之佛法。未越金剛四相。四相之惑。最堅最利最難斷除。故喻之以金剛。淨諸業障大士白大悲世尊言。若此覺心本性清淨。因何染汙。使諸衆生迷悶不入。佛言。一切衆生從無始來。妄想執有我、人、衆生、壽命。（壽命金剛經曰壽者）認四顚倒爲實我體。由此便生憎愛二境。於虛妄中重執虛妄。二妄相依。生妄業道。有妄業故。妄見流轉。厭流轉者。妄見涅槃。由此不能入淸淨覺。非覺違拒諸能入者。有諸能入。非覺入故。是故動念及與息念。皆歸迷悶。何故。如是由有無始本起無明。爲己主宰。一切衆生生無慧目。身心等性。皆是無明。譬如有人不自斷命。是故有愛我者。我與隨順。非隨順者、便生憎怨。爲憎愛身養無明故。相續求道。皆不成就。云何「我相」。謂衆生心自證者。譬如有人百體調適。忽忘我身。四肢紘緩。攝養乖方。微加鍼艾。則知有我。是故證取方現我體。其心乃至證於如來畢究了知淸淨涅槃。皆是我相。云何「人相」謂諸衆生心悟證者。悟有我者。不復認我。所悟非我。悟亦如是。悟已超過一切證者。悉爲人相。其心乃至圓悟涅槃。俱是我者。心存少悟。備殫證理。皆名人相。云何「衆生相」。謂諸衆生心自悟證所不及者。譬如有人作如是言。我是衆生。則知彼人說衆生者。非我非彼。云何非我。我是衆生。則非是我。云何非彼。我是衆生。非彼我故。但諸衆生了證了悟。皆爲我人。而我人相所不及者。存有所了。名衆生相。云何「壽命相」謂諸衆生心照淸淨。覺所了者。一切業智所不自見。猶如命根。若心照見一切覺者。皆爲塵垢。覺所覺者。不離塵故。如湯銷冰。無別有冰。知湯銷者。存我覺我。亦復如是。世間衆生。惑此四相。雖勤修道。終不能成。認一切我爲涅槃。故以賊爲子。以病爲法。是故不能入淸淨覺。最略圓覺經第九分此我、人、衆生、壽命四相論。雖是大士修證法性時之細惑。非僅有聞慧諸哲學論所能逮援。而比之亦略可見。轉增說爲四相根本。唯一我相。主一實常。名爲我相。初二元論。譬如孩稚。雖有俱生無始無明我執。而未能起分別我相觀念。不自識知孰爲自己。亦無專定薩伽耶見。但順觸受。計以爲實。有實之想。無主常之想。進爲一元論。迺有愛取之一實常義。然唯物論亦如庸俗愚夫唯計父母精血遺體之身。以爲我相。其愛取但及現有而不及後有。有一實想無主常想。公神論如統一三世。然猶未有自主宰義。至我神論。於是主一實常四義完足。而我相極成矣。我神論曰。吾人所眞知者。唯自我精神之直覺主觀。卽「云何我相。謂諸衆生心自證者」之義也。按自然論由我神論增進一層。本內自徵知之自我。以推知觸受之物。一切各有內自證之自我。而論一切我時。則各各自我皆入一切我中。遂轉我相而成人相。唯內自觸覺而徵知曰證。由觸受感覺而推知曰悟。故曰「云何人相。謂衆生心悟證者。悟己超過一切證者。悉爲人相。」此云人相、非專指人類之類名、譬云人格及云物相、徧及宇宙萬有、正可謂之宇宙萬有相耳、此卽自然論中眞唯物論。自然論卽以自然爲一元而物質精神爲二相。亦以精神物質之平行爲自然。抑自然論中進化論。復說物種轉輾爲緣而恆其變。近乎識緣名色。名色緣體體指六入之緣生義。所謂天地與我並生萬物與我爲一。則卽衆生相也。我是天地萬物之並生爲一者。故我非我而適是彼。天地萬物並生爲一者是我。故彼非彼而適是我。此衆生相。唯由彼推而得了知。故曰「諸衆生心自證悟我人相之所不及。存有所了。名衆生相」。而自論究極。唯以「盲意志」爲實體。卽壽命相。故曰「一切業智所不自見。猶如命根」。夫自然論所取爲萬有通性本體而歸向爲究竟地之黑暗盲瞽大意志。蓋卽無始無明行識。一切衆生生無慧目身心等性皆是無明。故人生必不自斷命。自斷命卽非是人。知起因於無明行識而結果於無明行識。此在循衆數順化理之區。亦足云登峯造極矣。顧不知無明行識是病而執爲眞法。故於圓覺之道。槪乎其未有聞。

論天演宗 原名訂天演宗

(甲)玄論

情器世間。自有所謂人類。能羣居其身而交感其意也。發乎喉舌習乎耳識者。浸假而有互喻之語言。示乎指畫寓乎目官者。浸假而有共解之文字。積時旣曠。操術彌精。遂總合數千年數萬里之人事而供思考。會通數千年數萬里之人智而悉受持。

恒憑先覺。益濬新知。推著以及微。察邇以探遠。於是乎獨成一宅靈秉彝之類。逈出庶物矣。雖然。人之所異乎禽獸者幾希耳。其間非有劃然之鴻溝可判也。經久而化。待緣而起。其來極遐。其成極漸。昧者未察。徒訝其知富而能廣。迺有神造帝降之謬說。不知實造端於物種劑變也。

夫人之所日遠於禽獸者。以能通才共工。開物成務。蔚爲治功道術。宰制無盡藏而備爲之用也。然果由何道克臻此乎。非以能羣羣體萃羣力故耶。而所以能羣羣體萃羣力者。則以能通羣意綜羣思也。羣思之能綜。羣意之能通。則語言文字之功也。此其爲幾已微矣。顧語言化聲耳。一鷄遇食而嗁。則喔喔者羣集。一犬逐人而吠則狺狺者咸奔。安知彼曹絕無語言以相曉也。文字徽幟耳。蠭能部署其所居之房。出入異門。蟻能認識其所經之路。往還百里。安知彼曹竟無文字以相誌也。故語言文字之道。苟索其朕而窮其委。雖人語鷇音。同爲識心所流露。特互殊而不能知云耳。假令殊方異族。乍相逢遇。互聽所言。亦何異鷄鳴狗吠。不能讀其所自化意其所將爲哉。於此而輒曰彼無語言文字。彼亦固可以無語言文字誚我。此理非難明也。何獨於禽蟲而疑乎。蝯蜛之能通人性。鸚鵡之善學人言。更無論已。然人類終能相喩相習。非異生之可比。則形氣之拘旣別。識想之趣亦殊。其作始也簡。微其將畢也繁鉅。自有書契以來之人類。且非猿狙所能企。況下及蠢動之品乎。然其累差積異之因緣。千條萬緒。非可一往而罄也。

草昧初民。畫地而居。結繩而治。鷄犬聲相聞。老死而不往來。大山巨瀚。以爲阻。封各成風氣。人文之發達。因有遲速。夫誰曰不宜。其迄今猶聚處蓬艾間者。幾又自爲一類矣。然洪荒之前。果已有人文否。人文果一進而不退否。退者將以何底。進者將以何止。此一大事。橫宇亘宙。欲得至誠之公例。以爲眞確之判詞。吾實未足與者。第通計今世輪蹄之所及。六洲百國。有書契可考者。後起或二千稘。最先達者亦六千載耳。以六千載而視無始無終之大化。眞不啻萬里之一步。然吾人據此六千載之陳迹。以推覈之。其權藉世厚。其事功代著。繁變媾化之迹。固已大足驚奇。而有不容掩者存也。粵稽政教與學。皆始起於名相數三而貫之以人心。分別生成之物。作有之事。察其德而類別之。命以名而習稱之。自意識之幽。至河山之顯。自膚髮之親。至日星之疏。異同並著。先後相承。一一欲探其原。行究其眞際。以期厚生正德明己善羣。於是乎言學之流曰歧。昌教之端曰異。聖世者終凡錮世。亦往往然矣。

輓近爰有天演宗揭櫫西土。其學察化知微。思精體大。苟善悟其指。深藏之心。用以窮理。或以涉世。殆無入而不得。無往而不宜。富哉道乎。實集有史來學術政教之大成。而尤賴四稘以還格致之新理。乃得確定公例。極成玄宗。溯而上之。則額拉吉來圖以常變言化。已開其端。而上神鴻鈞天命眞宰。諸家言。亦彼所憑依者矣。顧必待達爾文而本立。斯賓塞爾而用備。者亦瓜熟蒂落。會逢其適焉耳。今其說出世且百年也。雖風行八寓。雷轟兩間。然人性不齊。心習互殊。見知見仁。可狂可聖。蒼帝能制字。不能令億醜皆識字。今猶古也。故得意者。妙道之行。過不及者。執之一往而惑。乃大滋紖細。玩彼宗之比例及定義。亦間有偏至而未臻圓滿者乎。夫兩智相劑。而新智出。兩理相謨。而新理成。吾黨爲學。又豈在竺守陳言。是貴哉。吾固素持佛藏者。請攄所見而參訂之。

（乙）宗趣

（一）名義

古今譚名理者。往往意中了然。及達之語言。施之文字。卽容易渾涵不明。則散名之被於萬物者。其字義多歧出而不盡一故也。今此天之一字。則歧義之尤夥者也。攷初民創制天名之本義。亦曰有物處高而臨下。與大地相對待。雖聽之無聲。搏之無質。齅之無臭。而視之則有蒼蒼之色焉耳。已而見雲騰雨降。電瞯雷震。日月之廻旋不忒。燠寒之往復無差。意在上必有巨靈以紀綱而執行者。遂引申爲眞宰之義。又以風雷雹雪炎凍雨暘。時時與人生之休咎相關也。乃益引申謂天之眞宰恒鑒察左右。監臨上下。實操賞罰之權。人生之壽夭禍福。家國之興亡治亂。胥聽命焉。此儒家稱天而治之說所由盛也。更進焉而有物之大元出於天。精粗遞演。明文以興。所謂天命之性。率性之道。天生蒸民。有物有則。蓋又以天爲元理也。綜眞宰原理二說。又證明天爲實有聲容。體質官骸身肢之一大神。全知全能。肇作萬物者。則景教所謂造物主。及竺土所謂大梵天也。老氏道法自然。實擢破造物主之說。邵雍宗之。曰、自然之外無天。何謂自然。物各有自具之性德。物各有自成之業用。火之性德自熱。

火之業用自燬。此火之自然性也。初無待乎外緣者也。在火如是。非火亦然。故造物者。物自造耳。談天者至此。益精微已。在昔身毒大秦之言物理者。皆以凝質流質光熱輕氣爲原行。故無以氣質爲天者。支那獨以金木水火土爲五行。氣不列居也。於是儒家之愚者。復有以地局濛氣爲天之一脈。如朱熹所謂天有九重籠罩地體。如蛋白之裹黃。逐層加堅。其最外層則猶蛋之硬殼。日星盤旋陰陽消息。皆不出此硬殼中者是也。近世法人笛卡爾以天體旋渦言日星運行之故。義亦相似。特彼不言濛氣外層爲硬殼。並區別地局之濛氣。而遠指太空有元氣爲天體耳。至釋迦氏則以世人驚惑於天說者既久。非一時所能摧陷廓淸也。乃等列之情世間五趣中。曰、天與人禽。同爲大輪廻內之一類。特處境食報。較人優勝焉爾。故天不寧不能肇造員輿。禍福人倫。且亦身隨業牽。無從自脫。高唱唯心。勝義獨超。欲色無色天。大雄無畏。迨今莫能加矣。彙上所列者而數之。則蒼蒼而在上也。眞宰也。元理也。造物主也。大梵也。濛氣也。優於人類之情世間也。天之義至是已得七數。其他荒謬不經之甚者。尤不在此。演字之義。雖亦繁碎。訓之曰流行不息。曼衍無窮。固未爲大逕庭也。然天字義歧若是。不啻變一名而爲七名矣。今曰天演。果何天之是演乎。曰、天演一名。自英吉利遂譯而來。彼土衍聲之字義當較精。然欲卽名以求義。究討宗趣。已屬難能之事。況拘拘於譯名歟。第有界說也。有因果也。有體用也。有公例也。曷試求之彼宗各家之所言哉。

(二)道理

凡一宗之立。一學之成。皆應有四種道理。曰觀待道理。曰作用道理。曰證成道理。曰法爾道理。法爾道理者。其道理無待發明。本來如是者也。然法爾無待於發明。發明必有待於法爾。始爲知本之言。不僻實相。特法爾道理。性離言說。終非思量分別所能及耳。今姑置此。由觀待作用證成三種道理而尋之。觀待者內籀術之求得公例者也。證成者外籀術之獲得定義者也。作用道理。則所以現之業用者是也。執是以覈其宗趣。庶幾無遁形乎。

觀待道理　天演宗之成立也。匯羣哲之明慧。窮百昌之蕃變。大而日局星氣。散而草木禽蟲。幽而生生之機。顯而存存之功。蓋不知曾費幾何內籀之工。始得完全之理證。確然不搖淺學如余。惜未能廣徵羣籍也。姑就所曾見洎所今憶者而言之。曰、天演者。翕以聚質。闢以散力。方其用事也。物由純而之雜。由流而之凝。由渾而之畫。質力雜糅。相劑爲變。此觀待於質力者一也。曰天演有大用二。曰物競曰天擇物競者。競於萬物。爭其獨存。天擇者。擇於自然。存其最宜。此觀待於物天者二也。曰天演有大界二。曰天行曰人治。天行恒毀人治。人治務反天行。人治天行。相待消長。天行人治。同屬天演。此觀待於天人者三也。曰萬物莫不始伏易簡之儲能終極繁殊而效。實實所效必能之所儲。能所儲實不必有效。故天演之化至賾而不亂。此觀待於能實者四也。曰萬物莫不逐大運而常然。其來無始。其去無終。莫不待際會而詭異。遠跡。一物世差代殊。故天演之變至漸而不息。此觀待於運會者五也。天演宗觀待之。道理雖不僅乎是。然亦略備其要也。而初重觀待質力。尤其大綱者已。

證成道理　證成者。由觀待所證明之公例。以成立其究竟不易之定理也。吾今執第一觀待之證例。以窮究之。又覺其究竟之定理未易見也。何則。天演宗之言質力。非根據質力不生滅不增減之說者耶。質力既不生滅不增減。設曰力自然翕以聚質。質自然闢以散力。則萬物應無始起之期。亦無終了之日。既無始終。又安有由純流渾以至雜凝晝之先後可言耶。脫轉計質力雖屬常住。非能自爲翕闢聚散。則始爲翕闢聚散者又誰耶。若是天演。則天演實司翕聚闢散之權。肇起萬物而質力僅爲造作之材料。然則所謂天演者。與上帝天神大梵眞宰諸說。特異名而同實者耳。所異實者。特彼爲物物而造之。無論巨細洪纖皆造者意匠之所存。且恒督察而監視之。以施行賞罰。此則僅憑原有之質力爲之翕聚闢散。及質力既聚既散而能自爲翕闢。卽自化其身爲一種無形而不可變易之規則。附於質力相隨不離。使不能不恒翕恆闢。相劑相變。由純流渾以至乎雜凝化而已。顧天演宗之意又不盡然也。將曰萬物之成而毀。毀而成。統而計之。實無始卒先後。今吾宗所研究者。第據吾人所處之一日局星系耳。此一日局星系之始終先後。固無與於質力之全量。蓋專就此一日局而言。其質益聚而老。其力益散而離。力均質毀。天地乃終。然質體毀而質無恙也。且飛合於他日局之將成者。在此爲毀爲終。在彼方爲始爲成矣。抑使他處之日局有同時毀散者。質力相値。重心勢成。翕闢聚散之用又生矣。故質力自爲翕闢聚散。不妨質力之常住。然而吾所疑者。猶未盡祛焉。夫信如斯說。則質力之自為翕闢聚散。以有一日局之成毀始終。乃猶乎陰陽之自為消息。而有一歲之寒暑往來也。爾則質力不生滅增減之全量。非拘拘於此一日局。而此一日局之外。其日局方且無數。則此無數之日局。其成毀始終。程序後先。與今此之一日局。為有同一之規則耶。為無同一之規則耶。若曰有同一之規則。則從何而證有此規則耶。何以見其同一耶。既軼出測驗之境。必非科學力所能答矣。若曰無同一之規則。則今以一人一物而對於日局。日局固無異一日局而對於無量日局也。一日局與無量日局同為日局。尚無同一之規則。何以此一日局中樊然殺亂之萬物。乃有此由純流渾以至雜凝。畫同一而不可踰之規則耶。此則亦非天演論師所能自解也。夫是猶依質力聚散所成之萬物而對勘耳。更就質力自性而語之。所謂質者。非炭養輕淡等耶。所謂力者。非光熱聲動等耶。從炭養輕淡等所合成之金石動植。固人人同見其消長成毀。未見其不生滅增減也。觀金石動植所附著之光熱聲動等。尤人人同見其倏忽隱現。未見不增減生滅也於是有原質全力之說出焉。然執為原質常住者。非以其析至極微而不可破耶。執爲全力常住者。非以其流轉恒動而未息耶。則吾又知所以問彼矣。所謂不可破之原質。爲依人力析化至不能析化而言其不可破耶。爲不待人力析化。乃原質之自性不可破耶。若是原質自性。則今原質不可破者人也。非質原之自性也。既無待人力矣。人又安知原質之自性不可破耶。若但是人力不能析化。則可言人力不能析化之質。不能曰不可破之原質。蓋人類之力不能析化。固不妨有非人類者能析化也。抑今日之人力不能析化。異日固不妨有人力能析化也。今日之人力不能析化。不足爲莫破之眞因。則莫破之義壞。則原質無由自別於非原質。而原質之義亦壞。原質之義既壞。附原質而有之常住義。益不待乎遣而自毀矣。所謂未嘗息之全力爲附乎質而有者耶。爲離乎質而有者耶。若是附質而有。質且有滅。附於質者又奚能不息耶。若是離質而有。則離去人身而有言語作爲。既違世量。亦墮自義。按質力學者、謂思想感覺、亦屬腦力、故不得如教宗言性靈、可離質而有、天演宗之言質力、取義亦同、因果全謬。無異啖鬼。豈猶得謂之科學耶。抑今日全力流轉恒動而未嘗息者。亦人見之人言之而已。去乎人類同分所見者。外力固未嘗自告人以流轉恒動而未嘗息也。且今見其未嘗息也。烏知異日不竟息耶。人見其未嘗息也。烏知不有非人者竟見其息耶。故全力常住之義。亦非能無滲漏者也。吾今試退一步而承認質力常在之說。第從而詰之曰。質力之自性。爲一乎。爲異乎。夫既異矣。異則相拒而不相合。烏能有其翕與聚耶。且未嘗翕聚矣。烏能有其闢與散耶。夫既一矣。一則無彼而亦無此。烏所容其翕與聚耶。且未嘗翕聚矣。烏所用其闢與散耶。此亦非科學所能答者也。吾今試再退一步。置質力自性一異而不究。且承認質能闢散乎力。力能翕聚乎質。第從而詰曰。力何爲翕以聚質乎。質何爲闢以散力乎。質力雜糅相劑爲變。何爲而有太陽爲羣星朝宗乎。行星何爲而止於八乎。自星氣以至動植。其用事何爲而必由純流渾而至雜凝畫乎。其莫之爲而爲者乎。其起於有所不得已乎。凡此皆敢預決彼宗必無眞因能語我者也。然則此日局與無量日局有同一之規則否耶。質力之自性果常住否耶。質力之自性有一異否耶。質力之翕闢散聚劑變程序亦有緣故否耶。此四個問題。彼宗皆無知者也。由是而就第一觀待道理而證成其究竟不易之定義。非即此無知二字歟。但此無知之名。殆非天演宗所樂受。彼固將曰此四個問題雖不可知。蓋是自然耳夫自然誠冠冕於無知者多矣。無如自然無知。異名同實。舍諉之眞宰上神無他途。斯誠膠固於法我者莫能逭避者也。夫自然旣彼我所共許矣。則可得而推斷之曰。萬物有同準而不可踰之規則者自然也其規則爲由純流渾而進於雜凝畫。亦自然也。守此規則則得存在之果。抗此規則則得滅亡之報。亦自然也。則可知天演者自然也。自然規則也。天演宗者。講明此自然規則爲進化。爲凡欲存在而不滅亡者必守此而勿抗也。於戲盛哉此眞天演宗究竟之定理焉已。執此定理而廣求證明。則物競者。自然規則之趨勢。挾之使不能不進化也。天擇者。耘去抗自然規則者。而存其守自然規則者。以成萬物之進化也。人治之與天行。蓋物競之一境也。儲能簡易而效實繁殊者。亦自然規則所以使物蕃而爭烈益速其進化也。實所效必能之所儲者。所以使萬物品性各異而起爭也。能之所儲實不必効者。品性雖具。苟稍抗自然規則。或不能盡暢也。大運常然者。自然規則。恒挾萬物而進化。前之無首。後之無尻也。際會成異者。雜糅劑變。或競爭而占優勝得天擇而成物種之進化。或競爭而歸劣敗不獲天擇而成物種之滅亡也。苟執此定理。以求證明於其說。殆無往而不貫澈筦絡者。是特略及其大凡耳。於戲盛哉。此眞天演宗究竟之定理焉已。吾先不嘗云有法爾道理也。今所證成自然規則爲進化之定義。卽法爾道理是也。以此之定理。彼宗固曰非天演宗出而始有。亦非以天演宗出而有所增益。法爾常然。振古如斯者也。故天演宗之立。必有得乎此。乃能證成其定理。第其所證成者。果爲不易之定理否。則須驗之果符法爾道理否而後決。茲請姑緩其議也。

作用道理　夫科學之所成者。恃有因果律也。而吾所謂作用道理。則卽因果之謂。然因果之相。放紛繁賾。因果之理。微眇奧衍。摩訶衍諸論。皆略說十因五果。蓋譚名理者之大槩也。而泰西學者。以習聞一神眞宰之說。先存一萬物一因之觀念。因果、義相。未能善巧。故從事事物之究竟。極其所詣。往往軼出經驗外。陷入無知之界。强爲之名。曰自然。夫曰自然。尙何因果之有。因果律破。則科學之基亦毀。是皆不知因果但依作用而有。離作用而求大因。宜其躓矣。亶天演宗雖借言質力。所觀者實在天地人物之詭化蕃變。苟置其第一因而考夫物化之迹。固無往非因果之事也。遠迹一物之由來。不勝其悠久也。旁推一變之呈現。不勝其綜錯也。此天演宗之執果以窮因者也。有累分而漸微之消也。物性何以有宜不宜耶。以萬物常相競故也。萬物何以常相競耶。以物物各有自營之私慾故也。物何以能遞嬗而蕃變耶。以相競之結果有異也。物競之結果何以有異也。以値遇之地界時分及所競之外力與所權藉之地界時分及能競之內力各有不同也。物何以有積久大著而息者耶。以不爲地界時分及外力所限。競爭而勝進也。物何以有累分而漸微之消也。以爲地界時分及外力所限。競爭之敗退也。所謂天行者。卽値遇之地界時分及所競之外力也。所謂人治者。卽權藉之地界時分及能競之內力也。儲能者。一物有一物既定之因也。效實者。一物有一物既定之果也。實所效必能所儲者。總一物既定之因果而言也。能所儲實不必效者。則是所權藉者不勝所値遇者之故也。扼要言之。則物物各有自貪其生。自蕃其種。自張其勢之自營私慾。第一因也。以是而恒欲吸取外境爲私有。第一果也。亦第二因也。以之而與不受吸取者競。第二果也。亦第三因也。以相競而各以所値遇所權藉之異。而見優勝劣敗。第三果也。亦第四因也。以優勝劣敗而判存亡。第四果也。亦第五因也。案此特依其法爾之次序言耳、若言其變、則劣敗而能改變其爲競之法、如能羣之動物、不以獨競而能羣競、則每可轉劣敗爲優勝、如人爲倮蟲、無爪牙、無羽毛、無鱗甲、本不足與他物競、而竟能戰勝萬物、霸王兩間者、則以能羣也、知羣之有大利而能償其私慾於羣外也、又如私慾流行於羣內、足以敗其羣也、於是以仁孝忠公等說調劑之、又以禮義刑罰等法制止之、又以功名賞恤等事勸誘之、又以伎樂詩畫等術融洩之、皆所以益修其羣而益弼其羣者也、此人羣之所以有今日也、但人類所貴乎有此羣者、要不過競勝爭存、以償其自營私慾而已、設有人焉、能諦審諦觀、可以藉乎羣而獲償其勝存之慾者、則固可以離羣而獨往、非大羣而得禁也、何則、人非爲羣而生、羣以人求、遂勝存私慾而立、今此人可以藉乎羣而自遂其慾、羣雖美甚、於彼無加、則彼之於羣、固將如涼秋之團扇、海鳥之太牢、捐之而舍之、乃其宜也、羣又烏得而禁之哉、設又有人焉、知羣之所貴、本以求勝存之私慾、而以勝存爲大苦、私慾爲大罪、不獨無所藉於羣、且以羣爲引賊之媒、導虎之倀、羣之日進化而日優美、彼視之方猶賊之媒益精、而虎之倀益兇而已、瞿然棄之而遠離之、則尤非羣之所得阿問也、之二人之心行既如是、或者徒見羣之爲大利、必欲使之二人者、同乎己之所爲、效忠於羣、則如樂斥鷃以鐘鼓、饗鸞鳳之腐鼠、不寧違物情之甚、抑亦味立羣之意矣、此則余欲爲務羣而過當、愛羣而發狂之徒、好執己律人、恃衆暴寡者告也、然余非有憾於羣者也、欲人人知立本意、得其中道、因便及此、以存亡而成進化。第五果也。亦第六因也。以進化而有嬗蛻。如魚之化獸、猿之化人等、此第六果也。嬗蛻之結果。則自營之私慾。一擴其分量。一改其方向。仍與所不受吸取之外物相競而已。其因果法爲循環。而因果所依之物。則種業相附而進化矣。故有萬物進化爲旋螺形之喩。此六因、六果、萬物之所同者也。亦因果之所以悠久者也。而物之又各有遭値時地之不同。競爭方法之互異。故或劣而存。或優而亡。此因果所以紛糾繁賾莫可究詰。而綜錯者也。然則天演宗之言因果。雖未解十因五果之義。相而一果必一因一因必一果之惑。亦庶幾遺矣。使所言而可信。則吾人於卽物窮理處羣觀化之術。可知其方矣。抑可知其難矣。

(丙)效功

俗諺謂天演宗未出前為一天地。天演宗既出後又為一天地。其言之過當。固不待詞畢而後決。然亦可覘此宗與政教學術世道人心關係之深且大也。夫天演宗之為學。誠鏡涵萬流。呑宰十世。不可課其效功於一時之人事。第創之者人也。吾今議之者亦人也。百年中人創之。百年中人議之。創之議之。不出百年中之人。則舍百年中之人事而求其效功。其效功將為何如之效功。殆非吾所知也。抑任舉一並世之人。皆非所能知也。吾聞有所知而有言者也。未聞無所知而有言者也。非曰無言。以其有言。等於未有言耳。若曰效逮千稘。千稘後之事。非今人所知也。抑果將有所謂千稘與否。亦非今人所知也。則何如姑待其效逮千稘。任千稘後人自言之為得哉。

若曰、功加兆品兆品之心知。非吾人之所通也。又烏知功之加彼與未嘗加彼者。故今欲言其效功。必以已達見於人羣者。斷按天演宗之起。蓋權輿於園丁牧夫察見動植物種類之漸相詭異。繼由醫生察見黑白二人種之互變。而格物學者以物種由遞化而來。則足以推上帝造物之說也。乃益肆力尋討之。尋討乎現在之動植物而不足。則又究及乎地鑛中之層灰僵石獸骨古器。於是遂定生物之種類。皆由遞變而成。及物種之遞變。皆由不善而進於善之公例。依此又推定物種之遞變。出於互競。互競而進乎善。出於所存者必强且宜。此天演宗之根柢也。自達爾文之後。治此宗者蔚起。所搜集為物證者。累京溢垓。雖未能使人必信。殆已使人不易疑也。抑格物學者。以此宗為格物新學最大之成績。曾經多數先學所證明。且實為新學與古教分途之大界。宗之可得博達之時譽。反之將遭頑錮之惡名。而近稘來物質文明發達。格物學之大利。人羣已久食其賜。故雖有所疑。不欲輕毀。蓋破壞上帝造物教之正鵠。及是庶乎命中矣。俾人心解脫神權之覊絆。其效功一。第天演之學。初僅究論乎生物類耳。已而及非生物之地礦日星。已而及無形物之聲熱光氣。至康德斯賓塞爾。更演及國治羣化。道德心靈。會天地人而一之。俾人人知生存競爭（按即物競）之劇烈。自然淘汰（按即天擇）之倚伏。並確信有郅治全盛之世界。懸於未來。各以偷安苟活爲懼。咸懷慮遠憂深之志。而向前生無限之祈嚮。而往上作勇猛之進步。其效功二。天演宗既隳天神肇造之談。於是謂蕃兆物而成此世界。必皆有其因緣。不唯不欲輕諉之造物主。非至甚不得已。而亦不欲輕諉之自然。（歐字天帝之天、天文之天、天演之天、本截然三名、形音亦異、天演之天、蓋以名形氣因果之不可知者、唯自然二字、爲得其似、故天擇既爲自然淘汰之代名、天演亦爲自然趨勢或法則之代名也、）故迹一物之由來。推一事之所起。必參互交錯。旁蒐遐徵。窮其繁變之觀。極其悠久之致。然後敢斷然有所建言。斯則足祛淺人庸妄粗疏之謬論。僨夫鹵莽徑简之心習。而漸能擴充人類之智藏者。其效功三。之三事者。雖不盡出於天演宗。而天演宗實尸其高位。吾黨苟以之三事爲有裨於羣己者。則不可不向天演宗稱謝矣。

（丁）較量。

天演宗之既立。西士若康德、若斯賓塞、若赫胥黎輩。嘗擘希印兩土之古教古學。爲比論。逮入震旦。閩縣嚴氏。亦刺取易春秋中庸大學之言。疏瀹之。其言既瀏然清矣。

夫易誠天演宗之天樞哉。太極。非即不易不離之理耶。他處亦云自然規律 二氣之消長。非旣質力之翕闢耶。有太始焉。精者爲三光。粗者屬五行。行生情。情生汁中。汁中生神明。神明生道德文章。非即物種遞變而漸進於善。始乎純流渾而終乎雜凝晝耶。首乾而尻未濟。非進化之無窮耶。易初祖庖羲氏。僅以著天地變象耳。後姬孔二氏。乃以之括張百蕃揮斥八垠。迆及人倫之治功。君子之德業。唐代李通玄。釋澄觀。又假以演華嚴法界緣起之旨。可謂極易之能事矣。而與天演宗昌大之次第。若滔符節。夫易誠天演宗之天樞哉。所異者。易之辭渾涵而簡隱。天演之論詳證而變晰耳。此殆卽文字思想進化之率歟。而物種遞變之理。與莊周之萬物皆種也。天地與我爲一。孟軻以萬物皆備於我。尤足互爲發明。然今不具論。而請較之吾佛緣起之經。吾佛之談緣起。隨人智顓敏而異。約有三門。太上心體緣起。有唯心唯識眞如如來藏緣起等異名 其次法界緣起。亦曰無盡緣起 其次惑業緣起。心體法界二緣起。其義稍艱深。或非恆情所樂聞。且語焉不詳。轉生見障。故專就緣性說。以一量天演宗外織之廣狹與內弸之深淺

（一）觀同

無明亦曰無知痴闇緣起行。亦曰業相行緣起識。亦曰轉相識緣起名色亦曰現相名色緣起六入。六入緣起觸。觸緣起受。案此處若不論三世依作意受想思五徧行心所解、則作意即行、觸即名色、受即是受、所謂細分之不相應者也、受緣起愛。愛緣起取。案此愛取二支、即起信論之智續執分別起業五相、取緣起有。案有即起信業繫苦相合上五相爲現行六粗相、而即爲未來之無明與行、有緣起生。案此生指未來、即現在識名色六入是也、生緣起老死憂悲。案老死憂悲、即愛取所行境、是謂十二支緣性緣起。三世銜接。蟬聯不斷。故亦曰鈎鎖緣起。煩惱業報。互爲滋潤。故亦曰惑業苦三。如惡叉聚。今設一表以明之。(見後面)

此十二支奚以名緣性緣起也。必十二支輾轉支柱。相引而起。闕則不現。非自性有。一也。所得現在愛非愛果。及造成未來善不善業。須闕待父母眷屬師友以至貴賤貧富時代境地。衆同分中衆多因緣。會合而劑。變雖有夙業。緣違則謝。如眼識以空明根境等九緣而生。隨缺一緣。則不生起。起唯緣起。滅唯緣滅。二也。以是二因。故曰緣性緣起。又曰三界緣起者。無色界色界欲界。是謂三界。今不詳。宜第知人禽等皆以淫欲而正性命。居於最下劣之欲界足矣。而此三界者。各有兩種世間。曰有情世間。曰器依世間。欲界之有情世間。即今人禽等是也。而器依世間。則衆同分業所現

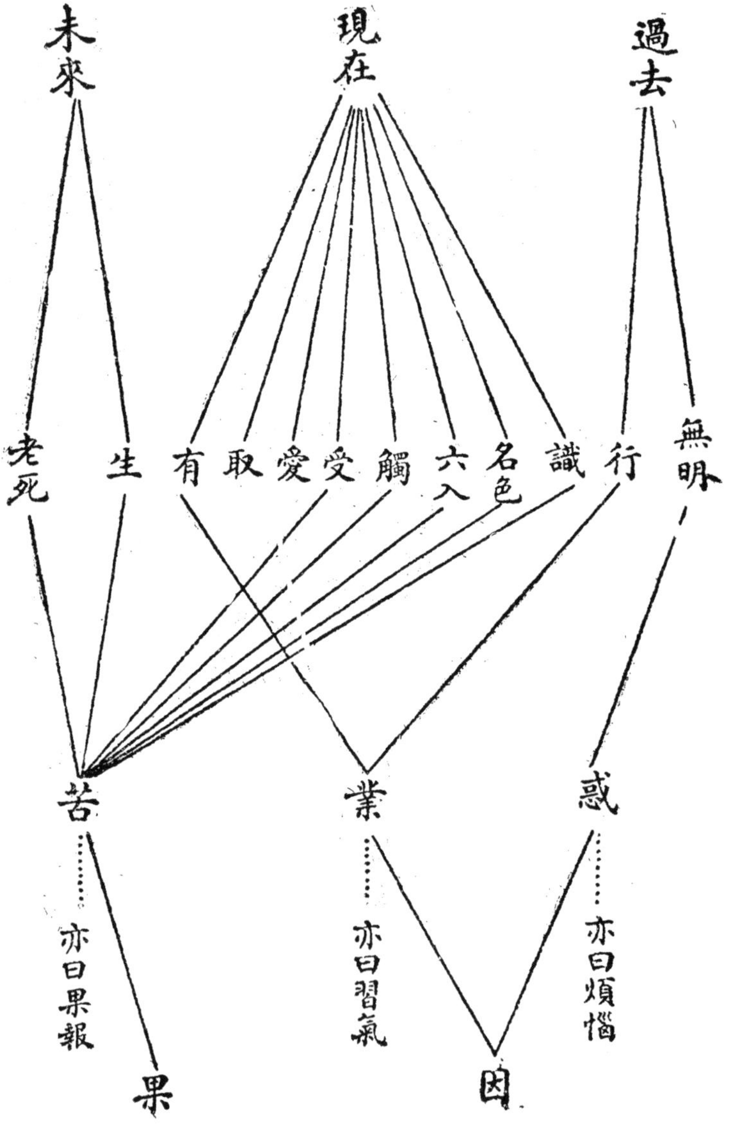
過去
現在
未來
無明
行
識
名色
六入
觸
受
愛
取
有
生
老死
惑
業
苦
亦曰煩惱
亦曰習氣
亦曰果報
因
果

卽今所執爲世界者是也。此三界之情器兩世間。皆以十二支因緣生起。而揀別超過三界之四種正覺世間。故曰三界緣起。旣略明緣性緣起之理。今乃可比合天演宗之例矣。蓋十二支緣起。與前所述彼宗之觀待及作用道理。雖間有增略。殆無遇而不同也。吾不嘗謂彼宗根本之定理。卽無知也。卽彼亦自認爲不可知。或美其稱曰不可思議。强名之則云自然。顧彼之不可知者。今曰無明。唯彼之無知不止今之無明。以今此行與識二支。亦屬彼之無知故也。質力自性果常在與否。非彼所知也。而卽今此之行也。此行變易無恒故非常。流轉無間故非斷。緣會則有故非無。離緣則無故非有。蓋是過去所有善不善業種也。又質力自性爲一異。亦非彼所知也。而卽今此之識也。夫識以了別爲義。唯了別故。內外自他。一異相生此情器世間緣起所託始者也。亦莊周所云一之所起。有一而未形。物得以生謂之德者也。卽了別時卽有內外自他一異之對待相起。此對待者。卽名色是也。故曰識緣名色。色是形礙卽天演例所謂質。名卽受想行識。卽天演例所謂力。旣有自他。內外一異等對待。則攻異黨同之用性。是以有翕聚闢散。六入者。在情世間爲眼耳鼻舌身意六根。在器世間。卽爲色聲香味觸法之六塵。至是則根境縱然。見不超色。聽不越聲。簡者繁。純者雜。融者固。渾者畫也。故名色緣六入。卽天演例所云物之用事由純渾流至雜畫礙。是也。而根與塵觸。故曰六入緣觸。塵與根合。故曰觸緣起受。則天演例所云質力雜糅。相劑爲變者是也。又天演例質力劑變。物之幼者多質。點力卽壯多質體力以湼菩星氣言點力。以周天日局言體力。又謂點力卽愛力。翕聚爲用。體力卽動力。闢散爲用。余謂點力卽俱生我執相。今識緣名色。是體力卽遍計我執相。今明色緣六入。是又例謂根心之受感覺思爲點力。欲動爲體力。此猶於觸受爲無記識了別境愛取方起身口意三業之說。密符。吾於此不得不驚彼觀照之深細。抑不得不疑彼嘗攟摭佛藏也。又古德有以識名色六入觸受愛取七支言人生者。曰流愛爲種。納想成胚。三緣和合。（案卽精子血胞及業識也）凝滑成胞。是名識緣名色。曰體以日堅。形亦月變。百骸俱成。九竅俱備。是名色緣六入。曰呱呱墮地。始對外境。雖有接觸。無所領錄。是名六入緣觸。曰略辨名號。輾增聞見。童子之年。惟務容納。是名觸緣受。曰旣壯旣冠。選聲慕色。馳騁五欲。惟日不足。是名受緣愛。曰忽入中年。慮深慮遠。取著染相。逐逐老死。是名愛緣取。雖人性點頑蹴絕靜躁夐極。蓋以可得其大較。已而六入、名色、識三支。由純流渾至雜凝。畫義最明瞭。然觸受渾而不畫。愛取畫而不渾。斯氏謂物至畫則壯且老。亦云奇驗矣。夫物變起於體合（與天擇之義略似）。體合起於物競。物競起於過庶。過庶起於孳乳。而貪生孳乳。而貪生起於自營私欲。固天演家言因果者之大蘖也。而此生貪與私欲。則吾今所謂愛也。此愛支依託過去之無名種子。任運而起。爲現在無名之現行。既現行矣。又儲作未來之無明種子。唯以任運而起。故昧者惑曰天賦。不知乃無明種子所賦也。無明種子。亦云先在觀念。質言之。則情與習耳。斯例固徵於今之衞生學言論理學言羣者也。謂道德不以思理學術爲正鵠。能發生效力。惟以感情習慣爲正鵠乃能發生效力者。無往不伸。然愛之發現。逆施順施。恒隨所觸受之外境而爲轉移。是卽天演宗所云以體合而變異也。故在物有拒有迎。在力有正有負。在見有是有非。在情有貪（愛喜欲在內）有嗔（怨忿惡在內）。在受有苦有樂。在意有善有惡。而於物力見情受意六者。又莫不各有中庸之一境。是爲無記。常人亦間有時熙怡點靜。渾忘忿懥恐懼好樂憂患等心行。適合乎大學所云心得其正者。則卽此無記是也。隨此愛習以起身語之作爲。案即前所云體力之發動而殺害。而盜竊。案爲護身而殺蚊蚋等、唯是殺業、爲嗜食而殺雞羊等、兼殺盜二業、蓋害豬魚等生命而滋養自己之生命、無異强盜掠擄他人之財物而受用也、而淫媾。而誣誑。而謗詈。而調唆。一往堅韌。執著不舍。則是吾今所云取也。此取支有正例有變例。玆所云者則其正例也。亦名曰想心顚倒。亦名曰愛恚二繫。惟任性情直動行徑。天演宗則云物競。云天行。云大運常然。云實所效必能之所儲。荀子曰性惡。孔子曰性相近。均是物也。何爲變例。曰變例蓋起於宙合之外緣。凡情世間衆同分所依者。若時代。若國土。若地理。若歷史。若禮俗。若風習。若政教。若法律。若倫理。若學術。若藝業。若朋黨。乃至一生所遭值貧富貴賤榮辱得喪等境遇。皆足改革其性情。禁制之使漸不現行。而適合周遮之外緣以求其生存。然非必不現行也。特異其現行之趨向耳。故處於尊君之國者。則雖甚惡其君之所爲。不敢以非禮加之。而致其忠焉。但對於非其君者。好則敬之。惡則非之。於忠何有也。務合於愛國之俗者。於己所託身之國家及民羣。則守助親和。若出本心。頌之曰神聖。美其名曰華夏。然移之與國及敵國之民羣。則曰傀野。曰兇虐。破壞之、戕賊之、惟恐不及。抑亦最善破壞戕賊者爲英雄。春秋言非義戰也。孟軻言善戰者服上刑也。而不能不嚴夷夏之界。拒楊墨之道。苟有爲他國他族訟直者。且詬爲喪心病狂。大逆不道。刑罰隨加焉。於守助親和何有也。信天神之教者。以人類爲帝之愛子。宏忍博愛。普捄萬國。可謂極平等矣。而以禽獸爲饔飧以蛇蛙爲蠻狄。且耶回新舊之相軋。流血者數千里。殺人亦數千萬。烹醢屠戮。慘酷莫甚。皆曰非此無以爲帝之肖子。於捄世博愛何有焉。主張共產無政府者。無智愚賢不肖。無黑檄黃紅皙。無非澳歐美亞。無孔耶釋回鬼。咸令遂其情。得其所。樂其生。可謂至公至仁矣。然對於阻礙其主義進行者。不恤以玄鐵購彼之碧血焉。於至公至仁何有焉。研究物化之學者。使人人自致厥心於宇宙之形氣。求其因果之公例。可謂極思想之自由矣。然脫有以眞理實惟二。約大聖實惟三。皇境塵不足尋伺。闐鬧不足欣愛。倡者則蟻擁而至。訕罵之曰迷信。詆諆之曰悖謬。曰違犯天然之法規。曰搗亂進化之程率。於思想自由亦何有也。隨舉人事略及數端。若汎論之。可盡物物。雖窮年終身。脫腕爛舌可也。此變例之取支。亦名曰戒取。二繫亦名曰想見顚倒。天演宗則云體合。云天擇。云人治。云人擇。云際會。成異。云能所儲。實不必效孟子曰性善。荀子曰積僞。孔子曰習相遠。今人區之曰家庭上社會上國家上倫理上之天職及道德。抑亦儒宗克己復禮四勿四毋所緣起也。余不遑徧爲捆攡羣言。讀者固可意會而通耳。總逆順之愛與正變之取而成身語意三業之所作。於是有榮辱繁悴壽夭善惡智愚賢不肖仁暴聖狂哀樂慶戚等結果。則吾今所云有也。然此有支。亦有同相異相。如勤於衞生則得壽考。此因果之同者也。而所以有異相者。則亦天擇（案卽境緣）所致。如居於淺化之羣。所告者分明正理。違其習俗。則或遭惡果。所爲者分明欺詐。合其習俗。則或獲善報、等是也。故大智若愚。大巧若拙。內懷眞見外任俗尚。必得其資而後語以妙道之宗。否則沒世悶焉自熹耳。此有支在天演宗則曰生存。曰進化。曰劣敗。曰滅亡。亦卽所懸想於未來之極美備極幸福世界也。故雖謂天演宗之說。盡於緣性緣起之愛取有三支可也。抑謂莊嚴世俗之言。胥具於愛取有三支。亦無不可也。而生與老死二支本三世邅旋之理。謂今旣作有身語意善惡等業。則未來世必循是而更起識。乃至取之現行耳。然域內之說大都衍子姓而不衍業識。故天演宗寓其希願於萬世後之郅治也。是皆天演宗與緣性緣起宗之大同者矣。

（二）證異

夫天演宗所觀待與作用之間。緣性緣起說。洵大同矣。獨至證成之理。則砉然絕異。何則。彼曰自然。案含有不可知之眞宰之意味。故有不能不如是之意。此曰無明。故有必不可如是之意。彼曰自然規律。生活秩序。故有不能不闡明而依遵之意。此曰法爾。案此爾之義。較彼自然規律之範圍爲大、以不僅順十二有支、而流轉生死爲法爾、卽修四念處、四正勤四如意足五根五力七覺支八聖道等三十七道品、逆十二有支而滅證眞如、亦爲法爾、以順愛取等卽轉輪迴、修定慧等卽趨涅槃、決定因果不昧、而無其不昧之所以然、故云法爾。故有更不必研究而推求之意。然之二者。仍是作用上觀察之異點耳。顧究竟楷定之理。卽由之而殊。彼究竟楷定者曰進化。故文明美備郅治久長富樂眞實安固平等親和自由等義附之。此究竟楷定者曰牽轉。故無我無常苦空等義附之。案我有四義、一、對待他人、假名曰我、二、執取義、執身曰我身、而取苦樂等相、執業曰我業、而取善惡等相、乃至執國曰我國、而取文野强弱等相、三、曰主宰義、謂獨力堅持之主體、四、曰自在義、謂離繫無礙之自由、今曰無我、蓋是無三四之意、以對待曰我、但更稱呼、此雖聖者不廢、執取之我、內本於無始習種、外益於有生染相、非修止觀、獲證生空、誠無以離遣、唯主宰自在之我、足以增盛取執之我、執取之我、又能消失主宰自在之我、以既有執取之我、但依所執取者、立主宰、求自在、故主宰卒不可立、自在卒不可得也、萬物莫不偕執取之我俱生、故萬物皆無主宰自在之我、試舉通攝力例證之、地局內之凝流氣質、動植飛潛、以至乎人、皆不能不親地、而地又不能不親日旋繞而轉、此物之不能立主宰得自在之一端耳、廣言之則隨取一人一物觀之、其前後左右內外上下之所集、殆無時不此牽逼彼、彼牽逼此者、初不容稍作主宰、從未嘗略得自在、愚者不知、因乎有執取之我、而歸之神造、諉之天命、輓近乃詫爲自然規律、益執取之以爲主人翁、奉志承則、自比廁養、鳥乎、衆生之顛倒、洵可痛也、故今此無我之義、乃萌俗所共認、唯大雄之士、以不能成主宰而得自在、恆引爲奇恥大辱、而又深知其因、在乎有執取之我、於是誓斷除執取之我、而完全其主宰及自在、華嚴所云淨諸心念若虛空、令其所向皆無礙者是也、故對待之我、則異生與大覺同有自在主宰之我、則諸佛有而衆生無、執取之我、則諸佛無而衆生有、茲首標無我者、據衆生所共認之事、使知不能自主、不得自在、故恆被牽攝、流轉三途、輪迴五趣、無由自免、又使知此皆起於執取、而所執取者、畢竟無主宰自在可得、以是漸厭離損滅所執取者、以至斷滅、執取既斷而已、則主宰自在、更無庸外求矣、無常固世間現見、雖日星諸局、終有毀時、此皆今人所共認者也、苦有無量相、即小教亦說一百八苦、今略攝之爲三相、曰苦苦、曰行苦、曰壞苦、凡欲也、祈嚮一樂境、必勞身苦志以赴之、是爲行苦、所祈嚮之樂境、十九不達、是爲苦苦、幸而得其少分、又轉瞬變滅、是爲壞苦、竭通哥斯所著社會學、謂凡彼樂受、先由軋轢、第一軋轢、惟是苦觀、則苦亦世間所共知也、要之人生所受、苦爲其本、所謂樂者、但略減苦、飲食以醫飢渴、男女以瀉慾火、譬如疥夫爬癢、極爬抓、當爬抓時、微生樂受、俄頃之後、則痛癢益甚、疥疾不愈、痛癢不已、空者非實義、三界本空、人心妄執、愛如幻師、咒成幻境、此理則世人稍難喻矣、但據無常之義、以變易無定、物相暫現、用釋空字、亦可也、無常苦空。咸所以開示我之執取者。無足執取。益發明無我之義耳。然斯皆世人所現見。抑天演宗所公認者也。而天演宗明知世人如是。顧又以此不足爲一定之理。乃必證成曰進化者何也。余蓋常反覆推覈之。此則現證乎心體而了察乎業用。彼則尋考夫業用而未能洞徹乎心體。歧因一也。

案、物心交感、激成意境、爰起言行、是曰業用、所感者物、能感者心、外觸內受、恒為主因、世雖知有、依業用論、妄慮既極、曰不可知、康德諸哲、說咸齊此、凝呡譸夫、誑云帝神、孔墨耶回、實惟同倫、聃周勝數、猶隔羅穀、聲聞辟支、亦非自力、信受奉行、爰入乎聖、惟佛一人、朗然現證、設猶不信者、請略舉事相為例、除過佛藏、試偏取世間之學說觀之、其不根於天帝、不根於自然、有不根於不可知者乎、無有也、其果不可知乎、是殆非然、惟可以聖智內證、不能以名言示人耳、故釋迦自謂四十九年、未說一字、但心體雖離言說、吾得就修增上心學者、從心體所發現之增上作用、而證明世所謂自然之秩序、生活法式、實非能範圍吾人者、夫催眠術、心學之至淺者也、而已足衡決天然之規律、昔南宋時、蜀郡有大樹、摧於風、樹中空、一僧跏趺坐、髮覆兩肩、爪纖長卷屈、身微煖而不傾不動、挺然自若、無所覺、居民詫異、極而譁、聞於郡守、郡守聞之、朝命輿舁之都中、帝心知為入定僧、顧無術使其寤、桑門而言、可以手磬聲就耳畔覺之者、試之果然、舒目展足而立、無異恒人、詰其生平、始知為廬山遠師弟子、為時幾千年矣、自言無異彈指、不知今何世、詔令住某寺、辭不獲、翌日則已留簡而莫知所往、云佛藏中神僧傳記載者甚多、以此事為平日千萬人所共聞見、故獨及之、莊周曰、至人神矣、大澤焚而不能熱、河海沍而不能寒、疾雷破山風振海而不能驚、若然者、乘雲氣、騎日月、而逝乎四海之外、死生無變於己、況利害之端乎、世尊曰、假使十方諸有情類、一時吹擊大角大鼓、或現雷震掣電、辟歷諸山大地傾覆動搖、不能令佛舉心視聽、證於茲事、夫亦何遠之有、今之桑門、隱於終南山者、數月不起乎坐、亦恒有之、卽吾黨捆縛情解、習染戲論、顧稍能靜攝、但須浹旬、必亦能觸證心一境性、發現定境、若昏闇之夜、忽然明光、數里之外、人語了了等事、是在現證心體者、觀之、誠奚足道、但世俗心量狹劣、姑言其近而可徵者耳、抑此非所以表示心體也、蓋藉心體之增上功用、俾薄俗知希世大寶、卽在自心、可反求而獲之、非不可知、非居乎天所得以憑恃者、又萬非社會國家眷屬孫子之堪比擬、而有此心在、縱為空氣、仍將隨所造業、升沉五趣、永無已時、則三世輪迴之因果、自不疑矣、夫近人亦有所謂心靈學也、顧祇及人事相交之抽象、不敢一探其秘、乃相為欺紿、滋世煩惑、夫物理淺者耳、猶知非察觀所能窮其變、而必以術爲試驗、何獨於今之最深切最貴重之心靈、反漠然置之、雖有試驗之術、不欲問津耶、吾言及此、吾於今之桑門、乃尤悲之、桑門且不知此而歆世、吾於世又何責耶、雖然、出世種性、固非可以形迹限者、吾豈必於桑門求之乎、世有欲得其術而試驗者歟、則奢摩它毗鉢舍那三摩提之說具在、前修之道迹、可計步而行也、吾嘗以兩個因明量、楷定斯義、用附錄於此、一、佛所說阿羅耶識、人人所能諦信、以凡可內自證知者、必人人所能諦信、如人於居闇中、皆審知非無自身、凡人所不能諦信者、必不可內自證知、如上神天帝、二、佛所說三明六通、衆人皆能諦信、如試驗化學、凡衆人皆不能諦信者、必無同分現量可得、如上帝創造天地、

此安住心色實相而瞻足乎內役執著宇宙假法而繫係於外歧因二也。

吾案所云色法有實有假、身形假也、色之實法、卽今人所云物質、小乘宗假立爲實、大乘則一心耳、無實色法也、宇唯是方處、宙唯是時代、乃依心色二法和合離散變易所經過之分位而說、亦是自心之碍相、自衆同分之員與民族國土會社宗教家室等、所有成毀强弱興衰存亡治亂、以至一身之佼醜壽夭、皆假法也、惟有男根女根及命根所攀乳增長、世人如蠶作繭、自纏自縛、無不爲其繫綴役役至死者、此假法亦名不相應行法、彌勒天親皆說二十四種、康德之十二原型亦近之、知爲心色變現、而又知能無惟心、則無動乎外矣、

此衍心識而三世輪廻彼衍形氣而一生斷滅歧因三也。

案前二條之理既明、此條固不待更辨矣、

此隨業受報唯在自己。彼造因責果爰及孫子歧因四也。綜此四端結成一錯。卽此則唯訢合於眞如。彼自唯訢合於幻變是也。訢合眞如者。不爲形氣所掬。故見其無不牽轉。深知過患。訢合幻變者。恒唯身世是篤。故見其似有增進。極生貪戀。彼安立天國及未來美利安寧之至善世界者。要不外養命求福。篤其生活之

一念耳。故終不免身見慢見及貪嗔癡惑所纏縛耳。故但能於增進已與羣之生活之外。別懸一正鵠者乎。滅人種。夷人國。凡一切獸行禽德有不以增進已與羣之生活自託者乎。所謂道德。道德視此爲進化。所謂政治。政治視此爲進化。所謂學術。學術視此爲進化。進化之所依。在乎生活。生活之可羨。在乎進化。生活乎進化乎。洵人情獨一無二之正鵠哉。夫未證生空。誰不縛於生活。卽未入大地菩薩。猶不能無生活怖畏。吾於人羣之惟生活是祈嚮。又烏得而非之。所欲申其忠告者。進化之說。未必若是其可欣耳。夫牽轉之與進化。胥心色聚散所變現之假相耳。今既許有牽轉。奚獨不許有進化乎。進化蓋心色之變相。等流而增長之義。從幼至壯。物物莫不有其增長之一期。然須知從壯至老。又物物莫不有其消損之一期也。今夫員輿亦異生共業所感之一大物耳。生住變滅。亦何能異。員輿且然。人羣益信。故進化惟篤時之談。牽轉實必至之理。牽轉惟業。造業唯心。食果憑前業。造因憑今心。任前業而食果。浮沉聽之。愼今心之造因。決擇行之。則雖未度越死生。流誕登涅槃岸。而柁柄在手。方向固可自定矣。余豈必欲成立牽轉之義哉。亦以形氣之內。勢實如是。雖欲爲之飾諱而美讚之。有所不能耳。故希望羣化增進者。無異小兒之希望爲成人。而不知既爲成人。將及老死矣。欲促速羣化增進者。無異小兒欲速得爲成人。而不知實無速之之法也。以羣化增進爲安善欣利者。無異小兒以成人爲快樂自由。而不知成人惟憂患艱辛也。抑小兒之望成人。固實有成人爲比例。未來之美備世界可比例者誰乎。亦吾人蒐取種種之陳迹。隨戲論習氣幻想浮現。以構成此結晶概念耳。執此概念。惑爲實有。其愚不較小兒尤甚乎。夫天演進化之論。不能圓滿如此。則彼宗所見於人羣之效功。吾亦不得不爲之稍貶其辭矣。

（戊）解蔽

世論無不以男根女根及命根爲依止者。亦無不以衆同分和合性及宇宙爲究竟者。由所依止者。故無不蔽於種姓見。案種姓起於夫婦父子、若中國之十族、印度之四姓、回教之回族、以至輓近人類學之分爲若干種、若干族、要皆由男女二根所孳乳寖大、歐人兢兢以保種強種爲要義、及自視爲貴種輕蔑他族、由斯見耳、薩伽耶見斷見愛見慢見而成貪嗔癡等惑。起殺盜淫等業。受逼縛壞等苦。由所究竟者。故無不蔽於戒禁見。即人民對於國家家庭社會等義務、及對於上帝等義務。疑見邪因見。即計上帝爲世界因等、增上慢見而成貪嗔癡等惑。

起殺盜淫等業。受廹縛壞等苦。凡是皆吾敎小乘宗。預流果之前。四加行十六智所斷盡者。而世間出世間所由判也。今天演宗固世論之一。然以視神鬼之敎。見網稍解矣。吾惜其鄰於緣生義。而歠其流。喁其聲者。仍陷入邪見稠林。末由出離也。乃摘其蔀蔽之大者。以爲祛解。

（一）惑相

近世學者。大都不滿神敎之說。天演宗立物種遞變之例。反對造物主之聲浪。益高唱薄霄漢矣。顧由予觀之。彩畫稍新、質素惟舊。殆未能竄出全知全能之神權範圍也。故其天演之天。不僅不可知。及自然之義。實兼有元理眞宰之意味。何則。近世學者之言想。固莫不極於不可知之界也。而是不可知中。又必帶有天神地象之觀念。吾試條舉天演宗鉅人之言爲證。斯賓塞曰。古宗敎之言天。與今之言天。所異者。亦漸離乎迹。而日卽乎玄耳。赫胥黎曰。有一不易不離之理。行乎其內。有因無創。有常無奇。設宇宙必有眞宰。則天演一事。卽眞宰之功能。惟其立之之時。後果前因。同時並具。不得於機緘已開。鴻鈞既轉之後。而別有施設張主於其間耳。又曰。是天工也。

特無爲而成有眞宰而不得其朕耳。康德曰。天神者。超乎認識圈外。非人所能有無也。泡爾生曰。神之實體之全量。超於吾人知識之外。强擬以吾人知識生活最高之形式及內容。於是宗敎之模人論。立模人論者。謂造物主之視聽言動一如人也。最近歐美大陸派學者。謂上帝恒寓居人類之生活力中。以行其創造世界之職務。致世界非已造而方造者。要知彼宗常以不可知之元因及衆同分之趨勢。與天魔幷爲一談。而以衆同分之趨勢。爲天然法理。不可違抗。卽戒禁見。元因不可知。卽疑見與魔神按歐土所信天帝、恒以生死法繫綴人類。與印度、吠檀多敎之高等大梵異。而同其劣等大梵、劣梵則吠敎所斥爲天魔者也、並爲一談卽邪因見。而自謂所言最眞最當。嗤反其說者爲迷謬。卽增上慢見。是皆膠擾乎神敎之言。始爲厲階。至今爲梗者。其惑相一也。萬物由質力調劑業緣輻輳積久而遞變成異種姓。繁衍或復寖滅。其理固自圓通。而彼宗推尋物證。遠及數十萬載數百萬載之前。以骨骼石器等足成其說。則轉失平實。流於荒誕不經矣。夫文字所紀未越五千祀。尚多不足信者。憑陳迹臆斷爲倍倍之五千祀。顧可深信。斯亦反已。吾國儒先有尊信彝器。抗慕古篆者。於是鐘鼎紛紛出於土。彼治地質學以言物種由來者。

毋亦類是乎。不悟地質中物。縱非出於僞設。亦由意中先存此一觀念。逐物聯想。積成心習。故隨得一不經見之物。卽若可爲物種考據耳。今脫有人翻其物種進化之說而爲物種退化。以三數人終身之迹。考得千百人爲附和。安見不又有古物古器等堪爲證據乎。按章太炎君作原變。曰亞洲之域。中國日本衛藏印度有蝯蜼。其他不產。澳洲無㺜。亦無反噍之獸。其無者化而爲野人矣。其有者庸知非放流之族。檮杌窮奇之餘裔。宅岫窟以禦離魃者。從而變其形也。余讀天竺古志。述人羣退化之事相甚詳。謂生民之初。皆受天然之樂。壽長八萬歲。每百年遞減一歲。減極爲十歲之時。性最兇惡。人與人相殺。食弱者。逃入荒岫杳壑。食草而僅免。其時人形長不過二尺。土地礁确。穀麥麻桑皆不生。禦饑以血肉。禦寒以毛髮云云。試獸想其狀。非卽與蝯處同乎。以證章君之說。益以相通。抑此說阿逸多亦取之以談人羣由善惡之共業。人壽增劫減劫之理。謂減劫之極。性惡者死之略盡。逃入巖岫之性柔善者。乃得漸復其舊。福慧壽命。日以增長。則是猿類進化爲人類之謂乎。且今人於地帶熱寒之遷變。尙有一說。謂地軸側轉久之。向日局之方面易異。故南北冰洋寒極變爲熱極。其冰融爲沸水。一流下時。今人所居之洲陸將盡變爲洋海。彼時唯處最高之山巓者。乃得僅存。其餘則一切減滅。又今人所居之原人種皆起於帕米爾高原。震旦古建國者。亦皆在西北。名曰中華。足徵楚越等地。猶爲海島。今瀕居海地者皆謂海沙漸漲爲地。數十年卽不同。而東西古志。太古咸有洪水之言。其地帶寒熱易位之證歟。居山巓以幸免之人類。則以大海汪洋。孤嶠懸居。思慮言語。都無所用。乃漸退化爲猿類。或與山中猿之類人交合。生爲野人。其後洪水漸退。地亦漸舒。乃人羣相爭。再起人文。抑進化教又謂人類先有水族。聚之洪水之言。義亦可通。且今之海棲族類有類似人形者。有類似獸形者。安知非陸居人獸爲洪水漂溺。乃變水棲動物乎。然則洪荒之前。必先有人類。其人類人文之發達。或迥出今人之上。印度古志謂有前一滅劫中毗舍浮佛等古蹟。今美洲及中國以開鑿山礦。往往有彫琢工美之石像等發見、亦可說洪水前先有宗教之據也、夫蝯蜼則進化敎依之爲人類進化之證書也、而余依之則亦得說爲人類退化之證、然余非欲成立人類退化之敎也、特言進化敎所取爲進化證據者、未必可作爲證據、用遣進化敎之謬執耳、因此所證明之事。非關現今。故無親量非載地誌史乘。故無聲量。其比知者。又皆荒遠茫昧而不可確知。無異證明山精鬼魅上帝大神者。可隨其意擬而爲比傳。執自幻想爲外實法。其惑想二也。進化之說初纔及於動植物耳。故斯賓塞之天演界說。亦不外述一物生長之理。謂之生理大經則可。以言物動之嬗蛻。已覺牽强。通之國治羣化。益扞格難符矣。然斯氏則身援其例。以倡羣學。而力言羣學同乎生學。又泛引人物生理爲證明。然羣理與生理實不能相侔也。今請以人身覈之。夫吾人得察究人身之生理者。非徒以其有衆多之細胞及各件之機能也。兼有其外包之共相可觀也。而國羣外包之共相則何在乎。將曰在疆土。無論其界域但由地圖之染色爲憑也。假使據此疆土之人羣。今忽死盡。而疆土不隨以亡也。雖疆土如故。所謂國者固烏有矣。抑疆土不寧不隨此土人羣以亡。苟他土人羣入據之。疆土之作用亦仍可如舊也。而人身則豈有各質點各機能皆消滅。其外觀之身形尚宛然者乎。此可見疆土不是爲國羣外包之共相矣。將曰在法制在政府在宗教在禮俗。此則但可比人身之表業。益不足言其共相也。又既以大羣比全身。個人比細胞。則一個人固可獨處於大羣外。抑從此國羣而入於其他一一國羣。或竟老死於異鄉。或仍返居於故土。而始終皆有其自相可得。一細胞之於全身。豈亦能如是乎。雖童子亦知其不然也。又既以政府比頭首也。則政府之倒。應如人首之斷。豈得全羣仍能行動而更建頭首乎。又今言人身之生理者。亦人身之共相言之耳。決非人身中之質點所能言也。既以大羣爲拓都。而以小己爲么匿。則此么匿者。又烏能言拓都之生理乎。使么匿者而能言拓都者之生理。則此么匿者非人身質點之比。拓都者亦非人身共相是同。又不待辨矣。要之國羣之與物體。個人之與質點。斷斷乎不能相類。欲廣爲徵引。雖累億萬語。猶將不窮也。蓋個人實先於國羣而有。國羣但是個人對於所依處者之觀念。即此觀念。亦非國羣自有。而爲個人之觀念孳乳而成。離各個人無國羣之自相可得。離國羣實有個人之自相可得。非若物體之與質點。同時並有。物體實有自相可得。質點但依物體之剖解而得其自相。而斯氏則著爲學說。抑若初無可疑者。乃知心習既成。雖識見閎富。往往以智起愚。其愚謬又甚於蝡生者。其惑相三也。第斯氏之治羣學。亦知蔽於心習之爲害也。故於物情政教學業黨國等所有篤時拘墟之見。亦旣歷歷言之而中肯。尤力斥天命世運之說。不令人崇拜神祇英雄。一事物之成。歸功於全羣之漸化。已與華嚴宗世界以無量因緣生之說近似。惟不知毗重於全羣。致個人與全羣主客先後之位倒置。較彼梏於流而辟於教者。特深淺寬狹之異。其未能無所蔽則一也。雖然。吾黨責人應稍恕。其辭若斯氏之談羣化。恒拳拳以不務近功不欲速達。其流蔽亦末減矣。赫胥黎則以社會進化。生齒日繁。殷憂羣道之終窮。乃發爲簡單之厭世思想。恨不能剿絕萬物之生化。此其論根誠淺薄。斯賓塞所云腦之事費則生生之事兼已足摧破之。然人齒過庶之言。蓋起於達爾文生物繁植例。然人之生植不可與下等動植物相比。愚者見一夫一婦赴於新荒陸。二十年而得四人焉。又二十年而得八人焉。遂謂人口以幾何級數遞加。每二十年輒增一倍。不知再經二十年。則死率與生率相抵。固不復增矣。顧謬種流傳。此迷至今不破。地球人滿之禍。時一浮現於人意。乃一變人世界而爲張牙舞爪之獸世界。抑若其國中將卽是駢肩重足而立之狀。不得不汲汲攘他羣之地。夷他羣之種。以自殖其民。耆持此以鄰爲壑之主義。以加慈善柔直之羣。幸其技之果售也。乃益信殺害之足爲正法。强存弱亡。公例非謬。不知此非羣化之自至。則人心之靈固無不善。變者亦體合其外緣而漸適於宜耳。又烏得萎絕哉。而强權進化之談。愈演愈烈。則甚且以人爲世界進化之生。當爲世界之進化而犧牲。傅以帝國主義。益尊奬强權。幾全同回回之教。曰人惟爲神戰爭。得生天國也。而今日歐洲之大相斫。卽欲以獸力達進化之目的者。以成績及其眞相揭示吾人者也。或謂歐陸經此次蠻觸之戰後。將永息干戈。不知彼方種其報復之因於無涯。勝者益高其貪欲。敗者益蓄其仇毒。循斯道而不知返。吾恐不至强者亡盡而弱者僅存無税駕時也。君等縱希望人滿人。又烏得滿耶。夫世人固多盲從一時之風說。羊突狼奔而進。不暇計其苦樂利害者。此誠野心家所得陰驅而利用者也。積其慣習。皆自忘其何所爲而爲。若出乎自然。如染著嗜好者。妄計爲人人若是。以戰死疆場。奴傭國羣。爲人生至樂者。亦同乎此耳。雖然。此類特最少數而已。就衆人恒情論之。適得反焉。故以今日之世界。爲至善醇美者。始無其人。唯以現今之世界校善於過去。而未來必有至善醇美之一期。則人人信之。此實世俗之大惑。吾不得不稍進正言而冀其一悟者也。吾今姑承認羣化有進而無退。未來必有美善之世界。果用何標準定其爲滿足完備乎。又與今人有何等利益。乃希望而經營之。若是其切乎理求其誠而事效其實。此當人人所不迕者。今曰滿足完備。所滿足完備之內容。果爲何物乎。又以何者爲不滿足完備乎。將在意志乎感覺乎。智識乎。在感覺有惡美苦樂。是曰俱生。癡在智識有善惡是非眞妄。是曰分別見。而意志之衝動。但是無記。及其執取焉。則又不得不聽從乎感覺或智識。人之用以衡量事理者。術盡於是。故恃爲標準者。應不出乎惡美苦樂是非善惡眞妄之外。但世人既無現心體之智。則所謂智識者。不得不以衆人所同然者爲歸依。衆人所同然之善惡是非眞妄。大都以習尙爲轉移。以習尙爲轉移。則智識不足自恃。必更證明於感覺而後始克判斷其善惡是非眞妄。然則感覺尙矣。而感覺之所有者。惟是美惡苦樂。好掉舉者以居聚落爲美。亦未有不隨俗尙及根習爲變易者。然則感覺亦不足恃。既無公同一定之美惡苦樂。則無公同一定之美惡苦樂善惡是非眞妄。又將烏從以決擇此未來之世界。爲滿足完備與不滿足完備乎。藉曰、此世界自性滿足完備。無關乎人之感覺智識。則既無關乎人之感覺智識矣。縱使此滿足完備之世界。今既實現。亦與人渺不相涉。況在千萬歲後者乎。或曰、人固往往無所爲而爲。不必有關於美惡苦樂善惡是非眞妄者。如好勝好名等。夫好勝好名。初亦起於苦樂善惡。積漸成慣。乃時時妄動。但是無明染相耳。且既曰無所爲而爲。則都無方向進退。如何復有美善之世界爲正鵠乎。然則吾人生此世間。固茫然無所標準者乎。曰是又不然。蓋謂無常世相不能有公同一定之標準耳。然吾人自有其標準。太上現證心性而隨順正因果律。其次各人自憑其感覺所符者。以爲智識之基。超乎感覺之外者。不以妄信。則感覺雖時時變易。當其未變易而正感覺之時。固有誠而無僞。足以楷定其是非善惡美惡苦樂者也。夫世俗所重。本唯生養之道。種種事業。實爲生養而輾轉增設。乃窮高騖遠。計著分相。致反絯生養之道。昔印度外道妄計墮淵吞炭。可生天國。非斯類歟。燈不燃。蛾蛾自投燈。鬼不魔人。人自崇鬼。其惑相四也。

（二）斷德

今欲斷其惑染。須明諸法緣生。案此所謂法、與世俗所謂法者有別、此法乃總舉一切心物事理而言之者也、略言之有心法色法心所法不相應行法眞如法等五科、緣言其因。生言其果。一果之生非一因故。故但曰緣。一切法以生爲初起相。故但曰生。緣生之義。以前所說十二緣起支爲經緯。以四緣十因及五生五果爲體相。以之談世間名理。雖未親證心體。凡橫計妄執所成過。吾知免矣。蓋知諸法但從衆緣生。則自不信宇宙爲眞宰。知諸法起唯緣起。滅唯緣滅。則自不於現法中起種種執取。緣會則生。故因果不昧。生由緣會。故世相本空。則無歆乎分外而致謹於心行。夫天演宗固近乎緣生義。而其效不在乎是者。則於現法中起執取耳。纖意粗想。乃由是繳纏無極。故曰卽今休去便休去。欲覓了時無了時。

（己）緒言

太虛曰。近世學界稍能自樹者。無不知佛矣。如赫胥黎曰。自有談理者以來。未有如佛者也。斯賓塞對耶教徒曰。東方有聖人曰佛。其於化世導民。斷然有可言者。牧師李登曰。淨飯王子之所爲。吾人對之不發憤增愧者。未之有也。麥惕孫庵羅知馬克拉夫等。專研究佛學者。可無論矣。蓋格物之理大明。神教既摧。思想所極。未有不與佛學鄰近者。而言論自由。又非宋明儒束於孔父之比。正教推及全球。此其因緣時節哉。但徵窺歐陸最近之思潮。若現漩澓之狀將以民生國政爲歸宿。不復進步殆以思想漸成統一。乃入於隨眠狀態乎。是不可不有以棒喝之。所望於支那學者。則稍息其政治熱。習法律軍事等學者日少。而習名數質力農礦動植等致知厚生之學者日多。庶乎生養之道既舒。而學理益彌進乎精闢耳。

（庚）寓意

爰有謬謬先生。詰太虛曰。若之議天演宗者辯矣。但予於若所言緣性緣起。猶不能無疑也。若不曰順十二有支則流轉而繫生死。修三十七道品則還滅而證涅槃乎。然則以有十二有支。何以順之則流轉而縛生死。又何以有三十七道品。何以修之則還滅而證涅槃。若幸有以詔予矣。設曰此唯是法爾。可諦信而不可思索。則與天演宗之無知自然之不可思議。亦奚擇焉。若幸有以詔予矣。太虛憮然有間曰。惡、君斯問抑胡悍且突哉。蓋淨名之所口緘。馬祖之所頭痛者也。太虛其將奈君何。何則。夫緣性緣起。宗至此既云法爾。則心行滅言語斷矣。太虛其何以語君。豈不曰尚有法界緣起宗。然設無因緣。則大通智勝。十刧坐道場。佛法不現前。釋迦牟尼。諸法寂滅相。不可以言宣。而生不可說。生生不可說。太虛又將何以語君。設有因緣。則百界千如。十玄六相。帝網旣重重無盡。法門亦別別無量。雖以四十二法身大士微塵點地湧古佛。一一舌相。遍覆無邊刹海。流出無窮名言。一一名言。表詮無數法相如是乃至極未來邊際。極虛空分齊。猶未能宣說普賢願身之一毛孔。縱略言一毛孔之一毛孔。已足矼實三千大千世界。縱略言一毛孔之一毛孔。亦足窮形盡壽。言者雖不知倦。亦徒增君之惘惘耳。太虛又將何以語君。豈不曰尚有心體緣起乎。然設以空拳相誑。楷集相紹。則楞伽密嚴之教。瑜伽莊嚴之論。六百函之般若七千條之葛籐。捫飄風而不釋。談者誠可翏翏摶鳥迹夫太空。聽者未免役役。太虛又將何以語君。設不以空拳相誑。楷葉相紿。則纔曰心體。早汚染矣。太虛又將何以語君。雖然。敢姑妄告君曰。以無名故以行故。以識故。是以有十二支。可順而流轉以縛生死。有三十七品道可修而還滅以入涅槃。設更詰以何以有無明有行有識。則但告君曰。君何以忽有斯問。君乎。君須知此所告者。乃日狗之翼。月兔之角也。亦釋迦所以無佛性。彌勒所以失布袋也。蒼鷹而有靈。固將一見成擒。則心境銷亡。知不知寂。復何所動。復何所生。知寂故無無明亦無無明盡。無動故無行亦無行盡。無生故無識亦無識盡。無無明行識亦無無明行識盡。故乃至無老死亦無老死盡。然則曰何以順十二支而流轉生死。何以修三十七品而還滅涅槃。寧復成話言耶。設君猶不自知反棄卻家寶。甘於貧乞。則太虛固無奈君何。君曷詰之無明。詰之不可知。詰之上神天帝。詰之自然規律歟。於是太虛欹窗而歎。諤諤先生。忽不知所往。

論嚴譯 原名譯著略辨

嚴幾道君。爲中國傳譯西學者之圭臬。其譯著風行已久。此當爲全國學者所共知矣。吾所治者佛學耳。佛學之外實無心得。然以嚴譯諸書名理玄微。往往附談佛學。吾故樂而讀之。抑嚴氏之附談佛學。亦未始非全國學者傾向佛學之一誘因也。然嚴君蓋憑所得於西學者。推測佛理而已。未必眞有得於佛學也。而吾今辨之者。只在其涉論佛學而錯謬之說。其無關佛學與符契佛理者。概所不及。此欲先標明吾辨之之義界者也。然嚴氏傳譯者。大抵十七八九三世紀間英法學者之說。在輓近德美學者。則多所唾棄矣。而非吾辨之之旨。故略不道及耳。其涉及佛學最多者。莫如所譯赫胥黎之天演論。以赫氏亦嘗評次佛說故也。今試節取其文辨之。

一事。諸法無常。三世相續。此大小乘之通例也。護法論師立四種眞俗諦。以此例屬之道理世俗諦。或道理勝義諦。其爲有爲法之定理。亦既得學者公論矣。然三世之理。大小乘又莫不認爲色心不相應行之分位假法。大乘或破其執。則以現在不住。但在過未之間者。推破現在。復以過未無在。但是現在之待者。推破過未。或立其理。則華嚴宗有一念十世。而唯識宗有刹那三世。一念刹那。其義正等。要皆以現量心行而建立。然則在破執教則三世俱遣。在立理敎則現在爲依。而但以一念刹那爲現在。則不背有爲法無常遷流之通例者也。誠以客觀待主觀而存在。觀過去未來者。主觀之心。必屬現在。且客觀之過去未來。亦必待現在而影現。過去者已往之現在。未來者將至之現在。苟無現在。甯有過未。故斷無撥除現在專立過未得爲眞理者也。特謂遷流至速。方未來而已現在。方現在而已過去可耳。額拉頡來圖以常變言化。固亦種識恒轉之旨。而謂萬事萬物皆在過與未間。而無現在。則在破執爲偏見。在立理爲倒見。決不可信者也。而赫胥黎以額氏爲天演學高祖。徵引其說。皮傅者以其近佛法之破執教。不知其爲偏見倒見。故不可不辨也。

二事。佛法輪迴因果之說。依世間現量之所證。用因明立爲眞比量者也。赫氏引佛說。曰身世苦樂之端。人皆食所自播殖者。無無果之因。亦無無因之果。今之所享受者。不因於今。必因於昔。今之所爲作者。不果於現在。必果於未來。當其所値。如代數之積。乃合正負之數而得通和也。必其正負相抵。通和爲無。不數數之事也。過此則有正餘也。有負餘也。所謂因果者。不必現在而盡也。負之未償。將終有其償之之一日。僅以所値而可見者言之。則宜禍者或反以福。宜吉者或反以凶。而不知其通核相抵之餘。其身之尙有大負也。太虛曰。此雖未辨引滿業之因。素報繪報之果。其論三世因果。大抵不謬佛說者也。顧曰。夫輪廻因果之說。何一言蔽之。持可言之理。引不可知之事。以解天道之難知已耳。又曰。自婆羅門以至喬答摩。其爲天訟直者。如此。此徵爲決無由審其說之眞妄也。就令如是。天果何如是之不憚煩。又何所爲而爲此。亦終不可知而已。太虛曰。此又何其與身世苦樂之端。人皆食其所自播殖者之言。自相矛盾耶。夫佛所說因果之理。自修自得自作自受而已。初非謂有天帝神鬼張主施設其間者也。抑此固赫氏所知者。乃攙雜以神教之說。一則曰以解天道之難知。再則曰爲天訟直而曰天何如是之不憚煩。又何所爲而爲此。何言之不知倫類歟。生物學者常剖鹿矣。謂其便體長頸。故對捷足而遠害。又剖猳矣。謂其深喙大胏。故能多力而自養。乃至蟲獸草木種種毛羽華色香味。皆謂或爲保其生命。或爲求其胤嗣而設。於是深歎造化賦形之巧。此天演學者所公認。而亦赫胥黎所嘗引稱者也。吾今卽取之以反質曰。造化者何爲而爲此。又若是其不憚煩也。可乎。若曰。此但自然之理。非有工宰以造之者。則佛說之從因感果。亦曰法爾道理而已。何所謂爲天訟直而可責其奚爲而爲此哉。抑名學上所謂誠與妄者。亦決之於能否持之有故。言之成理。與本之可見之人事物理。以爲推而求之日用常行之間者耳。今赫氏既認因果輪迴之說。爲持之有故。言之成理。亦本之可見之人事物理以爲推。卽求之日用常行之間。亦實有其相似者矣。而又抹煞之曰。無由審其眞妄。然則凡名學上所認爲誠者。皆可曰無由審其眞妄。而吾尤不知彼所立論。除去物理人事之可推者。將恃何道爲基礎耶。嗟夫世俗學者。智識褊狹。又憑藉其偏嫉之私。務求勝人。而近世之競爭進化說出。益鼓舞其我慢劣情。盲驟冥馳。無由返鏡。故喪己役物凌人而不惜自隳也。此眞人道殘滅之巨憂哉。幸今之學者已稍稍能悟「優勝劣敗强存弱亡」之非人道所宜耳。

三事。種姓之說。固世俗之恒談。印度外道。亦有以牝牡二根爲萬物之本而生生不息者。按因明量須不違世間。故佛法亦兼取種姓之說。特以爲偏而未全耳。然生物學者之言種姓相傳。謂其父母之性格傳之子孫也。此亦僅可通之理論而已。在事實則何解於堯生丹朱舜生商均乎。此類證據。在在皆是。不得援爲例外。若曰堯舜之生丹朱商均。由於胖合乖宜。則如何胖合乃適宜。生物家既未有定說又何從知其非性格本不能相傳。而謂必由胖合乖宜乎。藉有胖合適宜之法。理論決定。事實確驗。必胖合胎育等法至而後性格相傳。則益見性格本不相傳。之能在乎胖合胎育合宜。亦何得單言性格相傳乎。其謂官品物體之中。有其死者焉。有其不死者焉。而不死者又非精靈魂魄之謂。可死者甲。不可死者乙。判然兩物。如一草木根荄支干果實華葉。甲之事也。而乙則離母而轉附於子。緜緜延延。代可徵變而不可死。或分其少分以死而不可盡死。動植皆然。故一人之身。常有物焉。乃祖父之所有。而託生於其身。蓋自受生得形以來。遞嬗迤轉。以至於今。未嘗死也云云。夫性格相傳。既不可爲通例。卽性格亦附見身心之行表者。今復以植物之根幹花果槪歸可死之甲。而乙又非精靈魂魄。但立乙爲符號。強執之爲不死之物。然則此不死之物。亦一符號而已。曷若謂一人之身。常有絕無之虛空焉。乃祖父之所有而託生於其身。最初受生得形以來。遞嬗迤轉。以至於今。未嘗死也。猶爲得乎。蓋虛之與無雖但爲反對實有之一名詞而無實以當名。然在名理固猶有表其虛無而遮非實有之用。不若乙之僅爲符號。故此說可爲符號上之說明耳。實不可以理徵詰也。原其此種虛嬌之論。實由神教始祖罪惡遺傳子孫之說。變式演成。所謂變式者。以神教之說爲質素。略加彩色。離彼之著而卽乎乎。使人不可捉摸焉耳。執著空名。重紕貤繆。轉相誣妄。欺己欺人。致起種族之見。及改種殖民等謬論。禽獮異俗。流毒無極。世之愚者。顧眩爲實驗眞理。智者觀之。不其大可憫笑乎。雖然。草木不生人。人不生牛羊。此種類之性分。吾姑謂之曰自然種姓界。故種姓之說。非無半面世俗諦理。然無遺傳可言。蓋以如是親因。如是疏緣。如是因緣和合。如是果相生現。其因緣之和合者常相續。不失其類。物現亦相續。其因緣之和合者有徵變。其果相之生現者亦徵變。因果相續。不失其類。物界有一期之分定。謂之種性。如是因緣和合。則決定有如是果相生現者。亦所謂法爾道理耳。在因謂之同類因。在果謂之等流果。猶夫種瓜得瓜。種荳得荳。此亦因果別相之一。而因果相不盡於是。讀者不得泥執之也。佛說業識（即羯磨識）生死流轉。赫胥黎引之曰。人有後身。不必孫子。聲容氣體粗者。固不必傳。而性情德行。凡所前積者。則合糅劑和。成爲一物。名爲羯磨。譯曰業。種業種不必專言罪惡。乃善惡之公號。人唯入泥洹滅度者。可免輪迴。永離苦趣。否則善惡雖殊。要皆由彼無明。轉成業識。造一切業。薰爲種子。種子種必有果。果復生子。輪迴生死。無有窮期。而苦趣亦與俱永。生之與苦。固不可離。爲二也。此所言者。大較近是。然種之生果。必待緣合而呈現。果復生子。亦待緣習而成。異故。緣闕則暫爾不生。然而薰成業種。所待緣習已多。則無始來所積滋者。生緣必廣。故生緣有暫闕而無永闕。非入泥洹。莫免轉生。蓋夫有情之類。其得生者。業識爲因。父母爲緣。業識與父與母三事和合。而後生。有所胎子與父母。其心行身習皆相感召。卽精血氣體亦受範鑄。非絕無關係者。故種姓亦有其理也。佛不生於旃陀首羅。必生刹帝利婆羅門。且須觀父觀母觀時觀處。此雖小乘之說。亦大士生圓滿之義。餘有情類。雖莫自擇其感召者。亦有所宜。然不必有性格相傳也。堯舜之生丹朱商均。其一世所修。未敵多生所積。宜得不肖之子。不能傳其帝位故也。丹朱商均。爲堯舜子。亦以夙生善惡參半。宜得聖父安享癡福。而復頑劣。不克繼宗故也。此兩因相感以得生者也。兩因相望。互爲增上之緣。則又不必一定如是。所緣福增。雖惡亦足遷善。所緣罪滋。雖善亦足變惡。要視其力量何如耳。此則當其相感牉合之乖適。欲情之邪正。當其處胎母體之健病。母心之暴和。當其在童。撫養之宜否。敎育之良否。乃至親屬師友服玩嗜好。皆所以緣成其身根品性者也。故佛雖說輪迴因果。而不定執夙命。大抵禽蟲庸俗之流。受範夙命者居多分。得以自立者居少分。而聖哲則多能繕修以轉夙命。不爲夙命所範。而相感處胎之時。緣緣微變乎父母者已多。故往往於祖父有幾分之肖似。也其最初能感者。謂之引業之因。最初所感得者。謂之素報之果。使其所感之父母爲人類。則所得者必爲人身。雖得產與否。能壽與否。六根具足與否。諸相圓滿與否。爲智愚賢不肖及貧富貴賤等。一切未定而有變遷。使其獲生。必爲人類。則決定矣。其後種種則皆謂之滿業之因。所招繪報之果。猶彼畫師先楷素形。後塡以種種彩色也。故由佛法完全之理。無往不通。由生學家偏曲之執。觸處成閡。而赫氏亦生物學者之一。固其偏見。於佛因果輪迴之義。語焉不詳。又例同天神教。誣以爲天訟直。故謂佛欲明生類舒慘之所以不齊。而現前之因果。又不足以盡其所由然。用是不得已而有輪迴之說。然輪迴矣。使甲轉爲乙。而甲自爲甲。乙自爲乙。無一物焉以相受於其間。則又不足以伸因果之說也。於是而羯磨業種之說興焉。抑若佛言業識流轉。與彼甲死乙不死之用符號。憑空駕說。同者亦可謂騁於評訂矣。案釋迦所言者。赫胥黎固初無由難。蓋以其竪義至堅密。在理論上本無瑕隙可尋。極人類智業之進步。歷億兆歲。可與佛說日相密邇。淘汰渣滓而益見精純則有之。決其無能破壞者也。然吾人貴乎佛學者。非僅其理論上完密而已。尤以其勝義諦可證之心。而世俗諦可證之世間現量也。業識流轉因果輪迴之義。介乎勝諦世諦之間。勝諦故非恒俗僉知。世諦故有人事可證。古世積喙相傳。其例多矣。而毒於進化之說者。篤信古人遠遜今人之智。故不援引。第雖以今人之世智聰明。而欲抹煞法爾道理。不復實現。終亦叵得。民國三年。有英吉利人某。致書大陸報。有言曰。(前略)先是余妻養疴錫蘭。未幾病劇。電招余往。爲移住產婦院。余則寄宿旅館。一晨。有佛徒入見。謂余當生一子。面貌均節節詳言之。並謂右足跗有一痣。足指互疊如鱗。當出胎於菩薩誕日。應錫蘭五月十七八九三日大慶之期。謂余子係其師重生。余與余妻。特別被選云。余固未信。然與親友多談及之。皆笑爲誕。已而出生月日。面及黑痣足指之狀。一如預言。當余子生後半小時。佛徒入見。並執敬禮。此兒兩眼歪斜。吾家素無此異。七月能獨行。周歲能言笑。(餘略)此非業識轉生一最新最確之證據耶。斯事在佛法本非甚深了義。凡心靈上修養較深者。類能見知。若婆羅門習禪得五通者。道家之亢倉子列子。希臘之柏拉圖。清初時蒙藏之呼圖克圖。下及宋明儒者。亦往往有親驗。略觀宋明儒學案。可知之。特諸家皆覩其偏曲而不完全。唯釋迦獨能圓滿證說耳。然此事既非萌氓所能周知。故佛教但許爲比量。又以輕爲妄者假託。故維世者不欲極論。然在窮理家亦何可終秘哉。赫氏又曰。夫以受生不同。與修行之得失。其人性之美惡將由此而有擴充消長之功。此誠不誣之說。顧云是必足以變化氣質則尚有難言者。世固有畢生刻厲。而育子不必賢於其親。抑或終身惛淫。而生孫乃遠勝於厥祖。身則善矣惡矣。而氣質之本然。或未嘗變也。薰修勤矣。而果則不必證也。由是知竺乾之教。獨謂薰修爲必足證果者。蓋使居養修行之事。期於變化氣質。乃在或然或否之間。則不徒因果之說將無所施。而吾生所持以自性自度者。亦從此而盡廢。而彼所謂超生死出輪迴者。又烏從以致其力乎。則又所謂語無倫類。一篇之間自相牴牾者也。夫聲容氣體。粗者固不必傳。非赫氏所自承於佛說者也。今乃以孫子氣質之或未嘗變。謂其薰修未必證果。豈不悖哉。夫佛說亦自修其因自證其果耳。孫子雖互爲增上緣。薰修證果。曾何交涉。自心自修自智自證。此眞六祖所謂自性自度者也。童蒙無知之徒。剽竊其語。何足以通自性自度之指。若赫氏所云云。可謂之父性子度。或他性他度而已。此則氣質不變而無果可證者。固在彼說而不在佛說也。執己祖傳性格人衍形氣之見。强繩佛法業薰種識。生死流轉之理。期其必合奚殊斥鷃之笑大鵬不搶飛枋榆間乎。欲以佛法合彼之說。必令一身自爲祖父自爲所生之子而後可。吾初不知赫氏何持論如是之顚倒謬妄耶。殆其愚耶。抑其誣耶。二者必居其一。雖然。吾又未見夸俗之學者。能有瘉乎赫也。嚴氏引柏拉圖之言曰。人之本初與天同體。所見皆理而無氣質之私。以有違誤謫譴人間既被形氣遂迷本來。然以墮落方新。故有觸便悟。易於迷復。此有夙根人所以參理易契也。幸而明心見性。洞識本來。則一世之後。可復初位。仍享極樂。使其因迷增迷。則由賢轉愚。去天滋遠。人道既盡。乃入下生。下生之中。亦有差等。大抵善則上升。惡則下降。去初彌遠。復天亦難矣。太虛曰。柏氏槃然有見於斯。自非康德以積行期證。則不得不要求來生存在。但是空華理想之比。然僅可以吠檀陀教相次。尙不及婆毘迦羅之說。況佛法乎。佛法無明無始起之期。而現前一念卽是。一念無念便是一法界徧照。義無論天人鬼畜。同是迷中一物。二十五有生死輪迴。雖至無色界天。全超色聲香味觸塵。

而歷無數日局成壞。定業一謝。還墮輪迴。所見天理。正是生死根本。斯則了義之談。彌驚俗聽者也。而佛法業種流轉。說唯莊子萬物皆種也。以不同形相嬗之言。粗得其似。生之前。前還在乎生。生之後。後猶卽是生。是謂生死流轉。是謂十二因緣之鉤消義。

四事。赫氏眞幻一篇。多分近是。然亦有可辨也。印度之婆羅門。及歐羅巴之斐洛蘇非派。所謂眞者。是佛所謂幻。有僅得體用顯現之道理。世俗諦少分耳。所謂幻者。是佛所謂妄境。而人物形器之世間世俗諦攝盡。然彼且不得謂之諦。何則。逐名取相。偏執一隅以爲固然。但是意識偏計之法我執生我執故也。執必有靈魂眞宰者生我執也。執必有實性造物者。法我執也。然其執念所原起依止者。則佛所謂幻有者也。然而妄依幻起。幻依妄現。幻不離眞而眞非幻。（此所謂眞非婆羅門斐洛蘇非所謂眞也）彼幻妄法有種種相。而彼眞如於諸幻法。於諸妄法。常如其性。諸妄幻法。（法者神靈形物都名）唯心所變。（心者八識都名）卽心本性。斯爲眞如。唯心之理。從淺入深。有其五重。始於遺靈存實。終於遺相證性。唯心之事。從粗入微。亦有五重。始於分位假法。（卽時方名數等）終於無爲眞如。若離唯心。遠說眞性斯卽同於數論自性。然世俗之言唯心者。於理僅遊至淺之藩。若特嘉爾吾生始終唯一意境是也。於是僅涉最粗次粗之域。方員一二、分最唯識，五根六塵、所變唯識、若穆勒及嚴復所解說者是也。此皆差近世間勝義諦者。然且不得爲諦。何則遺虛存實卽是遮境表心。觀境爲妄。決定遮境。當遮境時境已不存。觀心爲妄。決定遮心而遮心者。還卽是心。故心境雖常時交待而現。境不可離心有。而心有時可離境存。所以境可名之爲妄。心則但可名之爲幻。妄者都無自體之謂。幻者不離眞性之謂。眞性如如。離諸戲論。非可執名推理以求。唯離想念而後相應。特嘉爾謂境皆妄。惟意爲實。此亦能辨於虛實者也。然不能遺虛存實。復不知意念相續綿綿自存。亦屬幻有待境而後念起。念亦同於境妄。而以積意爲我。執爲眞我。此則還依意識之徧計我法執而起。所執我法。唯是虛妄。其不諦者一也。而復建立二元。謂妄境有自然法理。昧於分位唯識。執爲意外獨有。亦依意識徧計法執而起。離心識法。亦唯虛妄。其不諦者二也。穆勒取橘爲譬。謂舉凡可以根塵接者。皆褫之而無被以其他。則是橘所餘留者爲何物耶。以解特氏唯一意境之說。此則以根塵爲實物。相爲虛。根塵是所變唯識位。亦唯識所存之實也。物相是意識我法執。正唯識所遣之虛也。其分之是也。顧其旋一轉下計曰。名相固皆妄矣。而去妄以求眞。其眞又不可見。則安用此茫昧不可見者。獨寶貴之爲性眞哉。故幻（此幻即妄）之有眞與否。斷斷乎不可知也。赫胥黎嚴復皆宗斯說。以難婆羅門斐洛蘇非幻還有眞之言。此則名爲衍特氏說。實則適與特氏惟意爲眞一語反對也。特氏所云之意。固曰都無對象。豈同形質之類爲可見者乎。特氏所云之意。固曰自知自在。豈斷斷乎不可知者乎。然則不可共見者。未必不可自知。以不可見。斷其爲不可知。將何以處特嘉爾意我乎。以不可見爲茫昧不可知矣。於是留戀形氣。而還逐其妄。此在唯識之理。適成遣實存虛。其不諦者三也。既倒退於妄矣。本其推刻名理之念。勢不能退妄而遂止。從妄趨妄。乃復計及物之本體。此則唯是意識徧計法執。尋名取相而增起者。穆勒所計物之本體。卽彼名學所著形神是也。形者亦曰底質。神者亦曰眞宰。復加以特氏意我及物境之自然法理。故立意神形法四幹。此大抵爲今世學者所宗也。今以方便破其物之本體之執。唯識所變之境。略分爲三。一曰性境。此是阿賴耶識及前六識共緣阿賴耶識所緣卽是根塵種子。前六識所緣。卽是色聲香味觸五塵一一自相。（此卽穆勒所謂物德）性境但是現量。意識未起計度。本不執爲心外。亦無內外之見。前謂根塵卽所變唯識。而是唯識所存之實。卽指此性境也。二曰質境。是末那識及意識所緣。意識所緣者。卽是根塵之和合相。卽現對之天地人物也。意識非能直接緣之。但間接由前五識別別所緣之色觸等相。內依阿賴耶識之分位假法種子。及末那識俱生我法執。綜合爲一聚。成妄相。取其形表。曰人曰物。雖虛妄哉。然猶依性境爲柢也。故謂之世間世俗諦。三曰影境。此則唯是意識之假想迷見所緣。其對境唯是意識依名言所執之我法（我執若帝神等、法執若底質等、）及意識依名言所施之無體分位假法。（若宇宙等）知其唯有名言爲通利其微密思慧。隨順觀察而不執著。是謂假想。取之以爲實我實法眞理眞性。是謂迷見。而穆勒所謂物之本體者。卽此第三形境。了其唯是意識所緣名理之影。則亦無妨。然赫氏在此篇雖曰不敢言其有無。懸揣微議而默於不可知。而穆勒名學中。固明明執爲自在實有矣。非迷見而是何。夫不可去妄以求眞。此言未嘗不是。蓋質境之別別自相。卽是性境。而性境卽是唯識之內境。但須了境唯心。本不須去境而求心故也。若夫去其眞而從妄。增妄倒執以爲眞體。則烏乎可哉。夫以眞不可見。但取現象物而止。更不計其因體本根。若比圭黎所謂事止於果。未嘗有因者。雖計物我。不離現量。則反近在質境性境之間。此固世俗之恒情所謂世間世俗諦者是也。雖不了眞。猶未非因計因。彼取人物而計其有心外之本體。則非因計因矣。其不諦者四也。雖然若輩僅知意識。不知有前五識及末那識阿賴耶識。宜其不能通達唯心勝義。況復貪愛身世。膠固名理。唯以趨逐意識之徧計我法執爲生活者哉。嚴氏附著之說。不外演穆勒名學中所言者。其曰非不知必有外因。始生內果。外因卽是論中所云物之本體。內果卽是特氏所云意境。旣以內境爲必待外因而起矣。所謂外因。又遁其辭曰。人不可知。人旣不可知矣。又何所據曰在外。曰必有。唯是取著名言。唯是徧計法執。故曰非因計因也。夫如形與影。同事因之增上果也。擊鼓人與鼓聲。作用依處士用依處攝受因之士用果也。此亦決定是人所可知者。何足以喩不可知者乎。因不必同事。果不必增上。除增上果與同事因。豈卽可以都無所知者爲因乎。然則月中之桂。日中之狗。若有若無。何色何狀。皆吾人絕不可知者也。以此爲物之本體其可乎。故穆勒之說。本無由立。斯賓塞之綜合哲學。既認神力質點宇宙等爲不可知。復執取爲一切科學之原則者。亦同此摧破耳。夫意驗於形氣物象之符。其知識已足生事。則吾所認爲世間世俗諦者。固無遮撥之理。所遮撥者。正在其騖高馳遠。向心外執物之本體於茫昧不可知耳。然此當前意境。非曰無因。學者豈遂忘有不可見於對象而可內自證知之心意在乎。有志確知其眞因者。亦證慮寂想反證之心性而已。又嚴君以莊子心止於符。取爲意識止於形氣之符證據亦過好斷章取義矣。夫意識止於形氣之符。不致非因計因。增益妄執。此洵亦心符於誠者。然僅世間世俗諦之理耳。綜莊子此言前後文觀之。義趣敻別。其說載於人間世篇。仲尼告顏回曰。若一志。無聽之以耳而聽之以心。無聽之以心而聽之以氣。聽止於耳。心止於符。氣也者。虛而待物者也。唯道集虛。虛者心齋也。太虛曰。觀其無聽於耳無聽以心二句。可知聽止於耳。猶云無聽於耳。概之五根。卽是棄耳目黜肢體之謂。此則於形氣物境已遮除矣。心止於符。猶云勿思於符。符者符節。卽是意識所緣質境影緣之名相義界。此則正遮除意識卽意識所緣之名數時方生滅有無等法塵也。聽之以氣之氣。此非科學上所謂形氣之氣。依道經則是道心之微。依唯識論則是阿賴耶識所緣性境。乃一切根塵識種之自相。無聚無散無分無劑剎那變易含融感應。荀子所謂淸明內景。濁明外景。（外景謂隨感而成前五識所緣五塵者、）養一之微榮矣而未知是也。（見荀子解蔽篇）故曰氣也者虛而待物者也。蓋駸駸乎由體用現諦進入生空勝義諦矣。（生空者卽空天地萬物之質境也、）此正吾所謂澄慮寂思而明心澄性者。故曰唯道集虛。虛者心齋也。唯其了悟生空。故顏回應之曰。回之未始得使。實自回也。得使之也。未始有回也。可謂虛乎。而夫子卽印可之曰盡矣。夫未始有回則分別我執忘而見惑上之生相人相空矣。此與小乘須陀洹見道全同。豈得類同於貪人生戀世界膠名理固我愛之科學家乎。案嚴君實悞解心止於符一句爲心取足於符。而不知莊子之旨適在破除乎意識於法塵上之符契封執。兩義相反。猶一趨南極而一趨北極焉。雖然。此由止之一名義界非一。名學所謂雖一名而實多名者。聽於氣之氣字。尤與形物混亂。皆文器未善所致也。設曰國民止食鴉片。乃令國民斷絕食鴉片之習慣。非敎國民以食鴉片爲至極也。若止字上加一禁字。義固甚晰。今僅用一止字。兩義斯相亂也。嚴君老於名學。此固所深知者。其致悞之由。在不觀前後文而斷取單句爲解。抑以泰西科學之說積成心習。偶爾觸憶此句乃隨筆書附而已。要之泰西於氣質形器名數政法各種經俗功利之學。多勝於震旦天竺者。若身心性道之修證。生化元理之探究。僅可與墨翟相等次。其偏高不逮婆羅門。其中正不及儒道家。若佛之廣大精微高深中正備之者。更無論矣。蓋彼俗以神教局其思想。非拘象數卽屬天神故也。互擇其長。各揀其短。兼容並聽。捨局就通。人倫庶乎優利安樂。此則吾平情之論已。人心本好知眞造微。若曰當限止於經俗之功利間。其必非明智者所樂從乎。

五事。佛法一篇。其稱頌佛陀者至矣。雖未足爲純粹佛法。在乎泛常評論家者。斯亦善哉。獨於嚴氏所附之不可思議說。深有未安。詳其所據。蓋是從質學家名學家。本於我執法執之原型觀念。向心外推求物之本體原則眞宰。窮思極索。卒迷茫不可知而來。疑昧回惑。無所適從。名不敢詮。義不得界。於是謂之不可思議。夫名由意造。理由識別。彼以此爲不可思議。吾又何得訾之。今嚴君專舉此爲佛法中不可思議四字之精義。反以佛書正義爲失本意。則吾辨之其容已乎。案科學家不可思議一詞之詮表者。正與佛法所云無明及所知障同義耳。此與不可思議。兩義儳馳。又所謂一南極而一北極者也。然大乘論所指無始無明住地。唯是不覺心動。能所未分。王數未現。卽此無明之義。亦非科學家所云不可思議能企及者。蓋科學家所云不可思議一境。但是意識所取名言之對境故也。故謂與無明同義者。亦僅指義識計度之迷理迷事無明而已。曰所知障。亦屬異生見惑。非菩薩地之所知障也。此皆大小乘見道位一念斷盡者。然異生類迷罔顚倒。亦有不可思議之義。所謂衆生業力不可思議是也。菩薩無始無明住地。更有不可思議之義。所謂不思議薰不思議變是也。然無明與不可思議二事。違反。終不相混。無明亦曰無知。亦曰愚癡。無知愚癡又非冥然比於木石。正指世智聰明者耳。役心對境。向物求眞。但逐名相。終無實證。其見識益馳騁。其迷癡亦偕之僧長。如猿捉影。徒勞跳擲。終不可得。此亦如是。決定無可明證。悟者了其決無此理。是謂智覺。迷者例執爲眞實義。所以愚癡。今當略說佛法不可思議正義。一者不可思議因相。二者不可思議果相。云何不可思議因相。

此又有五。一者現正等覺一切法離言法性眞如。二者現正等覺一切法無二相眞如。三者現正等覺眞如超過尋思所行相。四者現正等覺眞如超諸法一異相。五者現正等覺眞如徧一切一味相。（其詳見深密經楞伽經謂此爲自覺聖智境界此蓋大乘不共般若一切大乘經論處處散見其義、皆）以現正等覺爲首。是故是如實知非不可知。云何不可思議果相。卽是善通達所知。眞實所知。佛地轉依之眞如果。一眞法界最淸淨相。此亦有五。一者法性不可思議。五蘊七大十二處十八界。一一圓融。一一具攝。所謂卽色離色。非色非非色等。二者時處不可思議。三界諸趣十方三世。或在不在。或並在不並在等。三者安住不可思議。謂於意樂禪定有心無心聖等住。或安住或不安住或徧安住或徧不安住。（上時處是指身所在、此安住是指心所居、）四者一思不可思議。謂諸如來同安住一無漏眞界非一非異。五者成事不可思議。謂諸如來同一大智大雄大悲利樂有情徧諸塵界盡於未來。然此五種。何以皆曰不可思議。所謂離名辭義。故過語言道。故出世間。故無比量。故然而一一皆正徧知。非正徧知不名佛故。又此乃是佛果菩提涅槃四智三身之大共相。又此不可思議果相。菩薩羅漢。亦能分證。然望佛果未爲眞實不可思議。諸異生類迷罔顚倒。執事執理。造諸業果。生死流轉。不善自悟。雖以佛力。莫能救度。故亦說爲不可思議。蓋以表其力量偉特。更無餘法可思比也。然非諸佛不知。但是衆生執迷。迷忘則悟。悟則善知。故此亦非不可知者。今當更說不可思議。何以非不可知。知卽是識。識卽是心。諸法唯心。決定不得心外有法。故不可知。全是遮絕之詞。旣遮絕已。更無少法。思者役念之謂。但是心所之一。議者推論之謂。但是思表之一。且依止名理之推思。但屬意識尋伺心所。不可思議。雖遮思議。而是表詮寂思絕議。如實覺知勝義法者。故此兩名。適不相侔。今當更說何故彼勝義法表以不可思議。一者心眞如性。必須雖言無言雖念無念。而後隨順。離思絕議而後內自證知。二者諸異生類。言說文字。皆待尋伺生起成立。尋卽名學所謂觀測。伺卽名學所謂察驗。皆以役心恖慮爲業。最是禪定之障。修禪定者。必須離之。第二禪天。已無尋伺。況復出世諸深禪定。況復如來常在禪定。三者卽心自性。一切功德。明現湛然。普偏證知。不待推思考察。無須擬議評訂。四者思則局偏失全。議則取一遺多。而違圓滿融徹之理。有此四義。眞勝義法。所以表爲不可思議。案嚴君所示。別於不可思議之不可名言不可言喻二說。反得佛法不可思議之少分義。其所舉不能思議例。亦可喻乎佛法不可思議果相出世間故。世間無能知故之義。獨其所專取爲不可思議之例。則但是無明愚癡迷罔所執。絕然非佛所說不可思議之理。何則彼皆依於科學家說執爲外因。離心自有。心必難知而又實在故也。若悟唯心證之心性。則又皆順佛所指不可思議矣。造化眞宰則末那識及阿賴耶識也。萬物本體但是阿賴耶識。萬物質點。是阿賴耶相分。力與神思。是諸心心所法別別功能。宇宙時方。始終起訖。但是心物別別分位無體假法。此皆唯識內幻相也。然理學科學家莫不執爲心外實法。故唯是意識偏計所執質影境之名理耳。嚴君之有圓形之方等譬。大類莊子惠施物辯在名數等科學中。決所不許。然略近佛法不可思議之果相全超數量而等現數量。時處不可思議。則有圓形之方。與一物同時在兩地可也。常住涅槃而現老死。則有無生而死可也。舜若多神無身而觸。則有無質之力可也。然一一皆可如實證知於心德而實現。故是不可思議。非不可知。學者所謂談理見極時之一境。則唯是意識對象之無明區宇。實無所知。而又疑有疑無。莫決。既不敢斷言其無。則轉執爲應有耳。

意謂若絕無者。不應起此觀念。殊不知觀念之種。唯在內心。觀念之緣。唯是名言也。且惠施之辯。魏晉人亦有能爲解說者。而對象之境。苟由聯合想念觀之。卽質境上亦可通之。如見一方物在地疾速圜轉。在視覺則但見圓形。在意識中則同時認識其方形。又若有宗之說。月輪本四方形。遠觀故成圓形。現依視覺之想則圓。聯以學說之念則方。此豈非圓形之方耶。吾人視太陽小如方尺盂。而天文家術以測算。則較地輿尤大。小形之大。其例亦同。餘事皆可思以准之。此蓋是以名言逐破名守之論。名數學家固所不許。而亦未爲不可思議。唯實證實現者。乃眞爲不可思議耳。維摩詰無言不二門。卽是自覺聖智境界。如實現證。故無言說。乃是不可思議。因相之一。專以此一以當不可思議。而遮餘義。見已偏矣。況乎所謂追溯本源。漸進至於不可思議。至於冒歸最上一理。旣無不冒。自無與通。無與通則不可解。不可解者。卽不可思議也之說。但是意識尋伺假觀。而非如實證智。況乎大士加行地之尋伺假觀。亦由悟唯心之後。最極簡擇。卽心諸法而已。且大乘尋伺假觀有四。一於盡一切法之名。理唯見名。理都無實物。自性自性差別。二於盡一切法之實物。唯見實物。三於盡一切法自性。唯見自性。四於盡一切法自性差別。唯見自性差別。此三轉展都無其餘。例同初一。第一有名。餘三無名。況乎名理家之執取名理。遞推遞進而會於一。僅屬初一尋伺假觀。況乎名理家不見唯是名理。取爲實物自性。唯是徧計法執乎。雖欲爲維摩詰不二門之臺隸。尤不可得。況不可思議乎。吾今當正告世之學者曰不求佛法則已。有志佛法。則佛法不可思議勝義諦。須以定慧方便。靜然明然而自覺之心性。久久功熟。心光煥發。洞十方刹。固非奇事。現觀分別一切法相。窮其事理自性差別。則語亦不思議矣。嚴君曰。津逮之功。非言不顯。夫人在迷中。非此無由隨順。斯固然矣。然籍言而隨順眞如。內心自證。與用名而增益妄執。趨境求實者。則內道外道所由判。不可不知也。其言涅槃大旨近正。然涅槃之義。尤爲廣奥純粹佛法之義。讓之他書。今不復決擇矣。

六事。赫氏之論人性。獨以飲食男女爲與動物之類所同具。而不知哀樂喜怒。亦是動物之類所同具。唯此喜怒哀樂亦動物所同具。故蟲魚禽獸。與人同曰有情。異於草木。情之一字。固動植二物最精之義界也。謂之動物。毋寧謂之情物。嚴先生謂哀樂羞惡之情。禽獸亦有。但見端而微耳。斯言是矣。然以人較之。禽獸豈徒削於哀樂羞惡哉、卽飲食男女之情。其專摯味著。固亦迥不逮人。故就其具有而言之。哀樂喜怒。人亦與禽獸同也。情之有無。既不足爲禽獸與人之界矣。禽獸與人之界。固奚屬乎。夫飲食男女哀樂羞惡之情。人皆高出於禽獸者。皆以有所謂淸靜之理與羣性故也。然不若簡稱倫理性爲當。此倫理性。則人與禽獸之界也。然非人之自然之性。亦非人之與生俱生之性。特是人類所以異於其餘有情類之界性耳。此倫理性究其本素。亦未始非人之與生俱生而自然。特人之與生俱生而自然者。非獨此性。有有情物之共性焉。有生物之大共性焉。有無機物之更大共性焉。此所以有死人屍也、乃至有一切法眞如涅槃之唯一無二眞性焉。此所以有超出生死之三乘也、在乎人類合於倫理性者爲善。反是爲惡。當人之生。最初現者。則爲生物情物共性。而情物性亦尙微薄。獨生物性。則已全俱。人倫理性。現行較遲。而其現行。有待師法。全合與合多而違少爲善。全違與合少而違多爲惡。是故生之爲善。以告子無善無不善可善可不善爲最確。情物共性。通於一切有情之類。內種甚强。外緣亦廣。故人不待師法而現。人倫理性專局人類。內種稍弱。故必待於師法。廣義之師法、則襁褓中之父母教之者已是、而後現行純合倫理性之師法。外緣亦狹。故人類能全合及多合倫理性者偏少。此荀子性惡而善僞之恉也。非倫理性則人同於禽獸。故人必有倫理之性。此孟子性善之恉也。然謂之與生俱生之自然性則非是。故斯多噶率性而行之語有病。而荀卿力非孟軻也。蓋此人倫理性。乃教人必爲人而毋爲餘有情類者。藉爲人類標準。非徒率人生自然性而行卽是率人生自然性而行。固情强理弱。惡多善少也。此倫理性。倫者人羣、非鳥獸羣、並有侖思節文之義、此吾所定倫字界說、何以獨爲生類標準。得用界別餘有情類。一以下於人者不能有此。二以高於人者不必有此。不僅有此。不可有此。唯是人類可能如此。必須如此。僅須如此。故倫理性專屬人類。然而孟斯二家之說。若能明於佛法業識流轉三世因果之義。則亦可通。何則。有情之前生。還卽有情人之前生。非必是人。然今生得生爲人者。必由夙生有合於人倫理性之行業爲因。故從之而感得人果。然則人固因倫理性而得生者。順此生之性而行。豈非卽合於人倫理性而善乎。此雖不謬。然非全義。何則。因待緣顯。增上緣强。雖乏人因。亦得爲人。譬有夫妻二人。豢養一虎。二人甚愛此虎。

虎亦愛此二人。虎雖未有倫理性行。以此相愛。增上緣故。其虎死後。或得生爲此二人子。然而此子必甚暴兇而無人理。以夙愛故。則又偏順父母之敎。若其父母能嚴敎之。亦或可化合乎倫理。此一例也。得生之因。但是引因。以其夙業倫理性因因熟緣具。引之得生於人類中。素果雖定。然其無始流轉諸趣。種種夙業。不一其類。用爲滿因。漸待緣顯。發現繪果。或以禪定因强。可於人類而有天道之行。或以愚貪因强。可於人類而行畜生之事。乃至或以聞薰出世乘法因强。可於人類而修菩提涅槃之道。此又一例也。要之引因滿因皆因果。必由因故有夙命。因待緣感而始成果。緣闕不呈。緣强則變。故決不可執着夙命。所以天命之謂性、率性之謂道之說。義甚偏也。彼倫理性亦爲人生所以然之一種耳。然孫卿旣以生之所以然訓性。而又謂之性惡。則不然也。何則。若以夙生業種爲人生之所以然。雖不必盡出倫理性之善。而謂其必反乎倫理性之惡。則尤不可。故也。雖然。惡有泛義。若不以倫理性爲善。以眞眞如涅槃性爲善。則有情無情之異生染性。皆曰可惡。無此染性。則必無生。故此染性。是一切生類有生之所以然。人亦生類。故人生所以然之性。惡此所謂惡與世人所謂惡者大異。卽在佛法。亦曰雜染而不曰惡。故釋爲惡之泛義也。詳荀子之所謂善惡。固專以倫理性爲標準者。是故不得竊附於此。然何爲倫理性。不暴害而仁愛一也。不侵奪而義利二也。不淫恣而禮敬三也。（恣謂恣睢、淫謂淫亂、兼含過甚奢侈之義、禮以方外、敬以直內、唯內直故而能外方、）不誣妄而誠信四也。此四是人倫理原則。無論聖愚皆所共許。今之學者亦盡崇尚。大近儒家五常之說。亦是佛教人乘正法。（佛教凡分五乘、一人乘、二天乘、此二世間、三聲聞乘、四獨覺乘、五如來乘、此三出世、唯如來乘全具此五、）人倫事業。皆依此住。若復無此人倫事業。必盡消滅。此地球上必無人類。何則。人之生物性上力量。多不皆及餘有情類。缺以單獨生存之能。迫此外緣。求相保存。復以內因官肢敏便。又非甚小若蜂蟻等心情易變。善能模效。於是和成合助之能。此能卽爲人倫起點。倣習聲音。漸起語言。模作形迹。漸起文字。有語言故。其意可通。通則可大。大則集思廣益。有文字故。其識可傳。傳則可久。久則遞代增明。其意集思廣益。其識遞代增明。種種人事。乃以大利。於是特出乎地面諸有情類矣。逈非禽獸所能及矣。其任持合助之力而不渙失者。卽此倫理性四原也。人羣非徒羣其身業也。亦羣其情意識所表示之文理言義業也。故其爲羣及其羣事。有是有非。有可有否。有同有別。有守有變。有取有捨。有敎有學。非鳥獸羣亂無侖脊。所以謂之倫也。其爲事也。善能假物。語言則假文字。工作則假器具。交易則假貨幣。游行則假舟車。非鳥獸類。但藉身能。故彼演化。唯在生性之形。而人增益多在倫功之業。倫業愈增益。藝術愈繁密。其增益而繁密者。後生須要。不能復離。而又勢非一人能備其事。故不得不分工專事而後成。不得不交仗互藉而後得。非若神農之民。猶可獨耕獨養。則合助之羣功與人類之關係益重大矣。微於語言文字。著於政敎藝術。此皆不起存於人類之單散。而起存於人類之羣合者也。此羣合之功能。則眞是人類所特有者也。任持之者。則倫理性四原則也。人人不仁愛而害暴。則無可聚而散。人人不義利而侵奪。則無可守而滅。人人不禮敬而淫恣。則無可治而亂。人人不誠信而欺妄。則無可交而叛。其倫業既叛亂散滅。則人類所獨有者失。人固無異乎禽獸也。況人而無倫。不獨失其由倫業上所增密之需要。又迫於强烈之外緣。決不能生存者乎。反是而人人之三業。皆契合倫理性四原則者。極至物與民胞。天下一家。雖無政府國界。而人類所獨有之功能事業。固尤將日卽蕃昌也。故此倫理性者。人類所原始要終者也。雖然。此性所持倫業。莫不經以思想載於名言者也。名難如實。言可憑虛。外馳思想彌熾。內失本眞彌甚。所以眞人又冥然獨往也。名想之眞切不若情。是故至哀之啼。聽者有可摧腸裂肝。情之眞切又不若生。所以剝膚之傷。受者不能破涕爲笑。生之眞切。又不若生生不息之化體。故曰若人之形。萬化而未始有盡。樂不勝計。生生不息之化體。其眞切又不若常寂無生圓明無爲之涅槃。故曰唯有眞實常樂我淨。欲令返妄而日近眞。偏激其語。用爲方便。或毀禮義辭讓之僞。而讚任情放形之達。或詆尙文守名之治。而唯尊生爲身是貴。故道家有魏牟它囂爲荀子斥爲禽獸也。雖然。此非不及人者禽獸之比。是由人乘進入天乘者也。儒家必詆之爲禽獸。此儒家之蔽也。何則。委蛇遺形。出生爲人。本無鵠的。亦無責任。責任鵠的。皆由後起。其鵠的由於自意有所擇。其責任由於他人有所負。苟於他人都無所負。而自意所擇之鵠的。在乎超出人倫之拘。離羣索居。自求其樂。則本非世界社會國家及一一他人所得干涉者也。無負之人可干涉者。僅直接以害人者耳。道家以知足之足常足爲樂。其無負無害於人者審矣。其不必更以倫理檢押者。猶沙門既得定共戒。不必更學調伏戒也。且彼本不以人倫爲滿美。方將由人乘而入乎天乘。則不僅乎倫理性矣。彼以深觀諦察人倫皆是名想織妄之業。於是決然棄置敝屣。返本歸眞。澄神潛修。則又不可繫著倫理性矣。彼未嘗不已具人倫理性。特以體眞爲急而藏其用。故不得例同禽獸之不能合乎倫理性者也。然修道者首須反對名想織妄。禽獸含情而識想微。較人近眞。故洞山曰。白牯黧奴修行却易。達摩至謂心如牆壁方能入道。則不獨比於禽獸。且比於無機物矣。此蓋不貴增益其倫業。貴淳淨明善其生生不息之化機。而契應於無生無爲者也。生生不息之化機。何則三能變識也。然婆伽梵上應本眞。下利民生。隨俗施教。固亦兼善人倫理性。故釋迦有五乘法也。欲人知吾人與生俱生而自然之元。更有其高於人倫理性者。不可偏執此以拘閡。余故略論及之。

七事。赫氏謂喬答摩(即釋迦文)悲天憫人。不見世間之眞美。而斯多噶樂天任運。不覩人世之足悲。二者雖均有所偏。而使二者必取一焉。則斯多噶似爲差樂。又曰。合前二家之論而折中之。則世固未嘗皆足憫。而天又未必皆可樂也。夫生人所歷之程。哀樂亦相半耳彼畢生不遇可忻之境與由來不識何事爲可悲者皆居人生至少之數不足據以爲程者也嚴先生評之曰赫胥黎氏此語最蹈談理膚滯之弊不類智學家言而於前二氏之學去之遠矣試思所謂哀樂相半語二氏豈有不知而終不爾云者以道眼觀一切法自與俗見不同赫氏此語取媚淺學人非極摯之論也太虛曰嚴君斯言俔矣然赫氏固代表恒俗之見者吾先不以佛法而論卽就恒俗見解觀之赫氏亦何其自相矛盾耶夫生人之事欲忘世間之眞美易欲不覩人世之足悲難徒矜作達無補眞憂非赫氏所前論者耶然則以世間爲足悲者近誠以天人爲眞美者綦妄審矣此於理既然矣於事則又何若夫了知足悲者爲足悲則不至趨之而生苦而妄以足悲者爲眞美則必致攖之而創劇譬如燒鐵在地一人知其觸之則爛身手則不觸而可免燒爛一人不知其爲燒鐵而悞爲珊瑚玉樹則必隨而觸之而不免燋掌矣免苦者雖未得爲樂而較之莫免於苦者則爲差樂此非喬答摩之教差樂之證也而赫氏以斯多噶爲差樂亦何倒耶夫使釋迦之教而僅於悲天憫人而止則以人倫爲本位而觀之誠與斯多噶均有所偏也而孰知大有

不然者。釋迦之教。有世間乘。有出世乘。世間乘之苦樂。相對之苦樂也。取五趣生而大較之。則人天同爲善道樂趣。何則。勝於鬼畜故也。若取人類與天對較。則天之樂純。而人則苦樂相半。故人倫必以合助之能爲要。苦樂相半。故天分有限。合助爲能。故人事有功。所謂善可日增。惡可代減。有自輔之權。能練心繕性。以至於宜且可與宇內共躋於美善安樂。斯亦釋迦之所重也。故裴休序圓覺經曰。諸天著樂。修羅方嗔。禽獸有獝狘之悲。地獄受幽沉之苦。其能端心慮趨菩提者。唯人道爲能耳。則人道之可貴。且不僅樂業安生而已矣。唯人多執著安生樂業爲已足。故釋迦有出世之教。此教之論苦樂。則所謂絕對之苦樂。與世間之苦樂。迥不侔也。當有四句決擇。一純苦無樂。此當地獄。二苦多樂少。此當鬼畜與人。三樂多苦少。此當三界二十八天。四純樂無苦。此唯出世涅槃菩提。凡在諸趣輪迴之中。結生相續。皆爲苦果。則不徒人爲可憫。而天亦可悲。故前之三句皆苦。而唯後之一句爲樂。哀樂相半。即足爲苦。原不必畢生不遇可忻之境而後爲苦也。何則。生死流轉。有生皆苦。苦之共相。要有三類。一者生苦。異生之生。皆由迷罔。生即是苦。二者苦苦。生已苦矣。生而又死。是重苦矣。三者行苦。由大勤勞少得樂受而又無常。朝不保夕。故足苦也。此三苦者。諸趣通有。由行苦中專依人類身受心受。又分爲五。總相則老苦病苦愛別離苦怨憎會苦求不得苦是也。若其別相。則有無量。茲不遑述矣。使釋迦而但觀其苦。更無解脫其苦之道。解脫其苦之後。更無妙淨圓常之樂。則其悲天憫人。誠無謂也。孰知不然。修佛道者。因將觸證乎大歡喜大怡悅大安樂者也。大安樂者大涅槃也。大怡悅者。禪定般若諸三昧也。大歡喜者。以一切衆生之歡喜爲歡喜者也。以一切衆生之歡喜爲大歡喜。故利樂有情盡未來際。證得涅槃禪定之樂。故無生無滅。而安樂怡悅歡喜皆常住。其苦絕無。其樂常住。故曰絕對之樂。此非據恒俗之見所可評判。亦非嫥嫥名相之學者所能徵喻也。

八事。赫氏之結論曰。歐洲世變約而論之。可分三際爲言。其始如俠少年。跳蕩粗豪。於生人安危苦樂之殊。不甚了了。繼則欲制天行之虐。而不能怳憭灰心。轉而求出世之法。此無異塡然鼓之之後。而棄甲曳兵者。吾輩生當今日。固不當如鄂謨所歌俠少年之輕剽。亦不學瞿曇黃面。哀生悼世。脫屣人寰。徒用示弱而無益來葉也。固將沈毅用壯。見大丈夫之鋒穎。强立不反。可爭可取而不可降。所遇善固將寶而維之。所遇不善亦無懂焉。早夜孜孜。合同志之力謀所謂轉禍爲福因害得利而已矣。太虛曰。此其以倫理性評判善惡而又立以爲大標準。故雖所遇不善而意志則不回。蓋專重人治而不顧自安者也。獨以釋迦哀生悼世。與俠少年爲反比例。相提並論。則未知佛法固亦有人乘。而如來乘全備五乘故也。夫世固有由盲攖苦痛而灰心厭世者。其示弱而無益來葉固矣。然豈足以論明智爲首大雄無畏之釋迦哉。此其過皆由歐人思想。出於神教。爲對象之境所障礙而上失乎眞故也。抑彼過趨乎人爲之進化。於倫理性亦有偏焉。彊立不反。可爭可取。必定志於倫理性者而後可耳。不然者。則暴害侵奪淫恣欺妄之惡。皆將由之而生。彼歐洲列國外交狙詐。如鬼如蜮。卒乃驅其民以相殺。非所謂彊立不反而爭者乎。斯則自作之孽。以傾滅人倫者。然亦未始非偏重人爲進化論有以導之也。要之古今東西學者。皆有得乎理之一隅。特以中正圓備之釋迦教衡之。皆未免偏趨而妄執焉耳。其偏妄又各有差降。斯所以流變無藝極。而簡擇之大非容易事也。智不失眞乎心性。行求有益乎民生。

道之簡者。其在是哉。

嚴君所譯穆勒名學。可名之物一篇。其網羅學理者至富。近世各科學之最大原則。大約具之。洵有辨之之價值者。蓋皆大小乘論師所斥之爲外道者也。然穆勒未嘗言佛法。故僅就嚴君案語之一二端辨之。

一事。穆勒論物之結語曰。總諸家前後之所發明者如此。則吾得爲學者正告曰。人心於物。所謂知者。盡於覺意。本無可知。亦無由知。嚴君案之曰。此乃釋氏一切有爲法皆幻非實眞詮。亦淨名居士不二法門。言說文字道斷的解。太虛曰。穆勒之執謬者。以其雖認物體本無可知。亦無由知。而復執必有物之本體耳。若知物之本體卽衆生心原型之一切種子識。唯是阿賴耶識所緣。阿賴耶識、略近儒家所云道心之微、意識及前五識所緣對境之物。唯是此六自識見分。託本識種此卽世俗所謂外因所變相分。而本識種本非此前六識之所能知。何則。此前六識向外門轉。而本識種非在於外。非有對之色法故也。向意境物執本體者。據於末那我法二執。起於意識徧計名言妄執。絕無在外自在實體。故人心前六識於物。盡於直覺感覺之境。過此外求。畢竟無有。以無有故。

決無由知。則其所言固甚誠諦。然無如其必執實有不可見不可知之心外物體何。此則唯是意識徧計妄執。其謬妄尤甚於取一切所附著而發見者爲物之本體也。然本識種非無有者。雖非前之六識所了。而是本識見分所了。且意識轉成妙觀察智者。則得內外門轉。亦能明了於本識種。是可知而非不可知。所以非無而實有也。嚴氏於穆勒不可知爲淨名之不二法門。其謬見於前所辯矣。

二事。名家所謂因果。此依彼有由彼有此。因之與果。是二非一。唯其二。故不必相似。夫一果非定是一因生。一因非定祇生一果。因果不必相似。理本無謬。然不必相似者。非必不相似也。由瓜種而復生瓜。非其相似者也。昧於此理。因果偏矣。死依生有由生有死。生因死果。二相非二。何爲不是因果。善報依善業有。由善業有善報。善業善報。二相非一。何爲不是因果。彼但執定物之總相。昧於一物有多別相。故不知就一物之別相觀之。亦有彼此可互爲因果耳。明夫肝膽楚越之論。則知異矣。然大乘說因果有多別相。若十五依處十因四緣五果等。卽嚴氏所舉種瓜得瓜一事。瓜子種者種具種事。對於所生瓜豆一一皆有因果別相可辨。其理甚長。茲不述之。名家但知因果二字。而不知因果有種種別相。故談理多難自完也。

三事。穆勒論心一節。嚴君案之曰。於萬物吾心之本體。其指示學者至親切矣。實綜額里思羅馬至於竺乾今歐言心論性諸家之所得而具。其要略於此。惟其知之明。故其言之晰如此也。大抵心學之事。古與今有不同者。古之言萬物之本體也以其不可見。則取一取所附著而發見者。如物之色相。如心之意識。而妄之。此般若六如之喻。所以爲要偈也。自特嘉爾倡尊疑之學。而結果於唯意非幻。於是世間一切可以對待論者。無往非實。但人心有域。於無對者。不可思議已耳。太虛曰。般若所謂一切有爲法如夢幻泡影者。即菩提涅槃。亦說爲夢幻泡影。豈獨物之色相心之意識而已哉。諸法無性。（即無自體）即是一性。諸法一性。即是無性非有無對諸不可知。是眞實無有無對法。凡對待存者皆如幻。是故一切法皆如幻。涅槃非有爲矣。然對有爲說名無爲。則亦對待之幻法耳。蓋曰涅槃。餘法遺盡。尚有涅槃一名未遺。此名亦無。乃眞涅槃。故僧肇作涅槃無名論。洞山示寂亦曰。間名已謝。明此旨也。故云究竟菩提歸無所得。然破一切法徧而又不捨一切法。行如幻之佛事。度如幻之衆生。涅槃生死。兩無依住。謂之無依住大涅槃。無論心色假實諸法。皆是依他起性。其體如幻。契應圓成實性則爲眞幻。隨逐偏計執性則爲幻妄。圓成實性。卽是依他偏計之遠離性。亦是聖智自覺眞如。非眞如性不顯聖智。若離聖智。則無眞如。故有卽幻之眞而無眞眞之眞。世人則隨逐偏計執性而取於法。上取涅槃。亦是妄執。故須破矣。破其妄執。轉幻識法而令順眞。蓋如幻法。有其淨染善惡之別。順眞則淨。逐妄則染。淨則唯善無惡。染則善惡參雜。能令一人多人短時長時得利益安樂者曰善。反是爲惡。卽幻之眞。卽眞之幻。此則般若之二諦也。世人皆妄計耳。尚不如實知幻。況如實知眞乎。甚矣嚴氏之妄談般若也。特嘉爾知唯意非妄。差近唯識之自證分。蓋人心八識。及諸心所。皆有四分。一者相分。二者見分。三者自證分。四者證自證分。相是見之所變了者。見是相之能了別者。自能知了曰自證分。意有自證故意離特自在自證證於見分。故意亦是對待。但非對象之色法耳。然特氏雖知前六現識之證量僅知總相。不知別相。執以爲我。斯又妄矣。諸識自證。但可說爲非妄。不得說爲非幻。所觸覺塵。色聲香味。亦幻非妄。以觸覺時本不執爲在心外。故執爲心外之物。取其人畜等相。斯成幻妄。雖妄猶未離幻。更執心外有物本體。而不可知。則成妄妄。故就世俗諦說世間一切可以對待論者。無往非實。其義固不謬也。獨其人心有域。卽是無明礙相。執別有無對者不可思議。則是徧計法執耳。其執宇宙由於不知色心分位。但是假法。蓋唯識法有眞有幻。其幻法中有假有實。實者心色。假者分理。若離心色。則無分理。但依心色發現分理。非依分理生起心色。故所論自然律令者。亦是倒執。諸法盡於對待。則是。而斯賓塞破幻則非。凡對待法。卽如幻故。何以如幻。無自性故。若有自性。應獨存故。而對待法。非獨存故。人亦如幻衆生之一。決無如幻而外衆生。是故盡心對待之中。卽足以成人事之功。人事之功。亦復如幻。幻人幻事。何慮不成。苟非眞悟唯識。親證卽幻之眞。幸勿執對待之物外。別有無對而自在之本體也。夫特氏但粗知唯識現識之證量耳。以特氏來爲古與今心學之界。例彼歐洲淺化之民。或可以概世界先覺古德。可知謬論。尊疑之學。沙門亦尚。提婆有言。大疑大悟。小疑小悟。禪宗諸德。從此門見道者尤夥。其最淺者未破初關。不悟生空。起大我見。則於特氏適相符也。智者所棄。愚者拾之以爲己寶。斯可哀已。

嚴先生譯穆勒權界論。舉凡例以釋自繇曰。佛言一切衆生。皆轉於物。若能轉物。卽同如來。能轉物者。眞自由也。又謂人亦束縛於物而無完全自由。斯言似矣。然佛法有自在之名。鮮用自繇之名。自繇者自在之部分義也。嚴君稱名義一經俗用久輒失眞。如老氏之自然。蓋謂世間事物。皆有待而然。惟最初衆父。無待而然。以其無待。故稱自然。此惟造化眞宰無極太極。爲能當之。乃今俗義。凡順成者皆自然矣。詳老氏人法地。地法天。天法道。道法自然之說。推爲最初。訓曰無待。立義似無疵矣。然斷割一期則有時長。無本剽則何有初後。謂必有最初者。人心觀念之礙相耳。夫造物者。物自造也。故造化眞宰者。非離物物而別有最初之一物。物物皆自造。自造則無待。是謂造化眞宰。物物皆自造而不待知其所以然。斯謂自然。故曰物各一天地。物各一無極。小至一蟻子。細至一舉手。自現自成。而未嘗有待乎厝心其所以然者。何爲非自然哉。蓋自其因種而觀之。法法皆無待也。自其緣會而觀之。法法皆有待也。各仗其無待。所以能有待。互推其有待。所以知無待。設於最初而有眞宰。此眞宰者。亦若是則已矣。物何謂而最之乎。故因任順成。固亦老氏自然之一要義。蓋自然之義。舉之無上。按之無下者也。若拘牽其文句。而不得其會通。謂自然必道而後可法。道必天而後可法。天必地而後可法。則人者但可儀法山川草木而已。且不得法天。況得法道法自然乎。故離於世間事物。別指自然爲最初獨有之一物。宇宙造化眞宰者。則黃冠道士乃別擬一鶴髮瓊顏者曰道。冕旒端拱者曰天。而貽爲一神多神之教。與老氏所謂自然者遠矣。人人一天地道法自然。斯則眞老氏自然之旨也。嚴氏依據西學。西學出於神教。於道家之旨蓋朦已。嚴君又曰。釋氏之自在。乃言世間一切六如。變幻起滅。獨有一物。不增不減。不生不滅。以其常存。故稱自在。此惟力質本體。恒住眞因。乃有此德。太虛曰。斯亦相似而謬之說。於此先須知假有其物。必非獨有力質本體。亦屬如幻。次須知佛法即生滅法。是不生滅法也。如來涅槃。一切生滅法皆涅槃。涅槃無外。更無生滅。衆生生滅。即涅槃而爲生滅法。生滅本空。更無涅槃。然而如來涅槃非生滅法。是聖智所證出障眞如。故衆生生滅法非涅槃。是無明所起煩惱塵勞。故塵勞是妄。眞如是眞。但離無明。即是聖智。更須知自在非外。一切法別有自體獨存之謂。一切法皆體空而一性無性。一切法皆如實而一相無相。而又無不性焉。無不相焉。無不在焉。無不現焉。無不成焉。無不可焉。無待而待。無爲而爲。無繫無屬無障無礙。此之謂自在。自在卽涅槃之我德。安閒逸樂。非自在義。嚴君斥之是也。佛法有二大自在。八大自在。十六自在。皆以完全自由之義。爲近。舉要言之。無待一也。無繫二也。無障三也。無礙四也。無礙卽無不可無不能義 然非有人獨居世外。所有自由可以相擬。何則。內有人相。外有物境。故非無待。身附於地。命住於食。故非無繫。居有所區。壽有所限。故非無障。目不能聽。聲不能見。故非無礙。能自在於爲人之善惡。不能自在於生成之分齊。由其未得生空故也。雖然。能自在於人爲。亦自在也。是故五趣有情。除大地獄。皆能略得自在少分。由顯言之。如王如天。此天亦卽有情之類、較之人臣。則爲自在。佛法言王。卽訓自在。佛證生空。兼證法空。故曰我爲法王。於法自在。法自在者。不僅諸根互用。心能轉物。此卽名家之所謂物而非物德及與物業法空兼空物德物業 而已。此則但證生空者已能之。生空自在。三乘共有。法空自在。唯大乘有。蓋卽不可思議之因果相頌其能力別曰自在耳。試以專權國王喻之。但取一國人事爲限 朕卽國家。國不二王。故是無待。人皆服從。不服從人。故是無繫。權力所施。一往莫禦。故是無障。隨意予奪。任情刑賞。

故是無礙。其權濫用。雖必亡國。當在王位。固得如是。故以王字訓自在也。章氏齊物論釋曰。人各自主之謂王。亦斯訓。此自在正訓也。嚴君習於名學家說名詞蘊義。務狹其界。又舉歐文狹義之名。强以律同內典之名。不僅删裁廣義。往往全違佛典。若此所云自在。及前所云不可思議。皆蹈斯弊。設嚴君爲說曰。今所謂自在及不可思議。其義如是如是。非同佛典。吾故無得而譏焉。唯其必曰佛義如是。故得據佛典以辨之。夫一名祇含一義。無論中文所難。卽西文亦有所難者。欲嚴名守而正成名。但可就成名中蘊義一二更爲區別而已。如說人字。不得但舉人爲有物。曰所謂人義。盡於是。揀取人之其餘常德。一概擯棄之也。明矣。所可擯絕之者。雖無其德而無妨其爲人。並德之不有於人者焉耳。人類常德。雖非一義。其可擯棄之義。尤廣。故涵義雖多。而未嘗不足以爲界。特其爲界。或共或別。或正或負。隨所對待轉位而異。未可定拘。是故若對虛空而辨人類。但曰人爲有物。已足辨別。唯對物而辨人類。必具有物生物動物理性人形五義耳。對空辨物。有物全正。對生物辨人。有物半負。對餘動物辨人。動物爲共。人獸爲別。對諸植物辨人。生物爲共。動物與植物皆爲別。故曰正負共別隨對待位而異。不得定執一理爲是。況自在名。本是玄義。依佛法說而可定屬獨有之一物乎。此由西哲未悟生空。金石草木、莫不有生、此依佛說不從俗說、須知生空卽是物空、於一切物。局執自體。復以執著時方宇宙分位假法爲是實有定執別有最初本體遠在未有天地之前。而究竟名指歸在彼。故於不可思議及自在義。但許質力本體等爲有斯德也。佛法則唯現前一念無欠無餘。離現前念。不得別有宇宙萬法。涅槃在是。生死在是。刹那在是。萬刧在是。華藏在是。微塵在是。繫礙在是。自在在是。可思可議在是。不可思議在是。此法華旋陀羅尼也。不信解此。不入佛法。

梵語達摩。此譯曰法。詳之。佛典義類非一。曰佛法僧三寶角立。佛僧非法。法非佛僧。一體三寶則又互攝。曰佛法心法衆生法。則皆曰法。爲大共名。隨所施設異其義趣。蓋達爾摩有自性義。有門徑義。有軌則義。有分理義。有種類義。有如是義。有決定義。若曰萬法唯心之法。亦用爲概舉一切之都名者也。起信論曰。一者法。二者義。云何是法。言衆生心。則攝世間出世間一切法。義非法外。卽是析言於法者耳。然則法卽是心。心攝諸法。謂之萬法唯心。不唯盡諸有法。亦復攝於龜毛兔角等但有名言之無法。且非與無反對之名。況於諸有局一端乎按嚴君譯孟德斯鳩法意首章一切法與物之關係。顯判法與物爲二矣又云儒所謂理。佛所謂法。法理初非二物則又以法以理統名曰物。彼說物爲通號。佛典法爲都稱。物之一字。或指體相或名有情無情生類彼此名界。本是有別。孟德斯鳩所云萬物之理。儒家所云天理。卽是色心不相應法此是心法之一部分儒家父慈子孝等理。孟氏教法道法國法。此但衆生法之一部分。布魯達奇云。法者一切人天之主宰。此但異生法之我執。（衆生通於聖凡異生唯是凡夫）衆生法緣起於心法。卽幻眞妄。聖爲眞幻凡爲妄幻。此則不謬儒家以理別氣孟氏以法別物。皆不足以盡佛所謂達爾摩義也。

太虛曰大辯無辯。小辯不勝辯。今姑止此。太虛曰。今太虛仗三寶力已略說少分義竟。願施有情共悟勝義。

論宋明儒學

嘗論我國自晚唐五代以入於宋。禪宗實爲學者思想之結核。故不惟佛教之天台賢首淨土等能暢行於宋明來者。皆托禪宗爲根底。各開應化門戶。雖道家儒家亦取禪宗爲骨。塗附或道儒之舊業爲皮肉。以號爲性命雙修之仙學。及宋明儒之理學者。道家之舊業。則長生之煉丹出神也。儒家之舊業。則治世之人事倫理也。而所取於禪宗者。則道家先守竅令心靜定謂修性。似於習禪也。儒家若周茂叔教人尋孔顏樂處等。似於參禪也。然以縈挂其舊業之故。不能放捨生世。由大死而爲大活。故淺爲嘗觸即詡已得。疾返其延生經世之舊務。爲飛昇之神仙。人倫之賢聖。今以唯識學之術語喻之。則從上所傳教外之禪。譬第八識所變實境。立爲禪宗門庭者。則如前六現量親托彼爲本質而變爲自所緣之相。能符彼本質之自相者也。立爲台賢等門庭者。則如第六正比量疎托彼爲本質。變似名相。不謬彼實境之共相者也。彼道與儒則如第六非量亦或親或疎托彼以爲本質。由無始我法分別熏習力故。變似所執實我實法之名相。於所托之自相共相均有迷誤者也。故儒道家雖同托於禪。以面底不一致。故遂與佛門卒多牴牾。若如來與異生雖同是「諸法離言自相之一眞法界。」以異生於「離言界」不相應。故異生卒不能即同如來。且與如來相背而馳也。吾因是於彼執舊業以自礙之二家。每深致嘅焉。

雖然。吾亦不謂儒道家於宋以前初無似於禪者。道家若莊周言顏回心齋卜梁倚朝徹。儒家若荀子解蔽之言空石中人等。皆慨然有事乎禪定者。以禪定之學原不限於佛法。有內心修養者皆所同事。故禪定學亦名增上心學。而爲佛法外之異道所共修也。但漢唐間之二家。則道務長生以修命。儒務治世以修文。鮮聞有事於增上心學者。故宋明來道家之修性。儒家之究心。實由感受禪宗之佛化使然也。然宋明來之佛儒道三教。已潛藏此不可說之禪宗爲共通之根底。故國民之普遍心理上。每易有三教同源之思想。而讀書士夫。多於三教同源之思想上守儒家之態度。無識男女多於三教同源思想上。持道家之態度。徹裏徹表爲禪宗之宗佛教之教者。卒唯極少數之人也。由上來所言以觀宋明儒之學。可知其淵源於禪宗。而又膚淺自封。不能與禪宗一致。明矣。然世之論宋明儒學者。多謂其淵源於道家。以宋之宋陸及明之王。皆出自二程。二程則師茂叔而友堯夫。茂叔之太極圖。與堯夫之先天圖。皆出於道家陳摶之相傳是也。但予昔嘗見空谷禪師之說。（忘其書名）則茂叔傳承於某禪師。（似即楊龜山所言之總老乃東林總禪師）者據極確。又晁公武讀書志。謂周子受學於潤州鶴林寺僧壽涯。則濂溪固授受自禪門也。卽就陳摶以言。要亦道家之沾嘗禪宗者。陳摶沾禪附道。以道其所道。周邵又沾之以附於儒。適開三教混合之局。其隱貫之者則禪宗也。茂叔敎二程尋孔顏樂處。仿自禪宗參話頭。其言無極而太極。乃指「心」一言。何者。周之太極。卽邵之先天。邵曰。先天學心法也。萬化萬事生於心。又曰。先天之學。心也。後天之學。迹也。出入有無死生者。道也。（案先天謂心能造業，業卽天命，後天謂業招而果酬，通心業果曰道，）又曰。心爲太極。道爲太極。又以「心」謂之「中」。故曰天地之本。其起於中乎。是以乾坤交變而不離乎中。「人」居天地之「中」。「心」居人之「中」。日中則盛。月中則盈。故君子貴中也。宋明學大致以天地人物變易之本名「太極」（或謂一氣或謂元氣）以人事倫理標準之性謂之「中」。（或曰天理或曰天性）而此皆以「心」釋之。實爲宋明學之大原。而托本禪宗（禪宗亦曰心宗）之明證也。謝上蔡以之說仁。故曰。心者何也。仁是也。（上蔡出大程門。大程說仁謂天地生生之大德）仁者何也。活者爲仁。死者爲不仁。（若活人有藏識。死人無藏識。此仁卽指藏識）大程亦曰。心一也。有指體而言者。寂然不動是也。有指用而言者。感而遂通天下之故也。此以言易之言言心。楊慈湖印本心於象山之一喝後。以之作己易。曰易。己也。

非有他也。以易爲天地之變化。不以易爲己之變化不可也。已者何。主人公。主人公者何。異熟識卽指其所悟本心爲己耳。至象山之宇宙便是吾心。吾心卽是宇宙。語尤顯然。又言理亦卽心。故曰塞宇宙一理耳。此心此理。不容有二。又曰仁卽此心此理。萬物皆備於我。只要明理。陽明承之。乃曰析心與理爲二。而精一之學亡。世儒譏朱子之支離。不知吾心卽物理。佛老之空虛。不知物理卽吾心。（此由不知佛法之全，故有此說，豈達佛之三界唯心一語亦未聞乎、）又曰心外無理。心外無事。臨終謂其門人曰。此心光光地。更有何說。蓋皆務明本心同於禪宗者也。而宋明儒學之特色。亦粗具於是矣。

唯是程朱每言理氣。至清儒黃宗羲猶極辯之。但理氣之言有一異之別。大端大程言氣卽理。故曰祇此一陰一陽是道。又曰生之謂性。性卽氣。氣卽性。小程言氣非理。故曰離了陰陽便無道。所以陰陽者是道也。氣是形而下者。道是形而上者。形而上者則是理也。彼以道「理」非是陰陽「氣」而是所以陰陽「氣」者。故理氣二。朱熹承小程說。極主張理氣二。而陸王承大程說氣卽理說。以說唯心大致理異氣說。每與佛辨。以執其倫理（人倫理性）較佛異同。故氣卽理說。以無經界之標準物。故每不與佛辨。若象山慈湖陽明龍谿等。此亦宋明儒學與佛關涉之大條段。茲爲表以明之。

儒曰氣──心曰禪

- 物各類性
- 人同分性　儒曰「理」或曰「性」即仁義禮智信　佛曰人乘正法即五戒十善法
- 天同分性　儒亦略明道亦未盡　佛教即十善八定法
- 出世性　儒道不知　眞解脫性……涅槃
- 佛性　儒道不知　大菩提性

大致儒家言氣言道心言本心。多指一切種子如瀑流之「習氣種子識」言。言性言理。則指各物各人之報體（眞異熟識）言。亦即我愛執藏內自我體。蓋各類報體隨各類差別。隨其自類之相同者曰同分性。所謂天命（前業）之性。（報體）天命爲人則人。天命爲獸則獸。獸曰獸同分性。天曰天同分性。復以依而行之可不失及完成自類同分性之標準曰倫理性。如人具此人同分之倫理性則曰人。墮此或超此人同分之倫理性。則形縱是人而非復是人。（或墮而禽獸或超而天佛）儒者務保持此倫理性以異於禽獸。故孟子曰。人之所異於禽獸者幾希。君子存之。小人去之。又務完成此倫理性以就賢聖。故曰。人倫之至謂之聖人。然儒者持此以求免禽獸。猶佛誨人勤五戒洵亦善也。不能知其分而安之。竟欲持此以排斥求上達天同分性出世聖性佛性之上乘法。則殊不能爲恕辭也。而程朱等之拒乎佛。只爲執此「人倫理」故。只爲恐人墮禽獸故。只爲祇准人爲人而不准人爲超人之天之出世聖之佛故。夫亦大可哂矣。

或曰。宋明儒既同有見於本心（在人卽人心多曰心在天地卽天地心多曰氣或指藏識或通指諸心色）何以執人倫之理性竟與佛牴異歟。答曰。此有數故。一者先入爲主守門庭故。二者雖窺本心未深明故。（非大菩提不圓明故）三者不知佛有人乘法故。四者中國佛徒偏出世故。五者經律論藏少研究故。六者方便敎化先成人故。此第六故方便敎化先成人故之一義。卽是以佛之人乘法教化人衆。令得完成人格。生生世世不失人身。不墮惡趣。實亦佛法所重。而中國之儒學最合乎此。故在中國。卽可用儒學以教人。然中國歷來之佛徒皆偏出世。而不知以此化普通人衆。致爲儒者所排。然亦由儒者據此爲己業。不知是佛之人乘法。佛徒若宏人乘以奪其業。更易起諍。故甯超然方外。而少數由儒入佛眞明於佛者。亦間由方便隨順以引導儒者之故。專說儒理示異於佛。此則陽儒陰佛。菩薩之權巧也。綜此六故。宋明儒於是乎排佛。

論王陽明

第一章　緣起

宋明先儒之說。予昔者塊居補陀。嘗瀏覽而有所論列。比年弘法南北。席不暇煖。加以積藁遷逸。舊所治者。殆惘惘若隔世。康寄遙居士受其友人趙南公囑請敘王陽明全集以告世之事。王學者。予以宋明儒學。實華梵兩學構成之一思潮。今者海東西民族。方將醞釀世界之文化。唯是可爲前事之準。而陽明又此一思潮之碩果。前乎陽明未有逮陽明之盛者也。後乎陽明未有逮陽明之盛者也。一推斯學小之足以起中國大之足以援天下。故雖值荒落恩遽之際。不辭一述其所知者。就正於當世有道焉。第陽明之文章以及其生平事業皆非此所言。惟一言其道學而已。

第二章　陽明道學之來歷

第一節　陽明道學之歷程

黃黎洲敍陽明道學之歷程曰。先生之學。始泛濫於詞章。繼而徧讀考亭之書。循序格物。一變顧物理吾心。終判爲二。無所得入。於是出入於佛老者久之。二變及至居夷處困。動心忍性。因念聖人處此。更有何道。忽悟格物致知之旨。龍場大悟聖人之道。吾性自足。不假外求。三變其學凡三變而始得其門。自此以後。盡去枝葉。一意本原。以默坐澄心爲學的。有未發之中。始能有發而中節之和。視聽言動。大率以收斂爲主。發散是不得已。一變江右以後。專提致良知三字。默不假坐。心不待澄。不習不慮。出之自有天則。蓋良知卽是未發之中。此知之前。更無未發。良知卽是中節之和。此知之後。更無已發。此知自能收斂。不須更主以收斂。此知自能發散。不須更期於發散。收斂者感之體。靜而動也。發散者寂之用。動而靜也。知之眞切篤實處卽是行。行之明覺精察處卽是知無有二也。二變居越以後。所操益熟。所得益化。時時知是知非。時時無是無非。開口卽得本心。更無假借湊泊。如赤日當空而萬象畢照。三變是學成之後又有此三變也。

太虛曰。此黎洲精研王學而不得之談。陽明之一代道學生涯。昭然畢露。更不須添著一字。然綜貫陽明一生者。則良知二字而已。其爲學三變而入門。則由未得良知而悟得良知也。其默坐澄心。則持守良知而養良知之體也。其致良知。則篤行良知。而充良知之用也。其赤日當空。則承持守篤行之後。所獲粹然良知之果也。此在陽明之自成其己。洵可謂已臻其極矣。顧黎洲他日又言先生命世人豪。龍場一悟。得之天啓。亦自謂從五經印證過來。其爲廓然聖路無疑。特其急於明道。往往將向上一幾。輕於指點。啓後學獵等之弊有之。天假之年。盡融其高明卓絕之見。而底於實地。安知不更有晚年定論出於其間。而先生且遂以優入聖域。則範圍朱陸而進退之。又不待言矣。先生屬纊時嘗自言曰。「我平生學問纔做得數分。惜不得與我黨共成之」。又若陽明固歉然不自足。而黎洲亦對之有未滿之意者。則應知陽明臨逝告門人周積曰「此心光明。亦復何言」其在作聖成己實無遺憾。惟於內聖外王之道。其應帝王以成人成物者。尙有待耳。故其致良知時之教育門弟建立功業。皆自充其良知之用以成己者。未能暫捨乎己爲天下國家人民萬物設身處地以從之也。此黎洲所以譏其急於明道。往往將向上一幾。輕於指點。啓後學獵等之弊。未盡融其高明卓絕之見而底於實地。卒之其門弟純駁歧出流於淺薄輕囂不逮孔門之彬彬也。則陽明之功業之爛然當世學風之靡然身後。殆由其才氣邁人際遇得時。非盡出道學之所成也明矣。換言之。陽明纔做到藉成他而成己之聖功。尙未做旣成己而成他之王業耳。然功名之立。教化之行。胥在乎江右時。彌足驗陽明之專提致良知爲自充其良知之用。而但以自行者化他也。

第二節　陽明學與宋明儒學

明儒由吳康齋轉爲陳白沙已開一新面目。至陽明遂啓仲尼以未有之局。同時若湛甘泉羅整菴輩雖與陽明無大相發明之處。但陽明之學。亦非突然而集蓋於宋學不無來源上之係屬焉。宋學嘗有朱陸之異。明代儒者。皆紹述朱學。陽明早歲亦嘗徧讀朱書。已而斥棄其格物窮理之說。後解大學。又多於牴牾。於是與朱彌遠。與陸彌近。而世之言宋明學者。且舉陸王與程朱駢列焉。夫陽明與朱陸一反一正之關係。則誠如是矣。然與二程又異其關係。蓋宋明之學。二程實爲根本。二程師周而友邵張。頗談理氣。大端大程言氣卽理。故曰「祇此一陰一陽是道」。又曰「生之謂性。性卽氣。氣卽性」。小程言氣非理。故曰「離了陰陽便無道。所以陰陽者是道也。氣是形而下者。道是形而上者。形而上者則是理也」。小程以道「理」非是陰陽「氣」而是所以陰陽「氣」者。故「理」與「氣」二。黃黎洲辨羅整菴曰。心性之名。其不可混者。猶之理與氣。而其終不可得而分者。亦猶之乎理與氣也。謂理卽是氣之理。是也。獨不曰性卽是心之性乎。「心」卽「氣」之聚於人者。「性」卽理之聚於人者。理氣是一。則心性不得是二。此則旣言氣之在人者曰心。理之在人者曰性。又言性。心理氣之名不可混。亦不可得分。則能兼綜會通於二程之說。而大程之氣卽性。性卽氣。亦彌見其爲氣卽理。理卽氣之變名也。心氣與性理爲一。心氣與性理爲異。此宋明儒學分爲二派之依據。而貫徹乎始終者也。故始分於大程小程。中對峙於陸朱。終相抗於述朱述王之徒。演成並行之二系如下。

一、心氣卽性理系……大程……陸……王

二、心氣非性理系……小程……朱……述朱

由是觀之。亦可見王學於宋明儒中道統之何屬也。但陽明於宋明儒尤特出者。則因孔門之道。原重在內聖外王之行事。而不重在析名辨物之理論者。宋儒矯漢唐溺於詞章訓詁之弊。倡為道學。尤貴證心踐形。故周茂叔最初教二程者。卽在令尋孔顏樂處。而明道見人靜坐。卽歎為好學。然主「性理」異於「心氣」者。則認物性天理在於天在於外物。謂人心之所有者。不過明覺。而理為天地萬物之所公共。故必窮盡天地萬物之理。然後吾心之明覺與之渾合而無間。遂仍溺於書物。不克振拔。而陽明則謂聖人之學。心學也。心卽理也。心卽良知也。良知卽天理也。擺落一切。空諸依傍。但致吾心良知之天理於事事物物。則事事物物皆得其理。故能卽知卽行。知到行到。以成作聖之行。實高邁古今。宋儒惟大程彷彿之。故黎洲歎為明道而後。未見其比也。

第三節　陽明道學與佛之禪教律

佛法可大別之爲禪。教。律。——所謂禪是佛心。教是佛語。律是佛身是也。知宋儒來源上之禪宗關係。則可知王學與禪宗之關係也

（以下論宋明儒學全文已見本編茲略去以省重複　編者謹識）

然。陽明於佛之敎律雖未及知。而於禪宗則固嘗受而用之者。故其施敎往往有禪風。而亦不深辯門戶之見。實知實行。蓋粹然一得心於佛禪立身於儒術之大賢。而與黎洲輩爭以空言者異。此予所以認陽明爲華梵兩文明構成之一良果也。

第三章　陽明道學之宗綱

第一節　良知……致良知……知行合一

前言隱貫陽明一生者。惟是「良知」二字。故欲知陽明之道宗。必首向其所云之「良知」。討個分曉。乃有着落。良知一名。本於孟子。但孟子良知良能並稱。王子則總握其樞紐於良知。而良能卽攝於良知之內。故卽知卽行。徹裏徹表。且孟子所云之良知良能。蓋指吾人生禀之知能耳。生禀之知能。雖尙無慣習之染。實已爲氣質

所拘。故同在人類智愚仁暴。襁褓中萬差矣。至陽明所云「良知」者。乃先汎濫詞章。從事於格物窮理。出入佛老積悶久之。忽於居夷處困之際。尙觀古人。近察當己、炯然獨露而得。此乃吾人獨能作聖成佛之一點靈心。自由活潑絕待無依不爲氣質習慣拘染者也。孔門謂之「仁體」。王氏謂之「良知」總指此物。故陽明亦曰。「良知」卽是獨知。事而與孟子同名異實。蓋孟子之所指之「良知能」猶金鑛。而陽明所指之「良知」。則猶鑛中露出之金也。而「獨知」云者。非謂無他人共其寢興游讌處之「知」也。乃指不拘氣禀。（先業所引機械所定之身心器界）不染習尙（現身所修功業所成之學識經驗）超然於氣禀習尙之上。卓然於氣禀習尙之中。而自由活潑。絕待無依。獨能知善知惡之正知也。確指此「良知」者。乃吾人前六識所相應之本來淨善信心。自性淸淨。復能淸淨餘心心所如水淸珠能淸濁水者也。故「良知」之「良」字。應訓爲誠而有本性淨善正信之義。故能發見此良知而保養之。身語意之動。皆不能欺此良知以行。自能爲善去惡。（註一）卽知卽行知行合一。（註二）爲善去惡。卽是致知格物。卽是致良知。故致良知。

則意自誠。心自正。身自修。家自齊。國自治。天下自平也。然此良知實爲一切衆生同具之「佛性」。今以人類爲獨能者。則猶裴休序圓覺經所謂「諸天耽樂。修羅方瞋。鬼獄有幽沉之苦。禽獸懷獝狖之悲。可以端心慮趨菩提者。唯人道爲能耳」。此云唯人道爲能者。乃比較之辭。非謂除人類之外其餘卽絕對不能也。然人道之可貴者。卽在於此矣。顧吾人於此獨比較爲能者。則由習尚之染雖重。而氣稟之拘獨輕。謂業所得報。既不甚樂。亦不甚苦。綽然有迴翔自審之餘地。但能拔洗其習尚之染。易能發見良知而長養之也。然舉世滔滔。卒鮮發見此良知而長養之施展之圓成之者。一因非陷於窮極無賴之絕地。恆染於習尚以爲營逐。故良知雖卓然尚在而莫由發見。二因非積於多聞深思之善慧。恆忽於錯過以生迷亂。故良知雖偶然流露而莫能持養。而陽明則不唯能發見之。龍場大悟 且能持養之。靜默澄心 不唯能持養之。且能施行之。以致良知修己化人致君澤民知行合一 不唯能施行之。且能充實之。赤日當空萬象畢照 所以爲儒家仲尼以來之一人也。所以爲華梵兩化所育生之唯一良果也。第陽明所以能發見良知而持養之者。以淵源於宋學及禪宗也。而其施行充實之者。卒爲儒家賢聖。

而不入佛之大小乘者。既因設身處地之所宜。復由佛之教律未深知及。而儒家之熟處難忘。故向禪中悟得（註三）卻向儒中行取也。悟得良知。存省良知。應用良知。致吾心良心於事事物物而事事物物皆得其理 完成良知。從悟得良知後之一貫工夫。終不外即知即行。知行合一。陽明道宗之在是。不瞭然可知歟。

（註一）夫良知之於節目事變。猶規矩尺度之於方圓長短也。節目事變之不可預定。猶方圓長短之不可勝窮也。故規矩誠立。則不可欺以方圓。而天下之方圓不可勝用矣。尺度誠陳。則不可欺以長短。而天下之長短不可勝用矣。毫釐千里之謬。不於吾心良知一念之微而察之。亦將何所用其學乎。是不以規矩而欲定天下之方圓。不以尺度而欲盡天下之長短。吾見其乖張謬戾。日勞而無成也。（見答顧東橋書）

（註二）凡謂之行者。只是着實去做這件事。若著實做學問思辨功夫。則學問思辨亦便是行矣。學是學做這件事。問是問做這件事。思辨是思辨這件事。則行亦便學問思辨矣。若謂學問思辨之。然後去行。卻如何懸空先去學問思辨得行時又如何去得個學問思辨的事行之精覺明察處便是知。知之眞切篤實處便是行。（最好能參觀大乘成業論）若行而不明精覺明察。便是冥行。便是學而不思則罔。所以須說個知。知而不能眞切篤實。便是妄想。便是思而不學則殆。所以必須說個行。原來只是一個工夫。凡古人說知說行。皆是一個工夫上補偏救弊說。今說知行合一。雖亦是就今時補偏救弊說。然知行體段。亦本來如是（見答友人問）

（註三）不思善不思惡時。是本來面目。此佛氏爲未識本來面目者。設此方面。本來面目卽吾聖門所謂良知。今旣認得良知明白。卽已不消如此說矣。隨物而格。是致知之功。卽佛代之常惺惺。亦是常存本來面目耳。體段工夫。大略相似。（同上）

第二節　四句敎法

按天泉問答。傳陽明有四句敎法云。

無善無惡心之體

有善有惡意之動
知善知惡是良知
爲善去惡是格致

此之四句。乃陽明學綱之所存也。而歷來解者。自王龍溪鄧定宇黃黎洲輩。鮮了知其義者。——以陽明雖心知其故。而於儒說無徵。又未窺佛教法相諸書。不能詳確其說。致龍溪輩求高反淺。欲翻此四有爲四無而後快也。然此弊不惟王門有之。卽佛者之通宗不通說者。亦往往有此弊。故「良知」爲王門之宗通。而此「四句」爲王門之說通也。通此說通。非精究佛法之唯識學不可。茲略爲詮釋於下。

無善無惡心之體者。指先業所引之「眞異熟」及「異熟生等色心諸法」以言。此皆循已定之勢而流行演進。不能自由有所轉移。須待他力以爲之改動。一與能爲改動之他力相値。又不能自由有所趨避者。不異通常所云之「自然」。故無染淨善惡可言。而惟是無覆非染非淨無記非善非惡。性。儒書頌爲天之命於穆不已流行不息。而道書頌爲自然之道。不與聖人同憂患者也。有善有惡意之動者。是癡見愛慢恆續之意根。與依此意根而染淨之前六識。及前六識中能善能惡之意識。率身等前五識以爲善爲惡者也。人類之所獨優者。卽因此意動中能善能惡之識。較爲自由。往往能超脫「異熟」及「癡根」之拘礙。雄據異熟癡根之上。而獨行其所欲行也。知善知惡是良知者。「良知」卽信心相應諸心心所。唯是淨善之性者也。雖未嘗不潛存於流行之異熟中。本來皆有。唯爲「異熟」及「癡根」所拘礙。隱伏不得現起。惟藉較爲自由之意識時一呈露。○此若能握持得住。則作聖之基。成佛之本。胥在乎是矣。以能保持此良知而長養知之。則知善知惡。既猶規矩尺度之必得方圓長短。可由之以崇善拒惡爲善除惡也。然此「道心」蓋微乎其微。體察既得。尤必深培而厚養之。乃能應用。夫培養之道。如園植然。防以禮儀戒律之垣。持以靜慮禪定之土。復時養以慚愧慈悲等肥料。雨暘風露等聖言。庶乎其可無夭閼也。爲善去惡是格致（原文曰格物、今代爲格致、以爲善去惡、卽是格物、亦卽是致知也、）者。爲善去惡。卽是令意遵循良知而動。在遵循良知以處制事物。邊言之。卽是致知。知致在由是而意誠心正身修家齊國治天下平。邊言之。卽是格物。物格。蓋「物」也者。卽向者能爲拘礙之「異熟」「

癡根」等。亦卽是意、心、身、家、國、世界等。今悉檢格之使遵從良知而迴轉行動一致。故悉成誠、正、修、齊、治、平之善也。故陽明此之四句教法。主要在知善知惡之良知。篤切在爲善去惡之格致。結果在惡盡善純之至善。而王龍溪輩誤認重在無善無惡之心體。而欲一切無之。黃黎洲雖不善龍溪定宇等邪解。欲從而救正之。卒迷離惝恍而莫能達其辭。均不知王學之綱也。陽明能化行當世者。以得良知之道宗也。陽明致弊叢末流者。以失四句之學綱也。知此可與論陽明道學得失之原矣。

第四章　陽明道學之流傳

陽明出其自受用之致良知三昧。簡明親切。向人當前指點。按其敎音者。殆無不承風歸化心悅誠服。但陽明以自己之高明律人。視他人盡是高明。旣不能定之以敎理。又未能範之以律儀。而及門諸子。得淺得深。得純得駁。祇取其一偏以之獨揚其至執之不得會通。末流遂猥雜不可收拾。明儒學案。泰半皆王門流裔。列爲浙中王門學案。江右王門學案。南中王門學案。楚中王門學案。北方王門學案。閩粵王門學案及泰州學案。再傳而後者。又有止修學案。東林學案。蕺山學案等。於中約可分四類。龍溪、心齋、偏重陽明直指獨知一端。陷於狂濫。不能謹持良知以爲善去惡。故此派唯歸入佛門。乃得踏實。東廓念菴偏重陽明默坐澄心一端。落於虛拘。未能得良知以從體起用。故此派後衍爲黎洲。用乃漸宏。見羅止、修頗能貫持。然根本未清也。東林與世頗能致用。然悟養已疎也。蕺山專提謹獨。近於東廓念菴。而黎洲亦氣禀習尙用事而已。餘子不一一論。卒未有明得陽明之全者也。宜其流風亦隨有明一代而亡矣。然張蒼水傳之於日本。反能涓涓不息。鬱久成明治之盛。則因倭人禪俠相尙。易怛化於「致良知」而直往徑行之風也。

第五章 餘論

昔嘗言宋明儒與佛牴異之故。一者先入爲主。守門面故。二者雖窺本心。未深明故。非大菩提不圓明故。三者不知佛有人乘法故。四者中國佛徒偏出世故。五者經律論藏少研究故。六者方便敎化先成人故。此第六方便敎化先成人故者。卽是以佛之人乘法敎化人衆。令先得完成人格者。而中國之儒學最合乎此。故在中國卽可用儒學以敎人。而陽明殆此流中之第一人歟。雖可崇者在陽明全書之刋行。所以將大有功於世道人心也。然由孔子與陽明之遺說。皆不能產生若孔子若陽明之爲人者。蓋孔子乃天縱之聖。佛法謂之菩薩應化而陽明則產自禪宗。其所成之人格。皆超其書之上也。今世獸欲橫流。人性垂滅。亟須有陽明之人者興。救之以人倫之正。然非佛法無由得生陽明之人者。卽有陽明之人者出。若非準之以佛法經論。攝之以佛之戒。亦終紛泯隨至而不可行遠垂久。故今有憂世而救人者。應從佛化中自養成陽明之人格。以之建爲佛敎之儒宗。則不難融洽海東西之羣化。一變而至於道。幸勿拘其私智而自小。有天地之大弗之窺。舍規矩之巧弗之用。徒眩奇以鶩名而卒鮮效功之可收也。

吾於是有慨乎近人之出佛而入儒者。有若李政綱。則曰。「佛之明心性同儒。但敎迹不逮儒之符契人情也。故當舍佛而行儒」。有若梁漱溟。則曰。「唯佛法爲眞對但今當先施儒化。令得嘗人生之眞味。故佛化須置爲後圖也」。夫李君治佛學久。之握厥單微。回窺儒書。乃見其心性之有同。而反憎佛之敎迹遠乎人情。殊不知佛之敎迹皆治人心之病者。以今世人心繁劇之變。若非佛法無央數之方便敎迹。曾謂僅隱約儒言。能藥愈之乎。則徒矜人情之博近。而終於無救而已。梁君亦治佛學久。之始窺見儒化眞如。然則欲導世人得嘗人生之眞味。正須先謀宏施佛化。乃反欲置佛化爲後圖。是猶欲枝之茂而斫其根。欲流之長而涸其源也。不亦傎與。嗚呼。使斯世斯民。猶有得復其人性之望者。必將有陽明其人。以與莫逆吾言。慨然以建設佛教之儒宗自任。高建佛乘之法幢。而溥施人乘之儒化也。吾將於陽明全書之流布卜焉。

論胡適之中國哲學史大綱上卷

予作此論。先有欲申明者。胡君此書。與佛學本無甚關係。然取而論之者。不僅以其爲新近出版的國語傑作。有關於現代人心思想者頗鉅。而更有二種之原因在也。胡君援用西洋學者的歷史觀念以爲解釋演述中國哲學史底工具。予往者讀日本境野哲君所著佛教史大綱。於此點亦與胡君相同。嘗有不滿意之感。欲藉此以一論西洋的歷史觀念。一也。胡君於此卷底中國上古哲學對於佛教底評判。雖僅微露端倪。然聞胡君將繼是作中古近古哲學中國哲學之第二期。既以佛學爲主幹。而近古哲學亦以禪宗爲普遍底關係。其對佛學將下如何之評判。必甚重大。今可於其以微露底端倪中察知大畧二也。茲論列於下枋。

一、西洋學者的歷史觀念。進化論的歷史觀念也。故明變而不明變中之不變。推變之發生。在於時代形勢而抹煞其餘相等之關係。不知一個哲學家的思想學術之發生。實於個人之才性爲主因。而更有種種助緣如下。

思想學術沿革變遷的
- 主因……哲學家本人的性才性
- 助緣
  - 時勢……順成的……反動的
  - 方俗　又　又
  - 家世　又　又
  - 師友　又　又
  - 奇感　又　又

予讀日本人近作的佛教史傳。敘論釋迦牟尼之開創佛教。馬鳴無著等之昌明大乘。大約不過將印度當時前後的思想學術情形趨勢摹述一番。以爲其所以如此如彼的因緣效果。而絕不曾於釋迦馬鳴無著等才能德性與常人不同之處。及其思想學術於現在及將來之影響。一一探究考論之也。今胡適之君雖說明有三種原因。(甲)個人才性不同。(乙)所處的時勢不同。(丙)所受的思想學術不同。又說三種的效果以爲哲學價值的客觀評判。(甲)要看一家學說在同時的思想和後來的思想上發生何種影響。(乙)要看一家學說在風俗政治上發生何種影響。(丙)要看一家學說的結果可造出什麼樣的人格來。但考覈其全書的精神起來。其推求原因評判效果之所貫注的。亦祇在時代形勢而已。處今日之世。除卻個人才性及奇感。其餘的助緣。誠有可用時代形勢以包括之者。然在古時交通阻隔。且中國保家世傳子孫。而帝王秉握君權。師權教育限於士大夫。不下逮於庶民。則非注意方域土俗。家業世位。師友傳習。與時代形勢並重不可。且個人特殊情境下的特殊證悟。尤有足以改變其平生之性格而發生一種特殊的思想學術。以影響到羣衆心理者。例如人因怪病異夢遭貶悼亡等等遂一換其人格者。若王守仁因遭貶龍場動心忍性而成大悟。遂有所謂王學者流傳中華日本及今未衰。使王氏當時若無龍場之貶。浸溺於朝中的勢利富貴。則其後來之成就究應如何。殆猶未易知也。胡適之君未能將哲學家個人的才性。特殊的感驗及其方域家世師友與時代趨勢兼營並顧。唯側重時代的思想學術大趨勢立論。致於古代哲學史的史料。覺得十有七八與這進化論的歷史觀念衝突。而悍然遮撥爲十有八九都靠不住也。但在予亦非謂古書都靠得住是眞的。且予亦承認胡君所判定某書某書是僞造的假託的雜湊的錯集的極有明確的證據而毫無疑義的。但也有些因爲心中先存了個進化論歷史觀念的成見。將由於個人才性的不同與所生長之方域家境的不同及生平的師友特殊的徵發種種不同。而發生思想學術的變化。多有與時代學術思想的大趨勢不能符合者。胡君卽斷其爲必無之事。而不知儘有可援別種原因解釋之餘地也。又若胡君於評判上所援的例。謂（古代的命定主義說得最痛切的莫如莊子。莊子把天道看作無所不在無所不包。故說庸詎知吾所謂天之非人乎。因此他有乘化以待盡的學說。這種學說在當時遇著荀子。便發生一種反動力。荀子說後來莊子這種學說的影響。養成一種樂天安命的思想。牢不可破。在社會上好的效果。便是一種達觀主義。不好的效果便是懶惰不肯進取的心理。造成的人才。好的便是陶淵明蘇東坡不好的便是劉伶一類達觀的廢物了。）若此種評判。在胡君固以爲是客觀的。不是用自己的眼光來批評古人的。但莊子所言的是否命定主義。抑並非命定主義。陶淵明蘇東坡劉伶一流人。是否莊子的命定主義所養成。抑並非莊子的命定主義所養成。古今人評判不一。胡君作此評判。亦見得不是用自己的眼光來評判古人的是非得失嗎。予謂凡評判多少總離不了主觀的見解。其要在主觀的見解能圓滿周到否耳。然一種的效果亦決非一個原因所發生。一個原因。亦決非但發生一個效果。其效果與價值究竟如何。亦未可據當時或暫時於思想風俗政治人格所發生的影響。遽爲判斷。正猶化學中的原素一般。與某種某種的原素化合便成了此種現象。與某種原素化合又成了那種現象、一種現象不單是一種原素所成。一種原素、亦不單成一種現象。亦未能據其已經化合發生的現象、遽判斷彼原素決定。但有何種效果及與價值。何者。若遇新原素與之化合。也許發生新效果新價值。或失卻曾經化合之要素。亦能消滅其已成之效果及價值。故例如蘇東坡自然也受莊子學說多少影響。但其人格決不得謂之唯從莊子學說養成的。而莊子學說、亦決非但影響得蘇東坡一個人。或陶淵明劉伶等幾個人。順世言之。周秦諸子學說隱晦了二千餘年。到新近纔有復興之兆。則雖謂其效果與價值要看之今而後已往者。皆未足爲評判是非得失的依據。可也。隨便的東扯一個人。西指一樁事。以爲是那一家學說所發生的效果。卽將這些效果說是那一種學說的價值。豈値算了評判的能事嗎。

二、胡君論近世哲學。嘗謂（宋明的哲學。或是程朱。或是陸王。表面上雖都不承認和佛家禪宗有何關係。其實沒有一派不曾受印度學說的影響。約有四方面。一面是直接的。如由佛家的觀心。回到孔子的操心、孟子的盡心養心、大學的正心。是直接的影響。一面是反動的。佛家見解儘管玄妙。終究是出世的。是非倫理的。宋明的儒家攻擊佛家的出世主義。故極力提倡倫理的入世主義。明心見性以、成佛果。終是自私自利。正心誠意以至於齊家治國平天下。便是倫理的人生哲學了。這是反動的影響。）予嘗謂宋以來的儒釋道三家是皆用禪宗打了底子的。但儒道二家。終究是治世的。保身的。故於禪宗終究是不能徹底而表面上三家還是各行各的。所謂儒以治世。道以忘世。釋以出世。與胡君此論似乎相合。實則釋家於禪的根底上所行的形式。亦自是佛教的律宗密宗。特與儒家不同。亦非必定是出世的。但當時的儒家硬將世間占定。謂唯屬於他的形式。致佛教的現行形式既與他不同。不得不謂之單是出世的了。其實禪宗與一切佛法。皆是通爲世出世間底善法的。佛教五乘中的人乘正法。便是佛教的人生哲學。居在今日只可謂佛教的人生哲學與儒家不同。不能謂佛教非倫理的。蓋佛法本是透徹出世而亦利益世間盡未來際的。在中國但由幾個出家的人於山林中保持佛教不墜。不曾用佛教的人生倫理學來代了儒教的。因中國的思想學術政治風教先爲儒家獨占了。佛教到隋唐後幾幾乎有易而代之之勢。漸惹起儒教徒的恐慌抵抗。經過三唐五代而入於宋。佛教生徒爲避免與儒家的衝突起見。

乃依出世法與儒的治世道的長生劃疆而守。故雖謂佛法在世間尚未一度發揮其功用。其效果與價値。將看之今後的努力以爲定可也。大概佛法以明心見性爲因地。以大悲普濟爲根本。以圓成善巧爲究竟。胡君謂明心見性以成佛果。終是自私自利。一由不知佛法的根本與究竟。二由不知佛法所謂心性。故竟能於明心見性以成佛果的下面連寫著終是自私自利六個字。所謂妄認四大和合爲自身相。六塵緣影爲自心相。不知身心外洎世界。皆是眞心之所顯現。若知佛法之所謂心之與性者。則心者天地同根物我一體的本心。性者周徧常住圓滿清淨的眞性。明之者莫公焉。見之者莫溥焉。夫又安能將終是自私自利六個字連綴以成一辭哉。我近來常見浮光掠影一知半解之徒。尙不能將所要批評的東西弄個明白。便硬拖來瞎三話四的胡亂批評。以胡君淸爽的頭腦。明利的眼光。通平的心量。淵博的才識。深望能將佛法細心細心的研究一番。當眞的能將古近西東的思想學術。條理通貫比較評判一下子。將各種文化及其哲學都射注到釀造今後善的文化眞正的哲學上。云明而不取。用而不舍。不偏執著古代或近代的一二端以相排而自蔽。不亦善乎。予聞胡君作中國哲學史下卷。將有敍評佛法。故藉斯出之。

中國哲學史大綱上卷內精義卓論多的狠。但既與我今欲評論的目的無關係。姑請從略不談罷。

論梁漱溟東西文化及其哲學

夏歷十月十日。由北京講法華經畢返杭。適與張仲仁先生共車。出梁漱溟君所著之「東西文化及其哲學」讀之。終夜不忍釋手。眞近年有新文化運動以來第一之傑作也。梁君以深細精銳之思。成此不朽之文。恐透徹了解者殊不易多得。余既眞知灼見其義。且與我所提倡之佛化關係頗大。故不得不粗略先爲一文以評之。梁君推究各方文化之發生。於地理天時經濟交通等種種周圍之助緣外。特別注重於「天才」及「意欲之主因」。且謂中華文化數千年所以停滯不進者。乃由老孔等幾人之天才太高。使後人仰摹猶慮不及之所致。此皆深獲我心。而去年評胡適之君所著中國哲學大綱時。亦曾略言及之者也。

梁君以「生活意欲」之向前求增進。說明西洋古代及近代之文化。處中求調適。說明中華之文化。迴後求解脫。說明印度之文化。但言人世。雖覺甚當。統觀法界。殊不謂然。今另爲表如下。

思議的障礙的生活
- 向前求進的……西洋文化
- 因順苟安的……中華文化
- 根本解除的……印度一般文化及三乘的共佛法

不思議的無障礙的生活——大乘的不共佛法
- 分證的……菩薩法界
- 滿證的……佛法界

梁君以「物質」「他心」「無常律。」爲障礙生活之對境。意謂對境上物質之障礙。可用西洋文化排除之。若他心之障礙。則須用中華文化融和之。而有生必滅之無常律。唯印度文化乃足解除其障礙。另將文藝美術等列爲一種相似不思議的無障礙的生活。其實文藝美術爲一類之無記法。展轉亦爲障礙。而物質他心之障礙。亦必由三乘之共佛法。造到大乘之不共佛法。乃成眞正之不思議的無障礙的生活也。

梁君以「現量」「直覺」「理智」三種為知識之根源。蓋卽現量非量比量之三量也。然非量原以指似現量似比量者。梁君似專指似現量言。且直覺非不美之辭。在凡情之直覺。雖屬非量。而聖智之直覺。亦不違眞現量眞比量。故成無得不思議之任運無障礙法界智。另為表如下。

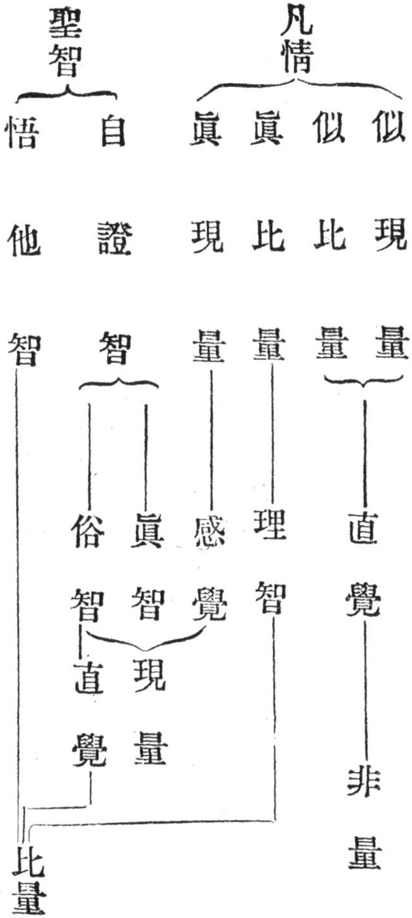

梁君以西洋文化是直覺運用理智的。中華文化是理智運用直覺的。所云直覺皆

專指似現量言。換言之「直覺境」卽「俱生我法二執之心境」也。又言佛法是現量運用比量的。或比量運用現量的。由余觀之。當言佛法是由聖智的比量排除非量的凡情直覺。獲直現量。起不思議無障礙法界之直覺。而運用比量的。所云起不思議無障礙法界之直覺者。卽示現他受用身土及應化身土是也。

梁君視佛法但爲「三乘的共法。」前遺五乘的共法。後遺大乘的不共法。故劃然以爲佛法猶未能適用於今世。且慮反以延長人世之禍亂。乃決意排斥之。其理由蓋謂東方人民猶未能戰勝天行。當用西洋化以排除物質之障礙。西洋人民猶未能得嘗人生之眞味。當用中華化以融洽自然之樂趣。待物質之障礙。盡而人生之樂味深。乃能覺悟到與生活俱有的無常之苦。以求根本的解脫生活。於是代表印度化的佛法。始爲人生唯一之需要。若現時則僅爲少數處特殊地位者之所能。非一般人之所能也。故對於特殊的個人之學佛雖或贊成。而對於向一般人提倡必力反對之。果如梁君之言者。似乎如佛典所云之北俱盧洲人。乃眞能適宜佛化者。可以佛法與世。又偏在南閻浮提。而北俱盧洲人適得其反歟。且梁君自云在個人唯覺佛法爲眞對的。其欲專提倡代表中華文化的孔家哲學。純出於舍己從衆的悲願。則梁君殆不免自視太高而視人太卑歟。同爲人類。同生斯世。梁君能覺得唯佛法爲眞對。衆人便亦能覺得唯佛法爲眞對。衆人既亦能覺得唯佛法爲眞對。梁君壓良爲賤。強謂其不能。乃云佛法在今日但爲貴族的。則純出梁君之錯覺可知也。

雖然。近來學佛之人。所知於佛者不及梁君之正確。故大都迷信爲鬼神之一。好爲扶乩圓光及貪玩守竅出神等種種秘戲。其不然者。則悉趨於厭棄世事消極主義之一途而已。前者徒益邪穢。後者又懦弱自了。無裨人世。且當今佛法乏人間有一二深思專精之士。則又寢饋昔賢。高文奧義。非一般人所能共喻。梁君視佛法爲貴族的。蓋亦有在。

余則視今世爲最宜宣揚佛法的時代。一則菩提所緣緣苦衆生。今正五濁惡世之焦點。故二則全地球人類皆已被西洋化同化。外馳之極。反之以究其內情。下者可漸之以五乘的佛法。除惡行善。以增進人世之福樂。中者可漸之以三乘的共佛法。

斷妄證眞以解脫人生之苦惱。上者可頓之以大乘的不共法。卽人而佛。以圓滿人性之妙覺。故而對於中國排斥「混沌爲本的孔老化。」受用西洋的科學。同時卽施行完全的佛法。以混沌之本拔。則鬼神之迷信破。故若對西洋則直順時機。以施行完全的佛化可也。

余所謂完全的佛法。亦未嘗不以三乘的共佛法爲中堅。但前不遺五乘的共法。後不遺大乘的不共佛法耳。五乘共法。十法界的正因果律也。乃屬於依他起性者。三乘的共法。生死煩惱之解脫也。乃通於三性三無性者。大乘的不共法。常樂我淨之法身也。乃屬於圓成實性者。今以明正因果。以破迷事無明之異熟愚。則中華宗極混沌樂爲自然之惑祛。而西洋逐物追求欲得滿足迷亦除。於是先獲世人之安樂。漸進了生脫死之域。以祈達乎究竟圓滿之地。此先得人世之安樂。亦與梁君所期者同。但梁君欲從排斥佛法攝受歐化提倡孔學達之。余則謂須昌明五乘的共佛法以達到之耳。此後當另著「佛教人生學」「具足佛教學」二書以明之。余並願脫離寺院及講經之務。周流全國及全球以專事講演。

梁君欲檢斥佛化。先以提倡孔化。使迷入人生之深處。極感苦痛。然後再推開孔氏。救以佛化。乃不直施佛化。俾世人得孔氏同樣之利益。而預免其弊害。用心頗爲不仁。又孔子天才之高。殆大士之應生。而此種人才。決非孔學所能產生。唯佛法乃能產生之耳。故宋明儒者。亦莫不與禪宗有淵源者。即梁君自身。要非先曾入佛不爲功。乃反欲排佛以期孔興。何異斫除本根而求枝葉敷榮乎。則又頗爲不智。一言而不仁不智。竊爲梁君惜焉。

論倭鏗赫克爾

（倭鏗或譯歐近。赫克爾或譯海格爾。皆德意志國人。）

學者以一生堅決固持之論說。而表示其一種系統組織之思想。此思想之旣深入人心。即漸著爲羣衆之行動。而形成國家及國際之政治。其影響必徧及全世界而後已。其尤强有力者。且往往主持十年數十年百年數百年之世運焉。徒見政治之功罪。與夫羣衆行動之善惡。抑亦末已。故論世者。貴察及思想界發縱指導之學者生心動念之幾微也。

人羣中有堅定統持之學者思想。猶個人之有末那意也。其著爲羣衆行動。則前六識依末那之染淨而染淨也。及成爲國家與國際之政治。而若干時代隆汚繫焉。則意識爲主而造就或善或惡之三業。而業熏賴耶感爲異識果矣。故治心治世其道可通。治心之要。轉意識其末。轉意根其本。治世亦然。政治其末。思想其本也。

百數年來世輪之運轉。以歐人爲中軸。在距今十年以前。則科學之物質文明最著其成效之時代也。歐洲各國。尤以德意志爲盛。要其思想之大歸。唯物、經驗、自然進化、之四事是已。逮今十年以來。則物質之功利已運而往矣。而所遺之弊害既陷一世人於縱慾敗德不可收拾之地位。而人類所藉之自尊貴於萬物之點、復被唯物經驗自然進化之哲學所征服。不復能有宏遠高尙之志。非於肉身上極其衣食住嬉之欲。與國羣上極其權力財利之欲。殆不復能安其性而有以慰其情矣。所求者無限而供其求者有窮。得者誇之。不得者嫉之。於是胥一世之國與國羣與羣人與人感出於肉薄火併之五欲爭戰。迄今日猶不知其何所底止。然十數年前。則人皆愛見其福而未察其所倚伏之禍。往十數年來。蚩蚩者猶未知返。而察微知幾之士則已如置身爐火之上。早爲之搶攘呼救矣。其奈强業先熟未之能轉何。赫克爾之一元哲學。在十數年前集唯物經驗自然進化之學之大成者也。以世界之謎爲基礎而建築其上之神敎迷固。爲之洗除不少。然所謂人生之意義與價値。亦爲之擊碎而等於零矣。然赫克爾之時代。正唯物科學將席收其全功之時代也。故雖猶恨恨於神敎與唯心論之迷未能全破。唯物科學之智識未能普及人人。而憑其百數十年長足進步之豐富經驗知識爲之論列判斷。殊見其從容暇豫焉。（按赫克爾所謂一元哲學。卽唯物自然哲學。）

倭鏗有慨於近時思想之雜亂與人生之墜落。創立其精神生活哲學。欲使已爲自然理智哲學所否定之人生意義價値得以復活而益顯其偉大。但其急迫之狀情見乎詞。故曰。現在我們祇能用一類簡易眞理去取得精神之停泊所以戰勝無理性之混亂。其所謂簡易眞理。卽「精神生命」爲世界及人生之淵源。若世界人生能深深切合此精神生命。而爲生活之變化。卽謂之精神生活。而現代文化經過許多搜集與訂定、考核與改造。已變爲極端混亂複雜。一一皆欲支配人生。於是人心皆破裂失其統一。欲從混亂複雜中得一顯明簡易之綜合回復人心之統一。除立在獨立之精神生活之上。別無有充分活氣及動人力量之綜合方法。至其學說之影響於將來者。固能如其所期否。則尙未可知也。

然彼所云精神生命。乃從基督教所崇拜之「神」脫化而出。故論者名其主義爲新理想之新宗教云。由余觀之。彼已能化除基督教徒所執在宇宙外一個人格的神之見解。且已祛卻古理想主義之內在個我精神之見解。而見爲非人格非個我之常徧生命。人生世界皆從之直接發生。且世界人生卽是此精神生命之活動變化。故人生及世界無不直接切合於此精神生命。頗近於阿賴耶識之義。旣爲器界根身之因種。亦卽爲器界根身之果體也。至其所非難之自然主義及理智主義。卽赫克爾之一元哲學也。所非難之輩純人本主義。卽詹姆士杜威之哲學也。茲不具論。要之倭鏗之哲學。實由百數年來之工作主義自然主義理智主義個人主義社會主義等種種物質的反動而立。所以生此反動者。則由已因上列各思想潮流牽制人類精神已到於極混雜墮落之地故也。故倭鏗於唯物自然經驗之根據。已與相當之難破。至日本井上圓了新近發表其輪化論。則於進化亦爲否決。此誠一個時一個時代的思想之異觀也。而井上圓了、係治西洋哲學而兼治佛學者。彼輪化論之發端。余見其實依小乘之教理而立。若倭鏗能一究大乘法相。於其所學必大有裨益。而亦佛學昌明於世界之機也。

論甘地

通一君譯 Bernard Sexton 原著曰。世變之亟。未有如現代之甚者也。驚共動地之事相繼迭乘。綿延數世紀之各種組織。可推倒於頃刻之間。其所留之影像。可於一年之內消滅於人羣之腦際。歐戰未終。俄起革命。毅勇之士。擬在內法河（neva 在俄國）畔創設共產黨政府矣。愛爾蘭故邦。忽自驚醒。高原遺族。遂復爲軍隊之中閣議之上之大問題矣。新芬作難。英竟與之言和矣。吾人睹此種種重大事變。正驚愕莫名間。忽聞東方之亞利安（卽印度歐羅巴）人亦奮袂以起。作反抗運動矣。唯聞印人之爭自由爲道。與他民族異。不施武力。不需刀槍。不飛血肉。而惟藉靈性之感化力。以仁愛動英之執政者爲務。爲之首者乃甘地氏。甘地作戰。不用槍砲之炸擊力而用靈性之潛化力名之爲大將軍甯稱之爲麥哈麥（大魂靈）甘地發難以來從未殺一人傷一畜屠戮騷擾皆被其懸爲厲禁然而英政府對之亦已震驚不已矣

甘地之歷史

甘地之英文全名爲Mohandas Karamchaand Gandhi以一八六九年十月二日生於印度之 Porbnadar 其先代爲貴胄祖嘗爲國務總理少時平庸如常孩年十九赴倫敦習法律始得宇宙之大此當於神經質之少年忽投入歐西文化之陶鑄器中初時頗有侷促不安之狀然後卽習之終其在校之年除習法律外復能廣交時俊潛心研究耶敎及歐西文化一八九三年歸印度旋卽赴南非洲營律師業務非歐洲人虐待印僑幾無人道可言甘地思維護之遂備受譏嘲辱罵鞭打之苦彼爲世曹之後並受過高等敎育在他地或可得人良善之待遇在南非洲則凡屬印人皆被目之爲苦力甘地因受待辱而瀕於死者數次被禁錮於獄亦數次當其初至南非洲時印僑較現在尙爲自由後英人箝制印人之手段日形嚴厲甘地乃倡消

極抵抗運動以應付之

在南非戰爭中。甘地大顯其忍耐容恕功夫。組織印地救傷隊。率同志奔馳於戰綫之中。力盡救護之職。冀英政府念其忠誠而解放印人也。於一九〇六年樹羅之變中。復率其同志組織義勇隊。盡救護之職。甘地等雖盡力矢忠於英。然英人虐待印人。反變本加厲。一八九六年甘地嘗在印度麻打拉薩作演辭曰。南非之印僑。最受凌虐之苦。鐵路職員待吾人如畜類。吾人不能安然行於街衢之上。吾人被視之爲亞洲之污物。處處受人詬罵。吾人爲發臭之苦力。害人之動物。白人謂吾生殖若兔子。據彼之意。當捕殺之若兔子云云。誠慨乎其言之矣。後印度人所處地位。益見惡劣。忍無可忍。乃於一九〇六年九月間集同志開大會。同行宣誓。決意實行消極抵抗運動。

消極抵抗運動。

甘地嘗對其友人某曰。余小時在學校中。讀一詩。不禁深有所感。是詩之大意謂人若以一杯之水惠汝。而汝以一杯水報之。兩相抵銷。無足稱述。苟能以德報怨。則美矣云云。後閱耶教新約至「勿拒惡人。彼若打汝右頰。汝當再以左頰向之。」愛爾仇敵。爲迫害汝者祈禱。汝乃可爲上帝之子。不覺我胸中所懷之意念。耶穌已先我言之。後讀托爾斯太「天國在汝心中」一書。益覺我素抱主張之正確矣。余嫌消極反抗一語。不能爲吾主張全部適宜之名辭。而祇足表示吾計劃一部份之意義。以德報怨一語。似更爲確切。然余仍用消極反抗爲余運動之名詞者。蓋此已爲盡人所知。易得人之了解也云云。

靈性潛力

甘地爲消極抵抗。爲無堅不破之利器。施行此項運動者。可得幸福。而受之者可無流血之苦。此法可歷萬世而不舊。公諸大衆而無宣泄之患。作消極抵抗運動者。苟相爭勝。其能力可愈爭而愈强。永不衰滅。消極抵抗。無須刀刃。而其堅强人力不能破之。其主動力。於英文稱之曰眞理。托爾斯泰名之曰靈性潛力。或愛力。最純粹之消極抵抗。可無須金錢。或其他物質的之濟助。然在初期中。難免用武力。而發生騷動。無論男女老幼。皆可參與此項運動。或謂祇弱不足爲之人民。不能以武力抵抗武力者。方用此法。此論殊屬不確。蓋自認爲弱不足爲者。卽不能作消極抵抗。凡屬除所具一種人類公有之禽獸式的奮爭力外。復有一種較高之潛力者。方足作此運動而收成效。

發展個人之靈性。潛力。或愛力以施抵抗者。第一須能安貧。不求豐衣美食。而常以修淡泊工夫爲懷者。方足言此。此心苟常純潔無瑕。潛力自生。而世間無不可爲之事矣。故欲實行消極抵抗者。先須有長時期之靈性修養工夫。能作純粹之消極抵抗者。每爲完人。愈得消極抵抗確切之了解。而能窮行之者。其人格完美之程度亦愈高。世人苟咸喻吾旨。而從吾以行。則全世之社會思潮將改易其途徑。政治權威兵備實力將不消而自滅。無論東西民族之政治社會。從茲將無呻吟嘆息之氣矣。由此觀之。消極抵抗實爲世間最高尙最優美之教育。人受初等教育之後。卽當以此教之。使其知何爲靈性。眞理。仁愛。人生在世。無非爲一種勤奮。然須知仁愛可勝憎惡。眞理可勝虛勢。克己耐苦可勝强權也。

牢獄經驗

甘地在南非因提倡消極抵抗而被拘入獄者數次。彼嘗自述曰牢獄生涯。惠我匪淺我歷受肉體之痛苦而我靈性上之能力轉見加强。自信力較前更偉。經此磨練後。已不知艱苦爲何物矣云云。甘地在南非消極抵抗之成績甚佳。法律上對印人不公平之待遇。已一一消除。今南非印僑祇受非法律能力所及社會上工業上之歧視矣。甘地於大戰爆發後。至倫敦組織印度戰地救濟隊。爲英政府效力以期達到完全解放印度之目的。

意見之變遷

數年之前。甘地竭力主張聯絡英帝國政府。以博其歡心。彼於大戰中勸印人犧牲金錢人力以表示愛護政府之殷情。然大戰告終之後印人所受羈絆箝制。一如往昔。故甘地與其同志尊皇之念較前大爲減殺。一九一五年彼嘗曰。大不列顛帝國有數種主義足以動我愛情者。其一爲凡人民皆有最廣闊最自由之範圍。使其發展能力光榮及爲彼良心上一切願爲之事。此種民權祇大不列顛之人民賦有之云云。於一九二一年十一月間甘地曰。吾之智慧已因經驗而增加。今余以爲大不列顚之政制實極不良。亟須改革。蓋以其不爲人民自由改進留餘地也。余嘗爲大不列顚政府效力於樹羅之變。南非之役。與此屆大戰。然於今思之。吾之作爲皆爲罪過也云云。觀此前後兩段言論。可知甘地對英之態度已大變矣。彼對於印度之司法界又嘗作評論曰。人若破壞其自己所立之規則。則已犯刑事罪案。蓋彼破壞行爲之影響。非祇對己。而亦足侵害他人。非但有規避責罰之罪。（立法者每無法以治其違法之罪）刑事且有規避他人守法時所有種種不便之罪也。一人如是。一國亦如是。今英政府在印所立處罰法案及審察法案。莫不爲其官吏所濫用。實行消極抵抗者。對於政府命令。往往逆來順受。故司法者益見漫無顧忌矣。利庭爵士 Lord Reading 嘗嚴重聲明曰。若消極抵抗者。苟無暴橫行爲。政府當不加阻遏。此項諾言今皆被棄之矣。可知甘地對英抱怨實深也。然彼於一九二〇年十一月間嘗曰。余爲實行消極抵抗者。故仍承認喬治爲余之君主。余對於喬治個人毫無惡感。所疾視者乃其治制耳。

印度社會素以階級著。上級人民之奴視下級人民。一若英之奴視印人。此爲印人之自己大罪惡。然甘地謂印度素無階級。印度人在昔皆可藉其個人之能力以增高其社會之地位。彼所恨者乃虐待下級人民之法律耳。甘地旅行嘗搭三等車以窺下等人民之疾苦。

提倡守法反對

甘地反對政府非但為印度人民之權利。而亦即其義務所在不容辭者也。然因反對而起暴動。則非其所願聞。近來印度時有因抗英而發生騷擾之事。皆違背甘地之意旨者也。甘地聞之必深為太息。曰吾道失敗以此也。甘地寡欲而懇切若嬰孩信道既明而自知益篤。勇往直前。毫無餒氣。彼為印度現用消極抵抗方法以先造成一精神之自治政府。而後再圖建設政治上之自治政府。故其實行工夫之第一步。為個人自治。個人自治之要點。為守法。能守法而又能為抵抗。斯足尚矣云。

孟買騷動

一九二一年。十一月。威爾司太子游印度。孟買忽有大騷動。甘地之同志奔走呼號於。市勸民眾四散。歸家被暴民毆擊。而受傷者數人。甘地聞信親至。孟買勸民息亂。

民衆不爲之動。騷擾如故。甘地乃不食以諫之。餓四日。暴動者爲其所感化。自願息亂。並允此後不再出此。事平後。甘地致書於孟買人民。略曰。自決行動不可以暴亂出之。印度無須過激主義。更不須採無政府政策。自決者卽個人保全其身體之自由以行其所欲之謂也。不暴動。棄組合。修養各個人最自由之思想。於是自決可能矣。人世間祇有一主宰。眞理仁愛是也。除篤信眞理實行仁愛。我生別無他志。我萬不能恨英人。余嘗再三詆英人之政治組織。吾身苟存在於世。此恨當無終止之期。然吾所恨者爲制度。非個人也。由吾之主義而言。我愛英人如愛我自己。我苟在此千鈞一髮之時。而叛此志。卽爲違背眞宰。我不爲也。

勸用土貨及戒傷殺

一九一五年來。甘地竭力勸其人民購用土貨。英貨在印銷場頗受其影響。彼嘗作演辭曰。印度之窮。其最大原因爲購用外貨。若印度人民自開海禁以來。不用一件外交貨物。則其今日富庶之象。恐難以言語形容之矣。我祇用土貨之主張。非抵制外貨之謂也。余以此爲主義上之原則。整頓社會治理國家。當自治身治家始。治身當以自食其力爲先。所謂自食其力。無須仰給於人之謂也。凡能自爲之者。切勿藉人之力以成之。我苟能依此道以自養。則我家亦可因此而自立。集家室而成社會。集社會而成國家。集國家而成世界。是則自食其力。自用其貨。實爲救個人救社會國家世界最良之策。我故曰。吾之提倡用土貨。乃主義上之元則也。

甘地之倡消極抵抗。猶有一要義焉。曰不殺人。彼曰不殺人。卽無所有犯於人之謂也。凡屬人類。皆當以仁愛待之。在我之心目中無仇敵人。卽或自認彼爲余之敵。然在余視之。猶爲愛友。人類有相仇之念。於是紛爭起而安樂亡矣。余若視人如仇。則侵犯之念。油然而生。然被我侵犯之人。必施報復。於是殺戮相乘。强肉相爭。人類永墜於末世不拔之刧矣。然人若有犯於汝。而汝不還侵之。其怨氣至於汝身而消滅。彼亦無所施其技矣。苟人人能如是。人類永久之平安可期矣。若以此義推行之於國際。則一切戰爭可以免除矣。甘地思想之高超類皆如此。昧然曰。某君嘗謂今大地人文有三大系。以三符號表之。西洋系人文以十字表其殘渴。中華系人文以三字表其溫和。印度系人文以卍字表其圓滿。亦初得其情矣。西洋人之性質可以英國代表之。今於此文所實寫之英國人觀之。豈非誠然殘虐渴血之族哉。非有踐眞理之士若甘地者。久久隨順不捨以德熏化之。殆以惑業障厚。其本具之靈通德性。殊不易開發也。印度人有一特勝之性。若認爲眞理必拚卻世財身命以實行實現之。不同西洋人。或以天帝爲信仰上之一安慰。或以哲學爲智識上之一游玩。亦不同中國人常苟且調和以求安逸。故能臻德性之圓滿者。獨在印度。而人世若有統一和平安樂之日。亦必由印度人成之也。

若甘地所持之義。亦不過以德報怨則怨尤胥化耳。文中所引耶穌之勿拒惡人。愛爾仇敵等語。固西洋人所常誦者。然斯賓塞嘗譏英國人僅禮拜日到教堂稱述之耳。一出教堂則所行固完全不符也。蓋西洋人但以此爲人而上一仰望之玄境。實不以爲人之眞行義所在。而一爲印度人甘地得之。使成實踐之行。然後知佛典上所敍古先種種忍辱之行。皆實有之事。而菩薩六度四攝。皆篤切之踐履。並非玄虛之理論也。

甘地所行。頗近於天台宗所云藏教之事六度菩薩。惜其未聞佛法。故猶囿於人世耳。若擴充其心量。知虛空世界衆生無邊。無邊之衆生中。乃至狠虎蟲蛇等。無始來皆曾互爲父母子女友朋仇敵。而根本同以一眞如心爲體。則怨親平等之觀行愈眞切。同體相感之慈悲愈深普也。

然正唯若甘地之篤行者。進之以佛理。乃爲有益。在中國人則存爲玄渺之虛想。其實行者則求一人一家之福報。及個人之解脫耳。故非縱恣貪嗔。則便躭守虛寂。求如甘地之既能極端消極以止惡務盡。又能極端積極以見善勇爲。勉行兼濟之菩薩行者。卒不可得也。

今世頗言自治自決。然淩駕空言。羌無本根。甘地獨指出自治之根本在個人自治。又曰不暴動。棄組合。修習各個人最自由之理。觀則自決可能矣。余十數年前一日於火車上偶思及若各個人皆棄羣衆組合。單獨自治。則一切人羣上之隔礙階差皆滅。而眞成平等自由大同郅治之人世也。一時幻思不圖甘地已實行之矣。純德之化。往往能感及禽獸魚蟲。而於人反不能感化之者。則以嗜欲彌深而天機彌淺故也。然聞此次甘地又被判二年監禁。被判時甘地對法官曰。敬謝法官。余自知有罪所判誠得其當法官亦赧然曰余亦知汝爲道德甚高之士但余以法律之責任不得不然耳然則雖冷刻之法官亦不禁爲甘地感化而承認法律竟爲與道德不相容之物矣

論塔果爾

塔果爾或譯太戈兒、泰莪爾、太谷爾是現時飛聲世界的一個印度詩人及哲學者質言之則是印度吠檀陀派中一個文學的人哲學的人修靜慮的人熱心濟世的人然塔果爾之略歷已見於馮飛君塔果爾哲學之第一章第二章而吠檀陀之實況華人尚鮮知者故今當先論吠檀陀派再進論塔果爾

(一)吠檀陀派之概論

吠檀陀派者「吠陀了義」之意吠陀譯明是婆羅門徒所稱爲「由梵天啟示」之書卽有名之「四吠陀經」是也吠陀之森林書後附有烏波尼煞曇書近譯云奧義書大致吠陀重在祭式之行法而奧義書重在哲學之說明然奧義書仍以吠陀爲所屬之本典彌曼薩派(古婆羅門派)不甚重之此吠檀陀派(新婆羅門派)則視較本典尤

重。而就奧義書以發揮或研究者。皆得名吠檀陀派。然有古新之別。枝流極夥。茲先列古奧義書各枝派如下。

古奧義名枝派

本典	奧義書	所屬枝派
黎俱吠陀	愛塔利耶	愛塔利耶派
	高希塔基	高希塔基派
沙摩吠陀	強多具耶	山灰丁派
	客耶	撒意彌尼派
夜柔吠陀　黑夜柔	胎梯利耶、摩訶那羅耶那	胎梯利耶派
	迦塔耶	塔耶派
	因唯塔周瓦塔罷	缺
	每托羅耶那	
夜柔吠陀　白夜柔	不利哈多哈蘭耶迦、夜舍	婆撒差尼耶

自德人叔本華稱奧義書爲世界最高尚之智慧。西洋學者探索者日多。然今稱爲印度六派哲學之一之吠檀陀。殆指婆達羅耶那之吠檀陀經與商羯羅之註以言。

此雖足爲吠檀陀派之代表。猶未足窮其變也。今略分述以評判之。

(甲)婆達羅耶那之吠檀陀經　此書大約成立於千三四百年前。以四章十六節五百五十五頌成立。爲一部有組織有系統之哲學書者。覈之尚不離婆羅門之質。其第一章爲「梵」之說明。謂「梵」爲宇宙萬有之作者及原質。而與吾人之眞我同性。故吾人自見其眞我時。卽能合梵爲一。第二章爲成立其「梵」而辨駁數論佛教耆那教獸主派薄迦梵派等。以明眞理之獨在吠檀陀。第三章說輪迴與解脫。第四章正說解脫。解脫門。其立輪迴之義。謂有情各有一與梵同性之極小我體。此我體隨善惡而升沉。惡者入地獄道。惡盡再出。善者上至月界再落爲此世之人畜或草木。解脫須修婆羅門之行。一求學。二居家。三森林（修禪觀）四游行。（教化）則命終經十二界而至第十三之最高梵界。與梵合一而解脫焉。（參考佛學院講義之印度六派哲學）其視「梵」爲唯一常住之實體。宇宙人生皆從此實體發展而出。解脫則還歸此實體焉耳。

(乙)烏達婆達之滿多俱耶頌　此頌成立於千二三百年前。乃大致採用佛教之中觀論唯識論之說明。對於古奧義書之本意。乃逈乎不同者也其大致以佛教之「眞如」或「涅槃」或「法身」爲梵而以此「梵」爲卽「吾人之眞我」。離「吾人之眞我」絕無他有。而世界人生則衆緣所生。無性卽空。唯識所變無實如幻。吾人但能自除無明幻惑。則卽能達眞我之梵境而解脫焉。後商羯羅引用其說以註吠檀陀經。吠檀陀派乃卓然成立。使婆羅門新教大興於印度。而佛教因之就衰落焉。

（丙）商羯羅之吠檀陀學說　商羯羅爲我國盛唐時之印度婆羅門教吠檀陀派之大師。當印度戒日王薨後佛教就衰之時也。商羯羅著書頗多。但能代表其思想之全體者。則爲吠檀陀之註。亦卽今所謂吠檀陀哲學之正宗也。吠檀陀經能結集諸奧義書之古義。倚數論以爲說明。而滿多具耶頌則利用大乘佛學以發揮其高玄之義。至商羯羅時此二頌相違異。乃力謀貫合之法。採用滿多具耶頌以註吠檀陀經。其不能脗同處。則假大乘之二諦說。或眞言之秘密開顯說。以爲彌縫。於是不失婆羅門吠陀之質。而奄有大乘顯密教之長。從此婆羅門重興印度。

印民十分之六七皆信奉之。迄今尚然。而佛教日趨衰落矣。

西歷十一二世紀間之羅馬奴撒傍毘紐天派著作狹義的一元論。十二世紀之差達難陀傍回教著作二元論。今雖亦各成一派。茲不述之。

(丁)吠檀陀派評判　諸古奥義書之吠檀陀舊義。不外事梵天或事大自在天之神教。與彌曼薩舊婆羅門教無甚區別。而示別彌曼薩派特立為一吠檀陀派者。端在商羯羅以來之奥義書新派。但其引以註釋吠陀經之滿多俱耶頌。既由假借佛教大乘之中觀學唯識學而成立。其本人尤利用佛教眞俗二諦顯密二教之說。以融釋諸奥義書。得以秩然貫通。闡明於世。則唐以來之印度。其名式上雖佛教衰歇。而吠檀陀派之新婆羅門教復興。實際上則雖謂佛法已藉吠檀陀名而普及全印可也。今若據實而正其名。應名之曰「佛教之吠檀陀宗」。將其所緣附之吠檀陀名式收歸為佛教一宗派標幟。如今日本佛教徒將臺灣之吃齋供觀音誦羅某五部六册之龍華教。案即他省所行之大乘門清淨門等改稱為「佛教龍華派」。者是其例也。推此例以廣之。則宋明儒理學可稱為「佛教之宋明儒派」。種種兼修性功之道家流類。若諸三教合一以修道爲中心之各社等。可稱爲「佛教之道流派」故余昔談佛史。嘗言中國自宋明來。就表面言之佛教日落。而就儒道竊禪宗爲底質。成理學丹道而彌布朝野。理學及上等社會丹道及中下社會則應謂佛化已遍行全民耳。此中理由甚長專篇另論去年聞英國牛津大學某教授言。佛教今已大有傳入歐美之趨勢。基督教可更見興盛云云。今艾香德牧師既仿佛教叢林設基督教叢林於南京景風山。而張純一牧師之改造基督教討論。亦極言非精通佛教。不足以爲眞基督。則今後將更有「佛教之基督宗」興。世亦事勢所必至者也。願世人據實定名。一一收歸爲「佛教之某某宗」去其偏謬之點。要皆佛教之人天乘法。而此吠檀陀義在西洋之哲學中。大近海格爾之汎神哲學。（或稱汎神教萬有皆神之意）至塔果爾之特爲推重者。蓋別由他種關係云。

（二）塔果爾學說略議

余於塔果爾之學說。僅窺及馮飛君所譯塔果爾及其森林哲學而已。森林哲學之名。大約一由奧義書本附於吠陀之森林篇後者。二由婆羅門徒第三期修靜慮曰森林期。由塔果爾屢言歐洲文明出於保壘。印度文明出於森林。故卽名其書曰森林哲學。所譯內容分二篇。上篇曰塔果爾哲學研究。下篇曰生命之實現。大意今擷其要旨如下。

一、自然宇宙和人類。皆由梵之發展而來。梵是美。是愛。是喜。是新。是眞。是善。是永生。是完全。是調和。故自然和人類。亦是美。是愛。是喜。是新。是眞。是善。是永生。是完全。是調和。

二、自然和人類之有死有醜有惡有假等等者。皆梵中一部分之表現。雖有此一部分之表現。而在其完全調和中仍唯美善愛喜等等。絕無一點死醜惡假之踪影可得。且卽爲趨歸唯美唯愛等等完全調和之梵之經過。

三、自然和人類既爲最完美之梵。且吾人之眞生命。大我卽是梵之全體。故吾人不須向外追求佔造。西洋人是向外追求佔造但須將此「梵」實現出來。便可欲實現此「梵」須用自然和人類。渾然一體完美之「愛」之「歡喜」去實感得之。一旦實感得之。卽能合「梵」爲一。而實現其完美之「梵」。

四、其實感實現之方法。大約須修「靜慮」以握得宇宙之中心眞理。及不絕的犧牲其私己之小我。但西洋人不能實感實現之者。卽由其唯以私己之佔有爲歸着。故不能與自然融洽。且迷惑於盲目的衝動及肉體的熱感。不能抑伏之以握得中心眞理。故不絕的被環境誘動。要求創造。要求佔有。要求進化。不得生之安定。

上來旣略述塔氏哲學之要旨。茲據佛學評議之如下。梵是「淨」義。修「梵行」卽是禁止肉體的色慾。及熱情的衝動。修得離生喜樂的禪定。離生喜樂的禪定。有覺觀喜樂一心之五支功德。充滿喜樂。無有憂苦。要得「梵天主」之果。須加修慈悲喜捨四無量心。

塔果爾所云「握得中心眞理」卽禪定。

謂梵是「完全的美」卽「淨」義。

謂梵是歡喜是愛。卽「喜樂」義。

自然和人類無限的愛。卽慈無量心。完全的善。卽悲無量心。無限的歡喜。卽喜無量心。不斷的新。卽捨無量心。然則塔果爾固全爲一修初禪及修四無量心者。彼旣以

「與梵合一」「卽生梵天」爲究竟。故時有「梵」卽佛之涅槃之意。據實觀之。則僅以「離生喜樂之初禪梵界」爲新嚮者耳。然固能照之而行。亦爲佛法中之天乘正行。可作出世三乘正行之前方便者。而塔氏意在聯合印度現行之佛耶回吠檀陀彌曼薩之各教。故於佛法之與相近者。亦時稱述云。

至塔氏爲歐美人所傾倒者。一、由塔氏能將其梵學使用西洋流行之語言以傳出之。二、由其長於藝術美術的詩歌戲劇興趣豐富之文學至爲歐美人所傳頌爲現代詩聖。三、由塔氏有實感實現「梵」之「梵行」及「四無量心」等修持。（按傳說以每晨三點入禪定兩時和梵靈感通。遇好風景處往往靜坐終日。）使人目擊道存不言而化。故逈非海格爾輩空談汎神哲學之比云。故吾人觀其哲學不過爾爾。而重其所修梵行。望其能更進一步。以通達大乘佛法發揚印度之無上光明於世也。

論北美瑜伽派

靈華居士劉仁航立言善巧。著作等身。茲又獲讀其北美瑜伽學說。蓋新大陸最近流行之學脈。結集評論於日本禪學家忽滑谷快天。劉君取而譯述之。固將道國明民而非第擷新采奇已矣。

考瑜伽一派。乃印度之古禪學。源淵甚遠。與佛教既不無關係。徵之聲論數論吠檀陀諸派。尤多出入。予當別作印度瑜伽哲學以明之。茲且就劉君所述北美之三種新學派一評焉。

(一)新思想派之自由眞理

以清靜高尙簡易爲志。行以優閒美樂康壽爲效果。以淡忘放捨乎身心世界諸所有事爲方法。取徑直捷痛快。殆無其比。近老莊達生外物之道。亦沙門少欲知足之義。其一切放下之工夫。通乎禪宗最初方便之一法。然禪宗放下放下又放下放下到無可放下處。尙有透天透地一段大光明在。頭頭圓顯。物物全彰。而彼未能逮知也。隨順世俗語言以解說之。蓋純乎消極之法門耳。法華經窮子喻品所謂唯令除糞是已。

(二)耶穌教理學派之權利眞理

其說曰神者吾人生命之源泉也意思之本根也福智之淵海也欲得長壽永康之眞樂唯在歸依乎神求助乎神而已矣人之心靈卽神賦人之慧命神者彌滿純善故宇宙唯有精神而無物質凡疾病死亡罪惡皆由妄執有物質而起種種邪思狃於俗見俗習之故耳如灼然眞知乎神則且無物質況有依物質而起之苦痛哉其致力之道卽在乎時時提醒此正知而誠明夫眞神效神之彌滿純善而行博愛以屏除俗見俗習妄執邪思耳慧可禪師曰本是菩提元無煩惱嘗有某禪者問某禪師曰如何是佛曰汝能信否曰師是大善知識爭能不信曰信則汝卽是佛禪者珍重而住又問如何保任曰一翳在目空華亂墜則所謂耶穌教理學派亦禪錄中一重公案而已此蓋純用積極之法門者唯彼派之所謂神不徒有名言而無實證殆猶未免認境爲心之倒想

(三)瑜伽學派之眞自由觀

此派在反觀深究揀粗入精先外身外之物次外其身次外其感覺欲情智能理想而求得自在常存之神我者然後一推此神我卽爲宇宙萬有本體之婆羅門大梵

天神。而與之渾然融合也。瑜伽古譯相應。卽天人合一之合一義。其修證之法。乃在宴坐靜慮。使身心妙入禪定。與大梵合一。到達眞自由眞平等全福德全智能之域也。其觀念則在認清平自在之神我。超絕宇宙萬有而無上最尊。能統攝調御乎身心物境而爲之用。不令欲情思想及身心物境間寒燠饑渴疲勞等感覺所牽動也。此則同時兼用消極法門以降伏物情。積極法門以證尊神我者。其證明神我有至精之言曰。離我則無能認身心物境之爲非我者。故能認身心物境之爲非我者。卽神我也。蓋兼有前二派之義。而又有加行之功可進之乎實證者也。然按彼派所證之我。乃第六意識心王之自證量。其所謂婆羅門大梵天神。則末那識所執之阿賴耶識也。其迹似禪宗而實異禪宗者。非僅好眩神奇而已。雖然。積極消極之說。就其功用之方便門。或側從放捨而入。或側從持取而入。以分言之耳。究之則非可劃定畛域而橫生執著者。新思想派之淸靜高尙簡易與閒逸安樂康壽。非卽其積極方面乎。耶穌教理學派之屛除俗見俗習妄執邪思。非卽其消極方面乎。明乎此。則劉君以北美瑜伽學說爲中國國民之淸涼散者。又曷嘗不可卽爲中國國民之補養劑乎。夫人心之所求者。孰大乎使我與萬有本體合一。到達眞自由眞平等全福德全智能之域。而能統攝調御乎內外上下。得大自在。不爲一物所牽動流轉乎。以是尊國民之人格。則國民之人格無上而自强不息。以是尊國家之主權。則國家之主權無上而物莫能競。烏乎。吾國民果能有得乎此。而後乃令可進悟佛乘之無我。而後乃令可妙運佛乘無我之大我。而後乃令可極證佛乘無我非無我不二之圓常眞我。

論泡爾生倫理學

倫理學原理。德意志人泡爾生著。山陰蔡元培重譯於日本。譯者重譯者。皆以平實稱其書。讀之卒業。曰有是哉。德意志國民之大愚不靈乎。曰良心。卽政教禮俗之存於意識者。曰義務。不外徇政教禮俗所期者。曰道德律。爲人類而存。非人類爲道德律而存。曰人生之價值。卽在實現之一時。而駁斥斯賓塞之蔑古尊來。此皆藏諸吾心而達諸彼口者也。然其言雖同。其的則異。故所以歸向之方面卒離歧也。吾之的。在自心之本體。故以政教禮俗及道德律皆爲實現吾心本體之衆緣。而良心德行人生。則即吾心本體所實現之一節也。然吾心之本體。與堯俱聖。與跖俱狂。恆受範於過去集積之種業。而隨現前値異之衆緣。以異其實現。彼非支國王以暾人民之多寡爲道德標準者。即彼之良心也。是故所實現之良心德行。人生非能自有其價値者也。亦非對於政教禮俗義務及道德律而有價値者也。其價値之所存者。蓋以凡事等等。一經實現、即聚集吾心熏爲種業。又必實現於將來。而受其拘礙。故一動一作之實現。皆不可不審愼而出之。欲審愼所實現者。則又不得不改善其實現之因緣。故嚴淨依土。覺利有情。與世界衆生俱無異時。所謂但有對內界之價値。初無對外界之價値者也。彼之的。則在神及帝國。今試刺取其言而疏辯之。以神爲的。故必曰人生出乎神之善意。凡人世之害及惡者。皆爲人生德能之具。斷斷焉而爲神頌。直夫耶穌。誠以磔死而垂大名也。然古今人與耶穌遇害者何限。今之爲帝國而死沙場者又何限。豈一一榮耀千秋者乎。即流芳不朽矣。亦徒令後之人墜情隕涕悲欣失中而已。其本人自身之善利奚在哉。以帝國爲的。結成四過。一、崇拜歷史之英雄。而鼓勵人類之戰爭。故曰苟泯國界。則歷史上勇敢善戰摯猛神武之英雄。必無從發見人類欲營自然界之歷史生活計誠無善於戰死抑若人類專爲歷史而生者然其貴歷史而賤人生者有如此所謂以百姓爲芻狗非歟二、尊獎國民之安甯而蹂躪各人生之利樂故曰國家者大人也吾人則國家之一支一分也吾人之圓滿生活僅爲國家或文明社會之一作用而以愚黔首者則曰設詢勤作農夫汝終日孜孜利己乎利人乎彼必所答非所問而曰恐田園之將蕪再則曰恐無以益井里裨國家耳太虛曰此眞謬論哉吾意彼農夫所答非所問非爲是則身將凍餒焉耳曰、假能坐食安享余固甚不願終日孜孜焉耳益井里云裨國家云雖狡者必竊爲美談詎其情哉三、隆多衆而殺單己以擢陷民心使不敢不以皈敬天神者歸敬帝國故曰隨歷史研究之進步而益驚其不可思議自覺渺渺之身微於塵芥不能不起寅畏折損之情太虛按瑜伽師曰欲界天魔常設種種幻法怖恐有情俾繫縶塵網不獲解脫信然則泡氏亦上帝之忠僕哉持無政府主義者每詬神教與強權相狼狽不我欺已四、主張服從秩序而束縛各人之自由故議員之入議場則凝神注意逈異平時游於家族工廠則所遇者皆懇至謹愼而反覆稱揚以至美殊不知此帖定靜謐之象。觀其外表之和通。雖暫時若是。其出乎牽掣之不得已。固與苦工之爲逼迫而不敢憚勞無以異。而各人之內界。究不出小己之利害得失榮辱間也。夫奚足善乎。要之道德者。神意也。而又以神意與國民之總合生活。混爲一體。實泡氏洎德民倫理思想之原泉。醞釀滋蕃者。已非一日。人相安於習俗。處其國者。非特立不羈之桀。殆難自拔。故德民莫不馴伏於神意之帝國。奉令承則。無敢或違。摯獸之威廉第二。令乃得託神意而盡驅以饗鐵火祭鋒刃焉。雖然。在德意志之帝及民。固莫不視爲良心之所使也。義務之當然也。道德之實踐也。人生光榮無上之價值也。余故曰。非支國之王。以啖人肉之多寡。爲道德標準者。卽其良心也。夫彼非支國之王及民。世人既皆以傀野視之矣。獨於德意志則步趨後塵。惟恐不及。吾竊惑焉。雖然。索賓霍爾卽叔本華者。眞德意志特立不羈之桀也。泡氏雖極與牴牾。亦染習流俗。取媚淺學焉耳。實則寢酣索氏之言深矣。曰、吾人記憶中之實在。安知非本質之實在乎。曰、人生之行爲。起意志之衝動。稍進則導以快苦之感覺。又進則諫以是非善惡眞妄之智識。往往近吾宗唯識緣生之論。第泡氏不知唯識。而必以本體歸之天神。於是輾轉執著。馳及乎子孫萬世。國民萬歲。沒入倒見稠林。不能出離。顧此實遠西人之普通錮疾。卽單純唯物論者。亦必以自然規律。擬同上帝。洎氏吾無責焉。然神及帝國。胥不出吾心之妄執。一旦知返。道固非遠。故曰若能轉物。卽同如來。且人亦有言。重世界者。世界之奴隸。輕世界者。世界之主人。則所欲稍申忠告於吾同體有情者矣。

論佛教倫理講話

演宗居士寄示第一種佛敎倫理叢書講話。並囑爲校閱。展誦之下。乃用通俗之言語。作隨宜之敎化者。對治惡慧。整飭倫紀。深入顯出。比喻剴切。洵覺世之良書也。意之所到。輒書以誌之。(一)「佛卽中國所謂之聖人」此解最好。蓋『佛陀』譯『覺者』猶言有覺之人。與單稱之覺字有人法之異。獨說爲醒覺明白義。反不符故可作「講到佛。那就大大的不同了。他是永遠醒覺了的完全明白了的」(二)「說了四十九年大法。敎化徒弟不計其數」乃至「那頂劣等的也生天界。佛到七十九歲。當時度脫的皆已度脫。所以那應身便滅了。但佛的眞身是湛然常住的應身在別個世界亦依然是有的。」（三）瓔珞經神名天心。通名慧性。天謂第一義空。即心眞如慧性則四智菩提也。故可曰「神是佛和我們無二無別的本心。通是我們各人能開了智慧照著佛法去修行。修到與本心融化成一的地位。就沒有一點遮礙。所以叫做神通。」（四）六種神通。天眼通凡六義。透礙一也。徹通二也。破暗三也。顯微四也。見未來五也。見諸趣（若天趣鬼趣是）六也。至其所及時之長與處之廣。則前之五通。仙鬼神天外道小聖。皆各隨其功行而爲分限。唯至佛斯眞無涯量耳。天眼天耳。其實均非關肉體之眼耳者。特以能見形色謂之眼。能聞音聲謂之耳而已。其能聞能見。實唯寂定中靈明之心也。庚桑楚謂我能視聽不用耳目。雖六合之外有來於我心者。我皆知之。此即天眼天耳通也。唯言語乃意識所緣法塵。天耳亦但聞種種音聲。正如吾人聞蟬鳴雀噪。不能讀其意之所解也。至得通一切語言陀羅尼。乃屬妙觀察智者。非天耳通也。故唯佛及大菩薩有之。耳而能解一二種異物所發音聲之意義者。此或由夙業報得。或由專學修得。既非得言語陀羅尼。尤非得天耳通。天耳通者。能了聞微遠之音聲是也。見未來既屬天眼通。故唯指知自己及衆生過去之事者爲宿命通也。他心通謂能知他之心念。其義易知。目連稱神通第一者。卽身如意通最勝也。以有時亦專稱身如意通爲神通。故積聚依持曰身。雖今之唯物學家亦謂無原子電子各各獨立存在者。則存在物無非是積聚依持之身。故身兼根境言也。此通乃上下遠近隱現大小地水火風日星金石皆無障礙也。未得佛法三乘菩提者。必無漏盡通。前之五通。則天神仙鬼等有得一種至五種者。人間外道仙人尋常不過知三世幾萬年幾萬里而已。大梵天王以小千世界爲限。摩醯首羅天王以大千世界爲限。過未以八萬大刦爲限。小聖阿羅漢多得漏盡通不得前五通者。以唯志在了脫生死也。而緣獨覺則必得六通。大阿羅漢與獨覺之五通界限與摩醯首羅天王同也。大千世界者。百萬億日月天地也。天鬼等通。多由報得生成。是有人界兼動物言多由修得。種種異道種種修法。依禪經修發四禪。卽可依之作意修神通。而佛法不求五通。貴深證最清淨心而妙用自發耳。凡發通大約先發天耳或眼。被「交靈術」者。能見遠地。以被術時意識空亡而精神虛融。故不目而見。隨念而現。此猶光照樹上而影落地下。實無來去。與禪定中發天眼理同。但一係發自自心作意。一係受人咒語而有兩心聯合爲異。與念佛持咒而發通及菩薩入定受佛加被而說法理略相同。然念佛等半在乎自心作意識想雖滅。了了不昧。故有益無損。而彼之被術深者。失自心作意。與睡眼復異。睡眼是由前五根識疲倦昏昧而獨頭意識仍行。故有夢境。此則意識由昏昧而沉潛。前五根覺固依然觸受境界。但得明了意識爲分別。其感覺渾渾乎偏而已。非離根境現量之覺。故異夢中意影。其覺渾渾乎偏。故雖唯虛空。若一受術者指語爲櫻桃。即以此咒語成爲彼之作意。乃意識所示與之虛空實是櫻桃。又唯術者之言得受其識別。其餘皆渾然無所了者。以彼意識之種種觀念。唯由術者之精神咒語壓沈。故亦得由術者之精神咒語喚起其一種觀念也。乃至喚醒亦然。但被術時若術者不施咒語。殆全落無想境界。平時既未數習厭除想念。則必不久安住無想中。與入無想定者同。故被術深時若術者精神不注。既不施語。又不喚醒。則彼沉潛之意識。則自由無條理而亂起。術者無從知其意念之所在。則不能令被術者之意識受術者制服之指揮之回復矣。於是被術者永失舊時人格。變成瘋癡。此其事甚危險也。必術者先修得他心通。施術時方無危險。佛菩薩加持衆生有益無損者。以有天眼宿命他心通。知衆生性欲想念也。此豈術者所能哉。但在尋常催眠術纔致人精神恍惚沉迷之度。療病矯癖固無妨害。至自己催眠。則可爲修禪定之前方便也。嘗習禪定亦偶然現天眼天耳之境。特由寂靜暫一流露。既非作意所修。亦非稱性所發。故不隨念應現。亦不法爾常然。好靈奇是癡見。道人心只是平常而已。(五)六道或減作五趣。或增作七趣。校此三者。折衷六道。然修羅本屬四天王所統八部神鬼之一部。特有少數倔强者。不受統攝。或起抗戰耳。魔羅之徒。亦異天人。乾闥婆緊那羅等亦然。彼既不別列種種道。何須於修羅別列一道也。至仙趣亦人中修行者而已。若捨人報成天仙。則空居天以上天人是也。神仙鬼仙。則亦四天王所統攝者也。要之五趣爲正。此外有不能正攝五趣者。彼非天非鬼非畜生。亦天亦鬼亦畜生。則或可混名曰雜而已。與其名修羅道。不如總以四天王天修羅等八部及魔鬼鬼仙地水火風各種主神等名之曰「神」道也。此諸種種。其實皆有靈化神力。雖勝劣懸殊。互可交接。雖善惡不純。頗有威福。字曰神道。可謂名稱其實。又案三界有二種。(甲種)就欲界地居天以下分爲三界。(子)天神界。舊名帝釋界、依主立名、其實亦攝諸神、地居天八部神皆雜居也、孔墨耶回案耶回所奉天神、只南天增長天王耳、所奉天神。唯知順陰陽之化者。齊乎此而已。婆羅門教道教之高者、則超出此界而上趨乎欲界空居天色界天乃至無色界天、蓋帝釋天以上卽鬼神所不能往來居住。且除自在天魔及大梵天皆與下界了不相涉也。(丑)人生界。舊名人界、以人類為主立名、亦依主立名、其實偏該諸動物而言也、此卽俗語所云陽世也。(寅)鬼囚界。舊名琰魔界、亦依主立名、乃閻羅之變音、閻羅乃地獄之主、亦餓鬼之主也、今合其二道而立此名、此卽俗語所云陰世也。地獄非泥犁之正譯也。正譯苦具。謂依正身器無非是苦具耳。墮阿鼻泥犁者。轉生在無間苦具中也。下劣之修羅剎夜叉及鬼仙等類。亦是鬼類。多為鬼王臣使。此鬼王等亦得謂之神也。此之三界。以相居處交通分判。唯雜趣之神道。於餘五趣無不交通耳。(乙種)就生死輪迴界分為三界。卽欲界色界無色界是也。依修禪定則分九地。而欲界名六道雜居地。原名五趣雜居故欲界云者。非單指欲界六天。自欲界六天乃至地獄統名為欲界也。過此則名色界天。無復婚媾陰陽之事。清淨光明。自然化生。無色界天都無色聲香味觸眼耳鼻舌身。唯窈冥之定心與廣漠之清空耳。世間輪迴界齊此。過此則是出世間涅槃界矣。(六)有情世間。卽是六道衆生。器世間方是六道衆生所依止之世界。所以皆名世間者。蓋有多義。其最大之義。則無論正報之根身與依報之器界。皆不出三世相續、遷流無常、十方相待、變易無定。相續故有世。相待故有間。名之世間。相無界。名之曰物相耳。蓋非此則十方虛空。悉皆消殞。發心歸元。證心眞如矣。所以曰若見諸相非相。卽見如來。復此有爲相之謂世間。有分限故。(七)九品餓鬼。自罪之最輕者。以至罪之最重者。而爲次序。則勢力得失得棄大瘤臭毛針毛臭口針咽炬口是也。炬口常被火燒。亦無間苦也。佛典虛怯多畏者謂之鬼。威靈有勢者謂之神。而勢力鬼多則無障。且有威勢。乃鬼中之神也。人世祀立神廟。大約多爲此一類鬼所據。享正直者則若城隍土地等。邪惡者則若羅刹鬼子母等。而得失得棄二類。則占鬼中之最多數。且占六道中之最多數。其數實多於三十餘萬類之動物也。此乃鬼道中之尋常百姓。其居處多在地面。滿山滿海滿樓滿竈。大概虛怯多畏。而得食常難。其所食在人以爲唯是氣息。彼則亦作種種飲食見也。鬼唯見人想念。而不見人身。被所見人身、卽人觀念中自身之影。故人身亦不爲鬼障礙。間有積世老鬼。或弄人助人。且能現形出聲。而同人飲啖。鬼類之生。亦有胎卵濕化四漸毀滅也。(八)四天王壽五百歲。非人間之五百歲也。以人間歲月較之。五十歲僅爲彼天一日。以如此之日復如人間一歲日數積成歲。積如彼之歲五百歲耳。若單計人中年歲。則彼一歲。已有人間十八萬歲矣。然此猶天人中壽之最短者耳。故在彼觀吾人。眞蜉蝣之不若也。

論陳獨秀自殺論

八年十一月間。北京大學學生林君德揚。在三貝子花園投水自殺。遂惹起多數人底恐慌。討論救濟方法。陳君獨秀於新青年之第七卷第二號上。亦發表了一篇自殺論。其恐慌的要點。就是認自殺爲破滅社會的危險思想。如云（自殺若成了一種普遍的信仰。社會便自然破滅。各國政府所深惡痛絕底是共產主義和無政府主義。說他是破滅社會的危險思想。倒是眞有兩個可以破滅社會的危險思想。他們却不曾看見。這兩個思想是什麼呢。一個是獨身主義。一個就是自殺。）其救濟的要點。就是新理想主義新唯實主義的最近代思潮。如云。（古代的思潮過去了。現在不去論他。所謂近代思潮。是古代思潮底反動。現在也還勢力很大。在我們中國底思想界自然還算是新思潮。這種新思潮。從他掃蕩古代思潮的虛僞空洞迷妄的功用上看起來。自然不可輕視了他。但是要曉得他的缺點。會造成青年對於世界人生發動無價值無興趣的感想。這種感想自然會造成空虛黑暗懷疑悲觀厭世極危險的人生觀。這種人生觀也能殺人呵。他的反動。他的救濟。就是最近代的思潮。古代思潮敎我們許多不可靠的希望。近代思潮敎我們絕望。最近代思潮敎我們幾件可靠的希望。)

現在我要批評底雖自有我對於自殺一事底見解。但對於他恐慌和救濟底要點。自不得不先加一番審定。

(1)自殺果足爲破滅社會的危險思想嗎

按陳君認自殺爲破滅社會的危險思想。先有一個「自殺若成了一種普遍信仰」的因然自殺一事。設若必不能成爲一般人的普遍信仰。則自殺固無破滅社會的危險。而對於自殺且亦無救濟底必要。陳君既未能證明自殺必將成爲一種普遍的信仰。遽認做破滅社會的危險思想而有救濟底必要。何異偶然見一家或若干家絕了後代。便起人類將斷種底恐慌乎。陳君以自殺和獨身主義並認爲破滅社會的危險思想。今就獨身主義觀之。既未嘗妨害其貪愛自身生活的生性。又能免離了人事上若干的憂患而獲專心致志以成就過人的德業。經世界若干宗敎家底實踐唱導。猶且能信仰實行底不過占人類數千分中之一分。其餘的數千分化醇化生。固但有生齒日繁的現象。而初無人口減少之徵。則獨身主義猶不能成爲普遍的信仰。況自殺乃根本上妨害貪愛自身生活的生性。又幷其能造成德業受用善果的本身而毀滅之者乎。故自殺必不能成爲一般人的普遍信仰。亦不足爲破滅社會的危險思想。陳君認自殺爲破滅社會的危險思想。因視爲有救濟底必要。不得不謂之迂闊無聊的過慮。

（2）最近代思潮果足爲自殺的救濟嗎

按陳君謂最近代思潮敎我們幾件可靠的希望。應是指思潮趨勢表中所列舉惡中有善、醜中有美、人性比獸性進化底數條而言。然此亦是曖昧不明徬徨不定疑惑不決的戲論。固不足爲自殺的救濟者也。何則此論果示人以有善有美有進化的人性而不當自殺乎。抑示人以惡以醜以獸性而當自殺乎。況善在惡中卽是無純善之善。美在醜中。卽是無純美之美。人性較獸性進化。未離獸性。卽是無純粹之人性。卽此已足令不願過苟且生活者自殺矣。且更進一步言之。如作者所云古代思潮是全美的。然近代思潮。在當時亦何嘗不認爲惡中有善、醜中有美、人性比獸性進化也。由作者在今時觀之。則古代思潮、旣成爲不可靠的。近代思潮、亦成了絕望的。則作者於最近代思潮所謂幾件可靠的希望。安知一轉瞬不又是一種不可靠的絕望嗎。是則益暗示人以應當自殺而已。故以最近代思潮有幾件可靠的希望。以爲自殺的救濟。不得不謂之唐喪無益的戲論。然吾雖未嘗得讀羅志希蔣夢麟李守常杜威杜威夫人等人對於楊君自殺的言論。僅就陳君所批評的以觀之。陳君的自殺論。固較羅志希諸人的見解高出數籌矣。而陳君跟着「自殺是破滅社會的危險思想所以必要救濟」一底後面更進一步討論。「爲什麼要維持這社會不讓他破滅。謂是一種狠難解答的哲學上疑問。厭世自殺的人。正是這一種疑問達到他心境最深的處所。感得人生沒有什麼價值。所以才發生一種最後的決心而自殺。這種自殺是各種自殺的源泉。各種自殺多少都受了他暗示底影響。這種對於人生根本上懷疑的自殺。只有能解答他心坎深處所藏人生哲學的疑問。才能够改變他的人生觀。才能够致他不去自殺。否則對他種種的解說。總是沒有一看價值的。亦決非改良社會減輕壓迫所可救濟的」這一段說話。却頗爲中肯。但謂這種疑問。是由宗教上苟且心的空觀及哲學上偏見的性惡所造成的。已屬不全不類。何謂不全。不單是空觀和性惡說所造成故。何謂不類。空觀和性惡說不必造成爲什麽維持社會不讓他破滅的疑問。故且陳君似未知空觀和性惡說之眞意義。故至其應用所謂最近代思潮的現實擴大自我擴大以對治空觀。惡中有善的醜中有美的以對治性惡。謂可以解答厭世的人心境最深處的疑問。則又顯出無他能爲底本相來了。何則。其自我擴大之義分爲物質和精神底兩種。物質的自我擴大、是子孫民族人類精神的自我擴大、是歷史。但那厭世的人豈不知有子孫民族人類和歷史哉。亦以此卽是構成社會的原素。故與社會一般的不須維持讓他破滅而已。然則這些子孫民族人類和歷史的有不有與他什麼相干呢所謂種性不滅。亦屬子孫民族人類相傳相續而存在的。但是現存的人過數十年百年而俱死矣。現存的人子孫亦依然不過數十年百年而俱死。如是死死相續。縱使相續而不斷滅。亦祇成得個各各皆是無價值無意義的生活。況死死相續的人類亦終有與這大地同歸滅壞的一日。安有所謂種性不滅者存乎。物質的滅不滅兩無證明。藉使不滅。然物質不滅亦何嘗可算得人生的意義價值。且所謂物質種性現實自我個體全體空間人類歷史生命精神。皆不過各種轉變上所生各種現象的記號。這各種轉變。一旦完全停止。則此各種現象的記號。又安得不完全斷滅而唯是空乎。（注意此未是佛法的空觀）作者乃曰總算是有不是空。抑何措辭之滑疑閃爍耶。至用惡中有善醜中有美對治性惡更爲無力。何則。善中雜一點惡。美中染一點醜。已不足謂之美善而可謂之爲惡。況善在惡中。美在醜中。尚欲不謂之性惡得乎。又且貪生亦不必由於要維持這社會不讓他破滅。自殺亦不由於不要維持這社會讓他破滅乎。

陳君自殺論中所表列的原因。文明人有教育的人、青年老年人、關於知識信仰的有五類。婦女未婚的人、關於情緒壓迫的約有八類。都會裏的人窮人關於經濟壓迫的有二類。說之頗爲詳盡。然大抵就周圍情狀以言。吾請更有以添補其缺。爲表如下。

爲己
- 投真……視自殺如滅漚還水。所重者在還水不在滅漚。
- 尊我……見色身非我而拘礙乎我。遂殺身以尊我。
- 患失……
  - 成阿羅漢者患退失、自殺以入涅槃、
  - 少婦患老醜失美貌、自殺以保形容、
- 報怨……得無生者償還夙怨以了舊債。如達摩報怨行。

此四者雖近似厭世解脫。實非厭世解脫。

爲他
- 省累……爲避免連累他人而自殺
- 去礙……爲令他人得成功而自殺
- 悟世……爲警覺世間沈迷而自殺
- 利人……爲利益他人而捨施身命

此四者雖亦關於知識信仰。却是純爲他的。

佛教在於爲己之第四種及爲他之第四種是常行的於爲他的第一第二第三亦相對的贊成爲己的投眞尊我患失亦絕然反對更有爲對治身見破除我執及捨身爲法求福消罪等等自殺者此不具述陳君於自殺底批評分爲反對派與非反對派於反對派首列（佛教反對一切殺自殺也包含在內而且他們相信輪迴殺這世的肉身無濟於事）這幾句話亦然而不然（一）未知佛教戒殺的原因（二）未知佛教對於自殺的分解予謂叔本華說（自殺不是應該非難的行爲乃是糊塗的行爲因爲自殺只能夠滅絕肉體不能夠滅絕發生肉體的意志又謂自殺底眞正目的在求得精神的平安否定意志是達目的底唯一方法）實爲佛教對於自殺見解之一種而英國哲學家休謨之說在佛教當亦予以相對的贊成也但佛法隨緣而說初無定相用之當則一切皆佛法用之不當則一切皆非佛法今姑略述吾對於自殺一事底見解

一、我對於自殺底批評　自殺一事不能籠統斷爲反對的非反對的當分別其自殺因由之所在乃能有所評斷吾所不反對者用身主義的自殺也或用之以求悟眞理。或用之以流通正法。或用之以報償怨債。或用之以供給需要。或用之以增長福德。或用之以消除罪惡。或用之以伏斷迷惑。或用之以脫離苦惱。或用之以圓滿悲願。或用之以護持衆生。能善用其身以達到超塵世色身以上之高尙目的者。不論樂生與自殺。無何不可。否則爲色身拘縛。或爲色身積聚成的社會拘縛。不唯不能用他。反爲他的奴隸而不得自由。則樂生固無意義。而自殺者尤屬糊塗。此種糊塗的自殺。則吾所絕然反對者也。然設使無下列三種徹底的覺悟。則未有不爲糊塗的樂生與自殺者。

（一）吾人有生生死死死死生生而未嘗生未嘗死的自體。這種自體（一）是不知不覺自然癡愛乎生存而爲『生存所以然之故』的意志。（二）是爲這意志所迷執而轉變出『生存現象』來的心體。這兩種今假合稱爲『有情性有生命者的自體。』徹見了這個自體。方知吾人一生所作的行爲皆逃不了這個自體的範持保藏。若未能確然滅盡了癡愛生存的意志。則勢必仍爲迷執而隨著業行轉變出『新的生存現象』（生命的。物質的。）依止這個自體的見解而求正當辦法。上者卽是由降伏而滅絕那痴愛迷執的意志。這就是超世間的出轉迴法。次者卽是多造些美的善的行業。使轉變出『新的生存現象』來的時候。漸進美善。以免比現在的更壞更歹。這就是處輪迴的求進化法。

(一)身世本空。物心非有。所現的無非是接續的集合的假相。所說的無非是分別的虛妄的戲論。從來未嘗有人生。今亦何能有自殺。且本無殺。於何有。本來無縛。復何求脫。

(二)吾人的心體本來沒有人物衆生宇宙萬有的妄染。亦復本來具有人物衆生宇宙萬有的妙德。能喚醒這昏睡在無明大黑夜中的本眞心體。徹體覺悟。轉癡愛迷執的意志。爲大悲方便妙用。於是乎全知全能。自由自在。常徧眞實。圓滿清淨。得到人生究竟的眞價値。

那糊塗的自殺。本由不善用身求生。遇困而自殺。既不能斷絕貪戀生存的意志。以成解脫。復不能造美善的行業。以成勝進。便無第一種的覺悟。於平等一如。橫見有自可殺。便無第二種的覺悟。不能以之爲徹究眞心之用。便無第三種的覺悟。且由之益深其癡愛迷執而轉變愈加惡劣的新生存現象。故雖不能謂之有罪而實爲一種可憫又可憾的行爲也。而反對殺他人及一切有生命情性之物者。其理由亦可知矣。佛法戒殺。原是戒殺他的。但廣義的他。雖殺身亦是所殺的他而非能殺的。自欲殺其身的決心方是自。故有這殺心卽是罪惡。故有這殺心能殺自身亦卽能殺他人故但在有上面三種覺悟的。遇正當作用自殺其身。譬之施用其所有的財物。亦依然是一種正當的行爲。但對於自身之外的他人及一切有情命者。則絕對不得殺害。以各各的身命有各各的自體所癡愛迷執。強加殺害。將益固其癡愛迷執乎身命的意志。並激發其抗拒執復之怨毒。糾結纏縛展轉牽率。愈陷入惡劣的生活耳。然遇從因地上救不及時。爲解大衆的苦厄故。爲覺悟他人故。間亦權衡輕重而許有殺他之舉。對於內界破壞癡愛迷執的意志組織。則必善用其殺而後可。所謂護生須是殺殺盡方安居。（參看叔本華之說）

二、我對於自殺的救濟　那覺悟了的能善用其身的。我認爲沒有救濟的必要。至那不能善用其身心。善用其世界。反爲身心世界所拘礙而糊塗自殺的人。依照上說將更轉變出愈加惡劣的新生活現象來的理由。便須救濟。而陳君於自殺原因中所列(2)乃至(16)的十五條自殺的原因。自然可從改造新制度新道德的新社會。以爲之救濟。唯陳君視爲各種自殺底母親。所謂厭世及解脫爲原因的自殺則正是今所欲改造正當的思想以爲之救濟者耳。茲分爲兩種救濟的方法。

(1)消極的

一、破棄那單是肉體的物質的個人的人類的現世的子孫的一死個性斷滅的危險人生觀。這種的人生觀。生則堯舜。死則腐骨。生則盜跖。死則腐骨。令人想到最後的結果。無論前乎我的人。並乎我的人。後乎我的人。親友我的人。怨敵我的人。疎閑我的人。離却腐骨之外皆更無他有。欲令人不根本上發生人生毫無價値毫無意義之決心者。尙可得乎。故此種人生觀實爲發生厭世因自殺及自殺爲解脫的思想源泉。以認爲一經自殺而死。個性卽便斷滅。故以自殺爲解脫塵世也。近來青年底自殺。大都受此影響。此固歐洲前來束縛於基督教的反動。然今欲爲之救濟。雖不能再用基督教。而此種斷滅危險思想。則不可不速爲拋卻者也。

二、變通那急躁的狹迫的零碎的驚外的實驗主義。亦曰實際主義等等爲安詳的遠大的根本的貫澈的實驗主義。現在杜威一派所講的實際主義。拿各種學理比爲銀行的支票。當時就要向社會去兌現。如在社會上一時發生不出如何效用來。便立卽撕卻。這種急躁狹迫的思想。未有不壞事的。那青年的人當時聽了一種言說。便天旋地轉頭昏目眩的要向他處身的社會去求實現。一時實現不出來。又沒有法子奈何社會。於是憤恨社會的不良及自己的無用。便自殺了。故此種思想。若不變化而通之。其危險亦不爲少也。

三、化奮鬭的猛烈精神。爲溫和的勤勇精神。蓋奮鬭的力猛烈一分。抵抗我奮鬭的力亦猛烈一分。其結果非殺了社會或殺了自己不可。

（2）積極的

一認清吾人『生死死生而未嘗生死』的自體。則知世間塵網。非自殺其身可能厭離解脫的。且身世非可厭非不可厭。但在自己善以施用。施用得當。便是有意義有價值的。有意義及價值與否。但由自己決定之。不應當責備身之與世。身之與世。原是不負其責的。若對於身世欲根本上厭離而解脫之。則當善用其身心以破除癡愛迷執。生活的意思。非妄殺其身所能濟事。若欲去除現在不良的身世而進求比較現在爲善美的身世。則亦當善用其身心、以造道德的善因。而求幸福的善果。尤非妄殺其身所能濟事。

二、自殺者必須認清白了所要殺的『自』。究竟是個什麼。然後方殺。否則所要殺的本是『自』。至殺了的却又不是『自』。豈不白費了一番辛苦嗎。但是究竟那一樣東西可喚作『自』呢。究竟有一些些可以喚作『自』的嗎。盡宇宙推求落來。總不過是些地水火風啦。色受想行識啦。鄰虛鄰虛的謝影啦。剎那剎那的變態啦。畢竟沒有一點可喚作自的。自且沒有。又何從殺起呢。說來眞是一場笑話。有不丟下了自殺的刀而撫掌呵呵嗎。

三、認清了本無煩惱元是眞覺的心體。則主位定而萬法順。左之右。之彼之此之。空之有之。虛之實之。生之滅之。是之非之。無不是向此究竟底目的地而進行的。無不是從此究竟底目的地而演施的。大方之外皆充塞。盡未來際無間歇。尙何容心於取舍爲哉。

論韓愈

自佛敎來東震旦土。韓愈之前。儒流起爲排斥者。蓋寥寥無聞。而論諍傾軋者。皆出於習黃老學及謬託道流之黃巾米賊。崔浩傅奕雖史官。其先皆黃巾。故蠱惑帝主以滅佛。不在興儒敎而在興道敎。儒者則往往調和其間。雍容評訂。多右佛而絀道。觀宏明集廣宏明集所載者詳矣。韓愈獨樹幟闢佛老。自比孟軻拒楊墨。謬種傳流。抑若一闢佛卽足以爲大儒。儒之闢佛者乃競起。然韓愈多言無行。訐悖而不能自信。信人。當其生。蓋少有悅從者。舊唐史譏愈恃才肆意。有盭孔孟之旨。譏戲不近人情。文章甚紕繆。其友柳宗元深非愈斥浮圖。謂浮圖誠有不可斥者。往往與易論語合。退之所罪者其迹也。非所謂去名而求實者矣。又若張藉其爲辭闢老。雖與愈同。

然於愈之言行多不足。數數貽書規其過。嘗曰、比見執事多尙駁無實之說。使人陳之於前以爲歡。甚有累於令德。又商論之際。或不容人之短。如任私尙勝者。亦有所累也。先王存六藝。自有常矣。有德者不爲。猶以爲損。況爲博塞之戲與人競財乎。君子固不爲也。今執事爲之。廢棄時日。竊實不識其然。願執事絕博塞之好。棄無實之談。嗣孟軻揚雄之作。辨楊墨老釋之說。愈雖與藉友善。卒自文而拒其諫。晚年立朝廷。名譽已高。陷溺彌甚。一無所建白。唯以文酒博塞酣應媚流俗。（見龍子非韓論）老彌淫毒。服丹砂雌雞。以健陽道。卒之以死。觀此可見愈嗜好下劣。言行乖僻矣。抑愈尤無操守。以諫迎佛骨被貶潮州。遽惴惴恐道死。乞靈湘江女鬼。兒事毛仙翁求其術。上尊號。請封禪。媚上希回復官。（皆見愈文集）大顚師斥其闢佛爲舜犬妾婦之行。氣結無以難。（黃魯直曰、退之見大顚後、作文理勝、而排佛之辭爲之沮）既服其道。復答書孟簡。作自文計。曰、大顚頗聰明識道理。故與之交遊。非爲求福。夫信佛豈專以求福者。用此自解。適見其不知佛而闢佛。爲舜犬妾婦之行耳。愈尤躁妄干進。試禮部時。徧上朝宰書。詞卑顏厚極矣。張子韶曰。退之累數千言求官於宰相。至第二書乃復自比爲盜賊管庫。且云其大聲而疾呼矣。何略不知恥。余謂愈雖善屬文。亦淳于髡之流。至局脊儒言而不能守、行節虧缺。則猶下矣。逮歐陽修力推崇愈所爲文。後世儒者遂沿習尊奉之。然宋明來非愈者亦多。殆掊擊無復完膚。第俗儒少讀書。故爲所惑耳。西蜀龍子有非韓百篇。明教嵩師有非韓三十篇。二書皆折以儒者所宗經義者不獨斥其理論乖謬辭句間亦多糾正誦韓文者不可不兼讀此二書蘇軾亦非原性等篇。且曰。退之與聖之道。蓋亦知好其名矣。而未能樂其實。支離蕩佚。往往自叛其說而不知。王安石亦譏之曰。人有樂孟子之距楊墨。而以斥佛老爲己功。嗚呼。莊子所謂夏蟲者。其斯人之謂乎。道歲也。聖人時也。執一時而疑歲者。終不聞道矣。二程朱陸亦往往不足愈之言行。而陽明傳習錄則曰。退之文人之雄耳。以語聖人之道則遠矣。至若張商英劉謐輩著書非其說者尤夥。吾宜乎可以無言矣。雖然。彼皆泛取愈之言行論之者。吾書之旨。凡不關及乎佛教者。概置不辨。獨取其語涉佛教之文。條分篇章。據理深斥焉耳。

愈之原道曰。博愛之謂仁。行而宜之之謂義。由是而之焉之謂道。足乎己無待於外之謂德。仁與義爲定名。道與德爲虛位。故道有君子小人。而德有凶有吉。老子之小仁義。非毀之也。其見者小也。坐井而觀天。曰天小者。非天小也。彼以煦煦爲仁。孑孑爲義。其小之也。則宜其所謂道道其所道非吾所謂道也。其所謂德德其所德非吾所謂德也。凡吾所謂道德云者。合仁與義言之也。天下之公言也。老子之所謂道德云者。去仁與義言之也。一人之私言也。

駁曰張藉勉韓愈作一書。若揚子雲法言者。以存聖人之道。而排斥佛老之說。愈始則謝以二氏爲天子公卿輔相所宗事。畏而不敢。遂成爲書。繼又大言自壯曰。然觀古人得其時。行其道。則無所爲書。書者昔所爲不行乎今而行乎後世者也。今吾之得吾志失吾志未可知。竢五六十爲之未失也。天不欲使茲人有知乎。則吾之命不可期。如使茲人有知乎。非我其誰哉。其行道。其爲書。其化今其傳後。必有在矣。吾子何遽戚戚於吾所爲哉。交盧子曰。愈之言如是。而晚年旣顯貴。縱未能行其道。亦應爲其書矣。而傳者謂其晚年益頹唐。一無所見。樹於朝廷。吾嘗疑之。讀原道而後知愈不唯未嘗知佛老。抑未嘗知儒。其立論前後相刺謬。亦矜氣求勝人而務顯才名。聳動觀聽。冀略取高官厚祿耳。宜其年長位隆益靡然也。就此章觀之初之四句可暫許爲一家別義。曰道與德爲虛位。仁與義爲定名。則謬極矣。不第與宙合內人之言道德仁義者大相左。而愈之一篇中自爲牴牾者尤甚也。夫道德既唯虛位。則題曰原道者。亦豈卽原此虛位乎。有爲韓愈圓其說者曰。韓愈意謂仁指博愛。義指行宜。仁與義之名有所定指。故仁與義爲定名。若夫道、則仁義所由而之焉者耳。若夫德、則仁義所充而足乎己者耳。故道與德爲虛位。交盧子曰。信然。則道指由致所至。德指充足乎己。道與德何嘗無定指乎。何嘗非定名乎。果如其說。益見雖有仁義。非道則終不能由致而至。非德則終不能充足夫己。非道德則人自人仁義自仁義。人與仁義。兩不相關。仁義縱實。旣與人不相關。以人言之。則雖謂仁義爲虛無可也。此正顯人之所必有者在道德。人唯實有道德。乃能由焉至焉而充仁義足乎己。夫然。是仁義待道德而後實。非道德離仁義則爲虛也。請更爲譬說以喩之。人譬之舟。仁義譬之舟之行。而道德則譬水之負舟而成行也。舟離水則不能行。故非水則以舟言。舟固與行動絕不能相附。而水之爲水。雖無一舟行於其中。卒自若也。抑猶有進焉者。舟者水行之器。離水則不能行。卽不得謂之舟。舟在水未有不能行者。亦未有必須常行。必能常行者。雖有時不行。行動之本能固依然在。而不失其爲舟。人離道德。卽不得謂之人。人果體合道德。未有不能行仁義者。亦未有必須行仁義。必能行仁義者。雖有時不行仁義。行仁義之本能。固依然在。而不失其爲人。故以人言。人實莫實乎道德。不可須臾離焉。而仁義則可有可無者也。此適以明仁義是道德之人所現起之分理。非若道德而實有所指者耳。曾何足爲韓愈圓其說乎。雖然韓愈之證明道德是虛位者。固在道有君子與小人。而德有凶有吉二句。彼意謂道德猶君位。堯舜可居。桀紂亦可居。堯舜居之則隨之而君子。隨之而吉。桀紂居之。則隨之而小人。隨之而凶。故道德爲虛位。而實之者則在處君位者之事。行堯舜之事。行仁義也。桀紂之事。行暴戾也。仁義與暴戾。拒非若道德之能兼容。故仁義爲定名。殊不知道德仁義之義界非一。引據一古義以爲立。亦卽可引據一古義以爲破。此不必遠徵也。博愛爲仁。行而宜之爲義。是韓愈所自立者也。煦煦爲仁。孑孑爲義。是韓愈指老子之所見者也。然則道或君子或小人。德或吉或凶。故道德爲虛位者。今仁或博愛或煦煦。義或行而宜之或孑孑。何獨非虛位乎。若曰煦煦孑孑。實非仁義。故仁義爲定名。則獨不可曰小人與凶。實非道德。故道德爲定名乎。抑道若必兼小人者。何以書稱殷受不道。德若必兼凶者。何以傳稱孤唯不德。罹茲鞠凶。且旣決以道或君子、或小人德或吉或凶。而仁義唯是君子道之吉德。則爲顯道德爲大仁義爲小道德必該仁義。仁義不足以盡道德。耳且旣決以小人與凶亦爲道德。得道德之半。何足以見合仁與義言之。必爲天下之公言。去仁與義言之。必爲一人之私言乎。前後矛盾。自陷吾有以見愈之進退失據耳。吾請爲老子反其說以見趣。曰、韓愈之虛道德非毀之也。其見者虛也。掩目而觀世間。曰、世間虛無物者。非世間虛無物也。彼以由是而之焉爲道。足乎己無待於外爲德。其虛之也。亦宜其所謂道。道其所道。非吾所謂道也。其所謂德。德其所德。非吾所謂德也。凡吾所謂道德云者。仁義不足以盡之者也。天下之公言也。韓愈之所謂道德云者。局脊乎仁義者也。一人之私言也。雖使奉韓愈爲祖師者觀之。固亦不能爲韓愈爭勝也。蓋此類皆模稜兩可之言耳。且老子亦自有道德仁義之義界。細讀老子自知。初未嘗曰煦煦爲仁。孑孑爲義也。亦失道而後德。失德而後仁。失仁而後義。失道德而後仁義者。亦猶云失王而後霸也。

霸雖未王。固必以尊王而後謂之霸。老子何嘗曰必去仁與義。乃爲道德乎。韓愈亦憑己之臆想而誣老子所言仁義道德如彼之所云耳。最可嗤者。楊誠齋爲韓愈捄其謬曰。道德之實非虛也。而道德之位則虛也。然則獨不可曰仁義之實雖非虛而仁義之位則虛乎。唯楊龜山謂中庸曰天命之謂性。率性之謂道。仁義性所有也。則捨仁義而言道者固非也。道固有仁義。而仁義不足以盡道。則以道德爲虛位者亦非也。斯則差能舉道德與仁義之分者。然欲就道德仁義之涵義。決擇衆家之說而綽約其言。蓋非短論可斟酌飽滿而無滲漏。故吾今但破韓愈之謬。而未嘗自立道德仁義之理。此讀文者所當知。而不得執吾言以難也。然韓愈之說。已椎爲虀粉。雖累千萬喙亦不能爲之辨護矣。陋哉韓愈。何足以原道。

論四川至誠學社文件

四川有至誠學社。社員與鳳篪張先生爲友。張先生則四川佛學社社員也。行文婉妙。說理精圓。然不能割儒生愛習。好援佛附會儒書。劉子充居士等。常識其因見佛能有益於儒。故學佛。非眞能學佛而尊重三寶者。張先生自爲之解曰。吾非敢不信佛敬僧。特尊孔耳。吾始雖因佛能有益乎儒而學佛。卒之則以儒亦能有益乎佛。故不棄儒耳。余統觀張先生之言論。則其所自解。洵非誣也。今先生已歸道山。其友投寄以至誠學社大綱中國政治系統圖序學術邪正辨。余披閱一過。意爲『中國政教系統圖序』。『學術邪正辨』。頗存純粹之儒家面目。『至誠學社大綱』。以援佛附儒。使儒失其醇。佛晦其眞而復無益乎施用繼而切思之覺有勿然者夫處今而言佛。但將佛海中世間出世間之善法。盡量發揮之。用爲融攝。則盡東西古近之一切宗教學術。靡不可融攝者。用爲揀除。則盡東西古近之一切宗教學術。靡不可揀除者。不應附依一家一派之說而障蔽之也。然處今之世。欲嫥嫥言儒術而冀有以易天下之勢。戛戛乎其難矣。若『中國政教系統圖序』。雖未嘗非儒術之正。而不唯不能施行五洲諸國。且斷難用之以維繫中國今後之民心矣。余昔批評近代人生觀。謂儒家爲人生人生觀中之側重家爲本位的人倫者。（參照海潮音第一年第四期）今既側重人羣人道。若熱時之不適冬衣矣。故其言雖美。亦述往者一民族一時代之政教耳。必執爲百世無惑四海皆準。難已。

略評外道唐煥章

四川爲近今流行全國種種外道之發源地。除濟生會發起於上海。悟善社發起於北京。道院發起於山東（案此三者皆除信扶乩所錄之說外無別秘傳。且亦有四川人於中引端也）之外。他若同善社道德學社等。其所奉之祖師及最初傳道之人。皆四川人也。此種種外道在昔無不言三敎合一者。今則漸有言五敎六敎萬敎合一者。其來源約之不過二端。一起於元時者以道家守竅鍊精氣神工夫爲主。卽明清時之白蓮敎、八卦敎。今其秘密者。卽先天門、瑤池門、無生門、無爲門等是。其公開者。卽同善社等是。（案同善社卽瑤池門之略改其外形者。其內容所傳盡同。四川舊有龍門劉門唐門等。道德學社出於劉門。要亦白蓮敎之支流也）、一起於明末之山東人羅某。爲依附佛敎之外道。卽今密傳之大乘門、淸涼門、龍華派等。以誦羅某之五部三卌爲主者。此一支今不盛行。所盛行者則白蓮八卦遺孽之主於道家修煉術者是也。嘗考日本自信敎自由之後。其所謂神道敎者若天理敎、金光敎等支派有七八十派之多。一派之起。往往哄動數十萬人。傳遍全國。而中國今後之外道。亦將有如彼趨勢。蓋東方人有好向內界（內身內心）修驗探索之遺傳性。（皆屬於禪定之修鍊。禪定有外道者、鬼神者、精靈者、凡夫者。）故層出不窮也。繼道德學社同善社而由最近二三年新起者。則爲四川夾江縣人唐煥章所稱上帝親傳授彼之眞道。自云是統一摩西教、耶穌教、回教、道教、儒教、釋教、之六教爲一之新宗教。予於去年始見俞庶宗所編哲報登載及批駁其說。嗣又聞漢口之四川人劉某時函向史君裕如宣傳其說。然笑置之而不欲窺也。後於旅行宜昌舟次。同行有攜彼所作陳獨秀人生眞義之駁正。及其弟子羅天文答劉子如書。遂聊一閱之。則知其人讀書。比同善社之彭某、雷某、與道德學社之段某爲多。對於猶太教、基督教、回教、道教、儒教等人天小教徒衆。亦眞有些羅打擒縱手段。唯對於佛法。則完全爲夢囈不着一語之門外漢。而綜其全部爲概略之評判。要亦白蓮教遺孽之另一支流耳。

然其人必曾修凡夫外道之禪定。（凡夫外道禪定。皆從執身修入。唐某或由自己執身修入。或由瑤池等傳竅修入。）其言「靈魂是一團黑氣。靈性是一團白光」

當是親驗之言。蓋彼所云「靈魂」是修靜所現「色陰區宇」。「靈性」是修靜所現「受陰區宇」。彼取受陰靜境爲聖境因此感染邪悟有所謂上帝傳以眞道。而所傳守人身上之上帝寶座聖靈感動之功。不食之功。活水之功。及所傳造化樞紐所傳性體。(卽指所云白光的靈性)並有醫病逐魔斬妖禱天著書等種種異能。皆從其所感染之邪悟中流出。更傳爲種種休咎災祥。然外道乃確有其所修得之神怪之道者。其所發邪悟。亦有逈非徒數習文史傳說或向外觀測事物形表之凡夫學者所能及者。崇西洋科學哲學之陳獨秀輩。乃完全是凡夫情愛之論。內心中無何親證之見者。外道恰恰能破凡夫之情染。故唐煥章亦恰恰能破陳獨秀之人生眞義。吾今雖破唐煥章之外道論。而陳獨秀之凡夫論。則仍爲唐煥章摧破而不能存立也。由外道破凡夫。由小乘破外道。由大乘破小乘。乃能發生正智了達佛法。故佛法終非凡外所知也。

以佛法批評社會主義

今以佛法批評社會主義。先分爲三段說之。

甲(一)社會主義之說明。略分二條。

乙(一)社會主義之主旨。打破資本之壟斷生產。而平均支配生產所獲於社會羣衆。社會主義之名詞。在西歷十八世紀有英國人渦文始用於所作之社會改造論中。後聖西門等沿用之。其主旨卽在改變社會之經濟制度。以資本家壟斷生產爲社會萬惡之源。資產階級不平。則罪惡滋生。貧民亦永受其苦。而生產所由爲資本家壟斷者。則因近世機器發明。巧奪人工。由是平民生活之途日狹。資本家之勢力日隆。因機器必爲資本家所有。貧民工人則隨機器而作工。有工可作。僅堪糊口。無工可作。卽將凍餒。而生產之材料。全爲資本家所壟斷。如是由羣處集合之社會。遂生兩種階級(一)資本家。占有土地機器金錢之生產機關。而享有其所生之利。(二)貧民工人。日夜爲資本家作工。勞力多而博資少。遂至衣食不充。饑寒莫禦。昔者各人勤儉。皆可樹立。今則爲資本家所逼害。無復生機。有此二因。遂成爲不平等之社會。而一般關心時局之學者。遂目此爲禍患之源。倡資產歸公主義。以一切土地機器等。凡能生產之物。皆歸於公。以使羣衆共同勞作。平均受用。而解貧民衣食住之困苦。以除資產階級之專橫。社會主義之派別雖多。而其主旨大概如是。

乙（二）社會主義之派別

丙（一）集產與共產主義之區別。此就支配之方法上言者。以勞作之多少能力之大小。而得其利益上之報酬。可歸私人受用。但祇限於本人之受用。本人死後仍卽歸公。則為集產主義。共產主義則不但一切生產機關全歸公有。而不論其勞力之多少大小。其受用乃各滿其人人之需要。而勿許私人積蓄焉。

丙（二）宗教與科學。此就思想之來源上言者。社會主義之起源。雖由機器生產之反動。而亦從宗教博愛平等的思想之導生。故基督教之聖西門。卽為最初之講社會主義者。以一切財產人人應有平等之享用。不應有貴賤貧富之階級。後有應用科學之馬克斯出。以前來之言社會主義者。不過理想之空談。復以科學之方法而推證社會本由羣衆之集合而成。羣衆生活之所需卽財物。故無論若政治宗教文學風俗思想等等。皆由財產制度之變化而變化。古之時用自然物為價值標準。則宗教之所奉者。亦為自然物。後進為金銀鈔票等。則所奉亦進為最尊之神。或無人格之精神等。故知社會之現象。皆由財產制度而變遷。故改造社會。當從財產制度改造。財產制度改造好。則社會皆好。

丙(三)有政府與無政府之區別。此就旁帶之關係上言者。有政府則依國家設政府以行集產。或共產事實。如俄羅斯則用政府以行共產者。是無政府則不立政府。人人各盡其力各取其需。以政府恆爲資本家之護符。故主張推翻政府。因此兼及於國家家庭宗教亦完全推翻。

丙(四)激烈與溫和之區別。此就施用之手段上言者。卽急進派與緩進派。急進則以暴動流血革命等求達其目的。或名之曰過激黨。緩進派則適應時機。以學說而漸化。

甲(二)佛法之批評。略分二條。

乙(一)目的之承認。推講社會主義者。一面由於見資本家之專橫而起嫉妬。心雖爲不善。一面由於見勞工之貧苦而起救濟心。則固甚善。而其希望之目的。亦未可非。古書禮運言大同之世。貨惡其棄於地。不必藏之己。此亦共產主義。若佛教中之出家者。則爲廢產無產。而十方常住之制。亦爲公有。平均受用。各盡所能。共取所需。更就理上言。此器世間一切所依所資之物。原爲共業所變。依唯識論云。一切器世間。皆多識共變。以共變故。則亦是共有。極至佛果。雖有自受用身土。而悉周遍無礙。但彼之社會主義。尚未能及此之深遠耳。

乙(二)手段之偏謬。略分四條。

丙(一)見環境而忘本身。彼之所注重者。純在改造環境。改造社會。而不從個人繕性修德。以改造身心。古云。自天子以至於庶人。皆以修身爲本。身不修則家不齊。國不治。而社會亦無由平。

丙(二)專物產而遺心德。以爲環境之壞。由於物產之不平。遂專從物產之制度上改變。而不知物產上之有階級。亦由心上知識欲望等發達變化而來。

丙(三)齊現果而昧業因。凡人生所以有種種之階級。亦由先業爲因之所招感。業因不同。故報亦不同。若但知專從現果上剷平。而不知從業因上改造。如取消專制階級。資本階級。其意固善。但惡果既去。而未種善因。不轉瞬間。而軍閥專橫。暴民專橫。則亦等於換湯不換藥。烏有濟事哉。

丙(四)除我所而存我執。除一切之階級。一切之財產。故能忘其我所有法。但其私意。則在由此可縱情受用。則我執之心更甚。然我所由我執而有。我執不去。我所何可忘。結果或好逸惡勞。但用不作。百業廢而仍漸復其舊。

甲(三)補救之方法略說有四。

乙(一)改造本身。人人皆持五戒。行十善。則社會之分子既良。而社會之階級可平。佛云平其心地則世界平。儒云克己復禮天下歸仁是也。

乙(二)究源心德。物產之變遷。推究亦由心力爲源。唯識云。彼能變爲三。謂第八第七及與前六識。故知凡變化皆由人之思想知識欲望。如前之工作用手工而近變爲機器。亦由知識欲望發達而來也。故美惡好醜。大都由於心理之變現也。

乙(三)進善業因。善因得善果。惡業受惡報。彼不知業因。故爲頭痛治頭。脚痛治脚。結果則病遍全體。而反怪藥之不良。故欲治亂。必須施以五戒十善定慧之方。裕以慈悲喜捨之德。而使之正本清源。則支流自清也。

乙(四)伏斷我執。我所之不能除。以有我執我執既甚。則爭奪之事興。利己損他之見。決不能除。

總上觀之。世界人類之所作所行。其希望皆是求善。雖有此望。而所作所行不能恰當。甚或倒行逆施。以致一着手去做所得反較更壞。如修道者亦然。諸外道於無常計常。無我計我。非淨計淨。以苦爲樂。永不能達其常樂我淨之目的。佛法爲說明其無常無我非樂不淨。使解脫其所偏執。乃眞達到所希望之常樂我淨。今對於社會主義亦如是。

昧盦讀書錄

朱謙之君的虛無主義

朱謙之君作了篇虛無主義。自云「是唯心的虛無主義。乃取黑格兒絕對唯心論辨證法。叔本華的厭世主義。柏格森的直覺主義。某某的唯力論。頡德進化論。克魯泡金的無治主義。歸納起來。纔成功的。與俄國狠多是唯物見解的虛無主義不同」所以要批評他的虛無主義。便不能應用向來批評俄國虛無主義的老腔調。須從他的虛無主義尋出頭腦來。乃可再給他的批評。

我看他的虛無主義的頭腦。就在他的結論中。『要求讀者不要誤會他的虛無主義是斷滅思想聲明他的虛無主義。是「眞實主義。」因要求眞實所以不惜將虛僞的宇宙完全解放。又是「進化主義。」因宇宙的進化。是「自無而有」「自有而無」現在是要自有而無了。所以虛無主義乘着這潮流現身說法。』他的主腦既在於此他的方法論自然是爲此而設的了。他的本體論、政治論、經濟論。更是根據了他的眞實主義發揮出來的。他的進化論。更是根據了他的進化主義發揮出來的。他的宇宙論、人生觀、善惡論便是根據了他的眞實主義和進化主義發揮出來的。總之他全論的發動點與歸着點。皆在他所謂的眞實主義和進化主義而已。要批評亦祇批評他的眞實主義和進化主義而已。

他的眞實主義的論據。卽在宇宙是自無而有的。「有」是出於「無」的。宇宙須自有而無的。「有」須歸於「無」的。所以其「本原」和「究竟」唯是「無」而「眞實」亦唯是「無」。故宇宙的「有」皆是暫的、錯的、虛僞的。他的進化主義的論據便是認「自無而有自有而無」爲宇宙進化的過程。現在已到了自有而無的時代了。所以須應用虛無主義從有進無。然從有進於無之後。却又須從無進有。從有進無從無進有是轉換着前進沒有止境的。所以進於無是進化不是斷滅。

昧盦曰。朱君的虛無主義如此。固與俄國的虛無主義及道士們煉神歸虛煉虛歸無的虛無不同。但立其眞實主義。卽自壞其進化主義。立其進化主義。亦卽自壞其眞實主義。何者、宇宙的從無進有從有進無既沒有止的。則從現在自無既有自有未無的時代觀之。此「宇宙萬有」的本原和究竟雖在無可說無是眞實。若從將來自有既無自無未有的時代觀之。彼「一切都無」的本來和究竟又在有亦可說有是眞實。然則「有」與「無」皆是眞實。皆是虛僞。虛僞和眞實兩未可定。故曰立其進化主義。則自壞其眞實主義也。若本原是無究竟是無。故唯「無」是眞實者。則僞的幻的錯的暫的宇宙萬有既歸到了本原的究竟的眞實的無。便永遠沒有僞的幻的錯的暫的宇宙萬有了。如何又要進之於有呢。故曰立其眞實主義。

即自壞其進化主義。朱君的虛無主義雖不成眞實和進化。却同了莊子大而化之的乘萬化而未始有極。在佛法上則是生生死死死死生生有有無無無無有有的聚散起滅流轉相續。

此理原亦易知。但將各人的生壯老死例推到萬有的生住異滅和宇宙的成住壞空上去。不便可發見一個個的宇宙也和一個個的人一般。有其自無而有的成而住。便有其自有而無的壞而空麼。故朱君的虛無主義。要唯從已成現住的器世間欲使其由壞入空耳。然宇宙的已成現住須由壞入空自是不可逃遁的。顧執爲眞實取爲進化而欲力求其速壞速空。則便與自殺其肉身爲足以脫患歸眞的一樣是糊塗行爲。故朱君到此也便不能自信其虛無主義能得眞實。乃曰「我現在覺得解脫只是怪異的誇張。放棄了宇宙的生活。而求那絕無危險的涅槃。似乎不可能了。但我却要依着宇宙的進化現象流轉下去。宇宙是不能不生的。但也不能不滅。雖然不能不滅。却也不能不生。當沒有宇宙的時候。自然以自無而有做進化的路程。現在既已有了宇宙。也不得不以自有而無爲適應。」這一段說話不以明示其虛無主義。但是宇宙的流轉相續中一段路程。無所謂「眞實」與「進化」麼。但朱君必要說其虛無主義爲眞實主義和進化主義者何耶。殆含有正言若反的秘意在內耶。欲令世人覺悟其所執爲眞實的不過流轉相續中一段景況皆不足執爲眞實耶。欲令世人覺悟其所執爲進化的。不過是流轉相續。實無進化之足云。且進化的意義。不過是從現在變出不同的將來。初沒有善的樂的眞的美的可取着耶。

他的虛無主義。雖不是眞實和進化。但他所說的話。如現在的宇宙是從空而成的。要由壞而空的。本原是空的。究竟要空的。空了復要由成而住的。住了復要從壞而空的。無而有有而無。是流轉無窮止的。現在已是要從有而無的了。却是世界相續。衆生相續業果相續。一切輪迴轉化的確實情狀。可以警覺那執着社會人羣世界人類爲不壞滅的人。欲依靠現在住的人世以斷爲眞實。求其進化到最圓滿他的迷夢。換言之。卽是杜威輩實驗主義的反動。可以爲彼囿於現世的實驗主義之對症藥而已。

建設第一卷第六號改造要全部改造

這一篇本是李人傑君與朋友的一封信。那題目卻是建設雜誌的編輯人。照他後面一段意思加上的。但我今要評論的在他前面一段所說透明的虛無的本性自然性。李君所說透明的虛無的本性自然性。是從說內面的滿足強端的謂內面的滿足只要有了「我。」就可得到的。外界的滿足卻不易得到。但求滿足是人的本性。得不到自然要努力求他。所以又是人類進化的原素。現在的人都在努力求滿足。卻都忘記了「我。」故都是無內容的努力。無實質的努力。所以他們的進化是危險的。無價值的。所以我們要先求「我」的內面的滿足。由是一轉說人人的我、是一樣的我、可混合相忘的。所以能得到內面的滿足「我。」是大我亦是無我。不致爭鬬的。由是更一轉說人人的我是自然。大我是大自然。各個我是小自然。現在人類的爭鬬。是由堅持形體上的假我發生的。不是由自然的眞我發生的。由是更一轉說自然是不能作踐自然的。但人類先有了要生存的假定。遂跟着又有了犧牲異類的自然。以保存同類自然的假定。因這與異類爭生存的習慣。浸假行使到同類裏來。所以又生出許多維持人類羣衆生活的種種假定學說。反將同類愛護同類的自然通有性滅盡了。所以弄成現世界種種苦惱。要脫離這種種苦惱。須將種種違反自然的制度道德法律破除淨盡。使人人都得有了我方可。且有了「我」那自然的通有性也就出來了。又加以人類求外滿足的本性。則人類便不但可以安全生存。並可以安全發展進化了。由是便轉到透明的、虛無的、本性自然性一個名詞上。以下便只稱為本性自然性了。窺其所謂本性。似是指其初所謂的「我」而言。所謂自然性。似是指其所謂「同類愛護同類」的自然通有性而言。但又有所謂「外界滿足的本性」「要使人自然發展的」等言。連說在一起。卻又似以本性自然性兼指外界而言的。李君這一段言論。自然有許多眞理在內。然也是一種虛無主義。較之朱君的虛無主義。卻狹小許多。朱君的可謂宇宙的虛無論。李君的可謂禮教的虛無論。由是可見李君謂返本歸眞到透明的虛無的本性自然性。便可安全生存及安全發展進化。終究也是個靠不住的。何故呢。依李君的理想推之。違反自然的制度道德法律。雖是由聖人造成的。那聖人卻不是在人類的本性

自然性以外的故所云透明的虛無的本性自然性便是發生出世界種種苦惱的根源決不能靠他脫離苦海的直截根源其餘的枝葉便可以不談了

建設第一卷第二號精神不滅論

此論乃德意志人海凱爾所著宇宙謎中之一章是根據科學的唯物論的觀察對於基督教及其餘各種死後靈魂不滅或精神不滅等說下極嚴重之破斥而主張死後人的身體和精神一齊斷滅者也或謂此有似乎佛法三世流轉五趣輪迴之信仰其實亦不盡然以輪迴流轉原出於迷妄顛倒之夢幻本非實理考之大小乘諸論之破斥神我者且較海凱爾所論更爲嚴重也然佛教雖不同基督教主張說人類有精神不滅之靈魂個體亦不同科學的唯物的之斷滅論蓋基督教等是常見海凱爾等是斷見以常見對治斷見之損減執以斷見對治常見之增益執兩相對照庶可發見世界衆生業果相續之俗諦道理兩相窮極空無所執庶可遠離斷常獲證眞諦

建設第一卷第二號朱執信君覆林直勉李南溟二君書

李君林君的通信及胡漢民君的覆信。却無甚可論的地方。唯朱君覆信中有「至於無明明盡之境。宇宙不存。人道正義復在何處。所以人道正義不能與佛教並存。亦不能與佛教對立」下又借算學以爲譬喻。若用離一切相以說眞如。朱君所言亦爲近是。然眞如離一切相而又卽一切法。宇宙人道正義佛教等等。無不當體全唯眞如。卽在宇宙人道正義佛教不取宇宙人道正義佛教之相。則宇宙等便是眞如。非滅却宇宙人道正義佛教始謂之眞如也。至言佛教佛學則更不然也。佛教佛學通出世世間眞諦俗諦而言。人乘正法卽爲人道正義。此正佛教五乘教之人乘教。五乘學之人乘學。雖不是可與佛教並存對立之法。然曷嘗非佛教佛學中之法哉。

新中國第一卷第四號宋明學說與佛學之眞詮

邇來中國之學者。頗有爲作學術史而窺探佛學者。姚鵷鶵君之作此篇。蓋亦由著學術史之眼光出之者。其用心者勤矣。第予謂要論宋明以來之學術。第一須知皆儒佛道三教混合之學術。第二須知最重要者尤在乎佛學。第三須知由五代入宋佛教唯餘禪宗獨大。第四須知宋明以來儒家學道家學皆以禪學爲體骨。第五須知宋明來儒家學道家學與佛學之關係。皆不過是與禪宗片段之關係。第六須知禪宗唯貴直悟。不重建立學說。故宋明儒家道家亦受其影響。不能成爲有系統之學說。第七須知宋明儒學理氣心性等說。由佛學上觀之。與道家性命雙修仙佛合宗等一般毫無價值。都不過是些依稀髣髴模糊影響之談。姚君比附言之。亦不過刺取佛經中若干言句。東配西搭。決不能理出何種端緒來也。然余謂宋明來儒家學、道家學、皆以禪學爲體骨者何耶。則因皆嘗加入一番不依聖賢經訓。不拘語默動止。而探究本體之工夫也。若看喜怒哀樂未發前氣象也。若修命須先修性也。其探究之方法是否得當。探究所得者是否本體。今且不論。要之儒道二家前此實鮮有用此靜慮工夫者。宋明來理學家仙學家之高者。似皆嘗經過此之一層。故曰皆以禪學爲體骨。以其曾參一番本體禪耳。然余謂一方面欲窺探本體。一方面欲把持聖賢經訓適應禮教政俗以建立三不朽之業者。此宋明儒學之統也。一方面欲窺探本體。一方面欲把持身命以求長生者。此宋明仙學之統也。放捨人世放捨身命。專究本眞心體。由悟而修。由修而證。而至於體用圓顯。理事全彰。處人世而超人世。用身命而忘身命。遇緣卽宗。無善不崇。此宋明來禪宗佛學之統也。而儒仙二家皆不能徹底者。其以情在把持自爲留礙歟。余近來看見梁漱溟君的唯識述義中謂「形而上學這事在西方化與中國化裏邊都沒有成功希望因爲這種文化狠沒有形而上學的要求。在印度化底下。這是他唯一的要求所以成就在他手裏」予謂宋明儒仙二家之學。雖受了禪宗之影響。加入一番探討本體工夫。卒之仍不過是些治世的養生的學術。而絕無何種超世間出生死之成效也。

唯民月刊

民國五年冬。陳君誦洛有浙江月刊之作。疊函索予文字。時予猶閉關普陀。無以應其請。爲撰釋中華民國一篇。聊爲塞責。內有「眞正之宇宙觀。唯識論也。眞正之國家觀。唯民論也」之語。篇中頗說明『國家唯民』之意義。且自詫『唯民』一詞實爲創用。近偶於坊間見有唯民月刊發行。忽觸憶前事。微動好巧之心。購歸一閱始知爲義譯西語德莫克拉西之名。然德莫克拉西頗難得善名。以爲翻譯所譯平民全民衆民庶民民本民主民治等等。則唯民二字。似較妥洽。果採用唯民二字爲德莫克拉西譯名者。則予前此說唯民之義。或亦有可爲德莫克拉西之定義及涵義者。但予之唯民論。則實宗五蘊唯識論而立者也。

新中國朱謙之實際主義批評

實際主義。乃庸俗囿於現世事實之徵驗者。朱君比之爲順世外道。灼然無謬。然朱君文內引用『器世間』『有情世間』二名。稍異原來之定義。蓋有情世間卽是衆生。器世間卽是衆生所依止之世界。換言之。卽是指五趣衆生之正報爲有情世間。依報爲器世間而已。有情世間雖不限吾人。吾人卽是有情世間也。唐人又有約義加立『正覺世間』者。斯則指超出三界之阿羅漢辟支佛菩薩佛陀之眞淨法界言者。又朱君似指佛書中第六識爲知識。第七識爲意志。前五識爲感情。第八識爲情。而以『情』爲眞實之元極。然此亦妄染之眞。未是眞淨之眞也。解深密經云。阿陀那識甚深細。一切種子如瀑流。我於凡愚不開演。恐彼分別執眞實。此端誠不易辨之也。夫順世外道乃隨順庸俗之智識翹爲眞實者。所謂凡夫是也。對治之當用外道及二乘之法。朱君頗適其選。但予甚望朱君能進履大乘之中道耳。

道德學社叢書

喧喧然耳道德學社同善社之名久矣。同善社唯以延年却病誘人。以傳其守竅（祇是守鼻梁尖磕幾百個頭別無他得）靜坐之術。駕言教外別傳不立文字之禪宗眞傳。未嘗著書立說。故除却個中人亦鮮有知其內容者。間印送書籍。亦道家舊書若太乙金華宗旨等類而已。至去年劉君笠青始作善言散布之。道德學社則異是。雖曰主張萬教歸一。而實欲利用儒家以爲旗幟。將文字號召羣衆。編印書籍頗多。頃學人欽圓自京寄彼社上帝大中外王芻談一知錄道德小引一心論等書前來。予略一翻閱。要皆鬼道惑人之說。東扯西拉。牛頭不對馬尾。無以名之。名之曰一塌糊塗爛書堆耳。其伎倆盡同乩壇上之神話鬼言。他日亦終可於乩壇中作一個鬼戲子而已。（乩壇卽鬼戲臺）考其內容。略近同善社而猶不逮其專致也。

實驗主義

胡適之嘗輯錄杜威一派底學說。題爲實驗主義。膚淺輕泛。原不過庸俗日用之需。

無甚學理上可研究評論的意義。孔仲尼說鄉愿。章太炎說國愿。若杜威者至多亦是個『社會愿』而已。但中華人對於杜威的言說。除我於六七月間在天津穆齋處看見了新教育的杜威號。卽作了一篇杜威之研究後見朱謙之作了篇實際主義批評。聞胡世芴亦嘗一批評之。其餘便一味恭維著宣揚著有聽受而無辨難了。惹得杜威也狠詫異偌大一個中國。何以竟沒有懷疑他反對他的。這眞是思想界的奇恥大辱了。有的說杜威在前幾年不過是哥侖比亞一個括囊無咎無譽的教授。近年忽然飛聲世界。乃是威爾遜政黨的關係。是隨著威爾遜的政治運動而然的。是威爾遜利用著傳布學說以作爲政治運動底前驅的。猶之前此的君主用傳耶穌教爲殖民政策的前驅無異。但吾謂此殊不足爲奇。世俗中學派與政黨原來無大區別的。中國前二十年的康梁黨起初亦是個學派。溯而上之。明末的復社東林。東漢的黨錮。再溯而上之。老子孔子以來的先秦諸子學派。（參觀與陳誦洛論墨子）何莫非學派的政黨哉。但彼等講學者皆自爲政黨首領。或不同杜威僅爲政黨的工具耳。然而威爾遜的政治亦瀕於過去時代的了。杜威一派的學說。已是近世最令人絕望的現世主義。一致不認爲最近世最新的較可靠的主義了。唯其强弩末勢亦嘗赫然可觀耳。譬之數十年前的天主教在歐西僅留殘喘的時候。却跑到中國來大肆咆哮。今杜威亦不過是一個傳耶穌教的變形牧師而已。予對於杜威學說的總批評。譬之以中國辛亥光復各地紛紛變動的時候自臨時政府臨時總統以至臨時飯碗臨時乞丐。無一不是臨時的。但此種臨時。猶是有正式底後望的。若杜威底學說。祇是一個臨時。到底是沒有根本底問題與根本底解決的。是沒有究竟底問題。與究竟底解決的。所以也沒有眞實可言的。一味的祇是東一點西一點以求苟且生活。糊過眼前底日子。便算是實際底效用。夫人是一種有情命的物。固有與一般有情命物一樣的求生欲。但人生之價値不僅僅乎在於求生。在求生而既得生。當更進求此生之不虛生。由不虛生而進得遍然常然的眞實。由證得遍然常然的眞實。而後生不虛生。人生之生活乃爲有意義有價値之生活。否則無論爲一個人求衣食住的生活。及爲大衆人求衣食住的生活。終與牛羊之但知逐水草孳族類者無以異。然則又安用杜威輩之嘵嘵爲哉。故迷惑馳騖於杜威之說而不自覺悟者。必將胥陷於「人生無意義」之悲觀而興絕望之歎也。

國家圖書館出版品預行編目資料

太虛大師開示語錄. 2,世論篇 / 太虛大師著. -- 初版. -- 新北市：華夏出版有限公司, 2024.04
面； 公分. --（圓明書房；040）
ISBN 978-626-7296-85-1（平裝）
1.CST：佛教 2.CST：佛教說法 3.CST：文集

220.7 112015283

圓明書房 040
太虛大師開示語錄 2：世論篇

著　作　太虛大師
出　版　華夏出版有限公司
220 新北市板橋區縣民大道 3 段 93 巷 30 弄 25 號 1 樓
電話：02-32343788　傳真：02-22234544
E-mail：pftwsdom@ms7.hinet.net
印　刷　百通科技股份有限公司
電話：02-86926066 傳真：02-86926016
總 經 銷　貿騰發賣股份有限公司
新北市 235 中和區立德街 136 號 6 樓
電話：02-82275988　傳真：02-82275989
網址：www.namode.com
版　次　2024 年 4 月初版—刷
特　價　新臺幣 500 元（缺頁或破損的書，請寄回更換）

ISBN-13：978-626-7296-85-1